Evangelium an dunklen Tagen

STUDIEN ZU KIRCHE UND ISRAEL. NEUE FOLGE (SKI.NF)

Herausgegeben im Auftrag des Instituts Kirche und Judentum
von Alexander Deeg, Beate Ego, Hanna Liss, Christoph Markschies
und Ralf Meister

Band 20

Evangelium an dunklen Tagen

Predigten zum 9. November und zum 27. Januar

*Herausgegeben von Alexander Deeg, Marie Hecke,
Matthias Loerbroks und Christian Staffa*

EVANGELISCHE VERLAGSANSTALT
Leipzig

Gefördert durch Aktion Sühnezeichen – Friedensdienste

Bibliographische Information der Deutschen Nationalbibliothek
Die Deutsche Nationalbibliothek verzeichnet diese Publikation in der
Deutschen Nationalbibliographie; detaillierte bibliographische Daten
sind im Internet über http://dnb.dnb.de abrufbar.

Cover: Kai-Michael Gustmann, Leipzig
Coverbild: Teilansichten des Turms der Evangelischen Zionskirche zu Berlin
         und der Neuen Synagoge (Oranienburger Straße) zu Berlin
Satz: 3w+p, Rimpar
Druck und Binden: BELTZ Grafische Betriebe GmbH, Bad Langensalza

ISBN 978-3-374-07237-8 // eISBN (PDF) 978-3-374-07238-5
www.eva-leipzig.de

Inhalt

III. Predigten zum 27. Januar

Vorwort

Der 9. November und der 27. Januar sind bedrückende Tage, doch in ihrem Charakter unterschieden.

Der 9. November erinnert an die staatlich organisierten Pogrome von 1938. In ganz Deutschland und im bereits angeschlossenen Österreich wurden Synagogen angezündet, Tora-Rollen in den Dreck getreten, Geschäfte, die Juden gehörten, zerstört und geplündert, viele Juden misshandelt, verhaftet, in Konzentrationslager verschleppt, ermordet.

Seit etwa dreißig Jahren steht das Gedenken des 9. November 1938 in Konkurrenz zu dem des 9. November 1989. Die Erinnerung an die Ereignisse im Oktober und November 1989 in der DDR, die Kerzen, die Friedensgebete und Montagsdemonstrationen sind etwas, was evangelische Christen stolz macht, und so ist verständlich, dass sie sich gern daran erinnern. Verständlich ist auch, dass sie diese Erinnerung verteidigen wollen gegen ihre feindliche Übernahme durch Nationalisten, die nun behaupten: »Wir sind das Volk«. Die zudem versuchen, den Widerstand gegen den Nationalsozialismus – Weiße Rose, 20. Juli, Bonhoeffer – zu stehlen. Doch die Konkurrenz zwischen den beiden ›neunten Novembern‹ führt zur bedrückenden Erkenntnis, dass es evangelischen Christen näher liegt, dem Kommunismus zu widerstehen als dem Judenhass.

Am 27. Januar erreichte die Rote Armee das Konzentrations- und Vernichtungslager Auschwitz-Birkenau und befreite die wenigen Überlebenden, die dort noch waren und nicht bereits auf Todesmärschen unterwegs. Der Tag wurde 1996 vom damaligen Bundespräsidenten Roman Herzog zum Gedenktag für die Opfer des Nationalsozialismus erklärt, 2005 von den Vereinten Nationen zum Internationalen Holocaust-Gedenktag. So erinnert der Tag nicht an die Befreiung, das Ende von Auschwitz, sondern an Auschwitz selbst, stellvertretend für alle Vernichtungslager, für den Massenmord am jüdischen Volk und – in Deutschland – an viele andere Opfer des Nationalsozialismus.

Beiden Tagen gemeinsam ist das Gedenken an die Verbrechen am jüdischen Volk. Doch der 9. November erinnert an eine Situation, in der der Massenmord an Europas Juden noch aufzuhalten gewesen wäre, wenn es so etwas wie Protest,

Widerstand, Solidarität gegeben hätte. Der 27. Januar erinnert an die Jahre der Schoa: das genau geplante und organisierte Vorhaben, das ganze jüdische Volk zu ermorden, das in sehr großem Ausmaß auch verwirklicht wurde – ein Abgrund.

Für christliche Gemeinden erinnern beide Tage an die christliche Schuldgeschichte. Ohne die jahrhundertelange christliche Feindschaft gegen Juden, die christliche Erziehung zur Verachtung, die Lehre von der Ablösung und Ersetzung Israels durch die Kirche ist auch der nicht mehr christlich motivierte Judenhass nicht zu erklären; zudem stammt auch der Stoff des nachchristlichen Judenhasses aus christlicher Tradition. Jahrhundertelang haben Kirchen das Ende Israels gelehrt und gepredigt – die Nazis haben diese Rede umgesetzt und ihr Mordprogramm Endlösung genannt.

Der tief eingewurzelte Judenhass ist nicht weg. Juden und Jüdinnen sind zunehmend an Leib und Leben gefährdet. Viele Menschen finden zwar auch Gewaltverbrechen in Syrien, im Jemen, in Saudi-Arabien beklagenswert, lebhaft interessiert und engagiert sind sie aber nur dann, wenn es um Taten geht, die die Regierung und die Armee des Staates Israel tun. Das ist auch in der Kirche so. Explizit antijüdische Predigten gibt es zwar kaum noch – Predigten, in denen Juden die Schuld am Tod Jesu gegeben, ihnen Verstocktheit und Blindheit bescheinigt werden. Dass das gute und ehrenvolle Wort Pharisäer als Synonym für Heuchler verwendet wird, geschieht inzwischen mehr in politischen und gesellschaftlichen Debatten als in der Kirche. Doch noch immer wird geradezu zwanghaft eine Überlegenheit neutestamentlicher Texte gegenüber denen im ersten Teil der christlichen Bibel behauptet: Erst da werde bloß Partikulares universalisiert, grausam Strenges humanisiert. Die Gegensatzpaare aus dem Arsenal des christlichen Antijudaismus – neu gegen alt, Freiheit gegen Zwang, innerlich gegen äußerlich, Geist gegen Buchstaben – leben fort, auch wo von Juden keine Rede ist. Viele Christen sind überzeugt, dass es sich beim Gott des Alten Testaments um jemand ganz anderen handelt als um den liebevollen Vater im Neuen Testament. Und auch davon, dass es Juden im Unterschied zu uns anderen ums Geld geht: Juden sind reich und schon darum auch einflussreich. Auch in Gemeinden, die für Vieles offen sind und in denen anerkennend von frommen Juden die Rede ist, fehlt das, was die Evangelische Kirche in Berlin-Brandenburg-schlesische Oberlausitz in ihrer Grundordnung als ihre Verpflichtung, als *nota ecclesiae* nennt: die Anteilnahme am Weg des jüdischen Volks.

Wie soll an diesen beiden bedrückenden Tagen Evangelium gepredigt werden, die frohe und befreiende Botschaft beider Teile der Bibel? Die Frage stellt sich gewiss auch an anderen Tagen, denn es ist unsere Situation, dass wir nach Auschwitz leben, doch an diesen beiden Tagen schärfer.

Predigtmachen ist der Versuch, die Worte der Schrift in lebhaft lebendige, zusprechende Anrede zu verwandeln. Müssen dann Predigten nach Auschwitz die nun zu Tage getretene Fraglichkeit und Gebrochenheit christlicher Theologie widerspiegeln? Kann nun nur noch in gedämpftem und zurückhaltendem Ton die frohe Botschaft vom Sieg des Lebens über die Macht und die Nacht des Todes verkündet werden? Oder wäre gerade das Kapitulation vorm und Überlaufen zum Tod, dem Erzfeind? Muss also im Gegenteil das Evangelium hell und heiter stark gemacht, zum Protest und zum Aufstand gegen den Tod geblasen, die Gemeinde zur fröhlichen und tätigen Bezeugung der Auferstehungsbotschaft ausgerüstet werden? Friedrich-Wilhelm Marquardt, der wie nur wenige sich die Infragestellung christlicher Theologie durch Auschwitz in aller Härte und Schwärze zu Herzen gehen ließ, hat als Prediger fast durchweg den zweiten Weg eingeschlagen. In der vorliegenden Sammlung findet sich beides.

Seit 2002 hält die Aktion Sühnezeichen Friedensdienste zusammen mit der Evangelischen Kirchengemeinde in der Friedrichstadt Gottesdienste am 9. November und am 27. Januar. Zuerst haben der damalige Geschäftsführer der Aktion Sühnezeichen und der Gemeindepfarrer abwechselnd die Predigt gehalten. Später entstand eine »Arbeitsgruppe Theologie« der Aktion Sühnezeichen: Menschen verschiedener Generationen und verschiedener Berufe, auch verschiedener Temperamente und Sprachstile, die diese Gottesdienste vorbereiten. Oft entstanden mehrstimmige Predigten. Gemeinsam suchen wir nach Worten, die der Situation angemessen sind – für die Predigt, die Gebete und anderen Texte des Gottesdienstes. Die Predigten nehmen die gegenwärtige Situation in den Blick: ihre Herausforderungen und Aufgaben. Doch das Gedenken der Ermordeten, das Mitfühlen mit den Überlebenden und ihren Nachkommen haben ihr eigenes Recht. Die Toten und die Lebenden dürfen nicht zu Exempeln werden, auch nicht zum Material für Nie-wieder-Appelle.

Während es inzwischen in vielen Gemeinden an diesen beiden Tagen Gottesdienste von Christen und Juden gemeinsam gibt, haben wir uns dafür entschieden, christliche Gottesdienste zu halten: Gottesdienste, in denen die Kirche des Juden Jesus innehält, ihrer Geschichte der Schuld, des Versagens, des Verrats innewird. Oft haben wir uns dabei an die Texte des jeweils nächsten Sonntags gehalten – am 9. November war das einer der letzten Sonntage im Kirchenjahr; am 27. Januar meist einer der Sonntage nach Epiphanias. Seit der Perikopenreform von 2018 gibt es für beide Tage eigene Texte, die nun auch Predigttexte unserer Gottesdienste geworden sind. Doch beide Tage bleiben Teil ihrer Kirchenjahreszeit, prägen weiter ihre benachbarten Sonntage, weshalb die Auslegungen ihrer Texte in dieser Sammlung auch nach der Einführung eigener Perikopen hilfreich und nützlich sein können.

Zu unseren Gottesdiensten kommen Menschen, die von diesen Verbrechen berührt und bewegt sind. Sie sind darum unruhig an diesen beiden Tagen, wollen zusammen sein, nicht allein, zusammen beten und singen. Sie suchen Ermutigung und die Gewissheit, nicht auf verlorenem Posten zu stehen. Sie sind – wir sind – freilich auch in der Versuchung, nun selbst eine Front der Guten gegen die Bösen zu errichten. Aufgabe und Ziel der Gottesdienste ist darum auch, des eigenen Hochmuts, der eigenen Trägheit, der eigenen Treulosigkeit innezuwerden.

Die Predigten dieses Buchs sowie das Gespräch von Dr. Yael Kupferberg, Bischof Dr. Christian Stäblein und Rabbiner Prof. Dr. Andreas Nachama sollen eine Hilfe sein für Menschen, die angesichts der monströsen Verbrechen, derer wir am 9. November und am 27. Januar gedenken, fragen: Können wir noch von Gott, vom Gott Israels, reden? Müssen die Massenmorde an seinem Volk, vielfach begangen von getauften Christen, nicht auch ihn mindestens verletzt und beschädigt haben? Was kann in dieser Situation Evangelium sein – frohe und befreiende Botschaft? Eine Widmung, die Friedrich-Wilhelm Marquardt seiner Auslegung des Apostolischen Glaubensbekenntnisses vorangestellt hat, passt auch zu diesem Buch: »Den Gemeinden Jesu zur Stärkung – der Öffentlichkeit zur Information.«[1]

Marie Hecke, Matthias Loerbroks, Christian Staffa

---

[1]   DOROTHEE MARQUARDT (Hrsg.), Gott, Jesus, Geist und Leben: Das Glaubensbekenntnis erläutert und entfaltet, Tübingen ²2005, 5.

I. Erinnerung, Buße, neues Sehen

Ein Gespräch mit Yael Kupferberg, Andreas Nachama und Christian Stäblein zur Rolle der Kirchen und Bedeutung des 9. November und 27. Januar für Christ:innen und Jüd:innen

9. November und 27. Januar – beide Tage stehen auf unterschiedliche Weise für die Erinnerung an die Verbrechen gegen Jüdinnen und Juden und finden sich seit 2018 auch als Gedenktage im Perikopenbuch. Am 13. Januar 2023 trafen sich Dr. Yael Kupferberg, Literaturwissenschaftlerin und Antisemitismusexpertin, Rabbiner Prof. Dr. Andreas Nachama, Historiker und Vorsitzender der Allgemeinen Rabbinerkonferenz Deutschland, und Dr. Christian Stäblein, Bischof der Evangelischen Kirche Berlin-Brandenburg-schlesische Oberlausitz mit Prof. Dr. Alexander Deeg zu einem Gespräch in Berlin, das sich mit der Frage nach dem Charakter des 9. November und des 27. Januar und der Möglichkeit und Problematik, an diesen Tagen zu predigen, beschäftigt. Es wird im Folgenden leicht gekürzt wiedergegeben. Die Unterüberschriften wurden nachträglich hinzugefügt.

Gegenwärtiger Antisemitismus und die Rolle der Kirchen

Alexander Deeg: *Antisemitismus* – die Diskussionen um die *documenta 2022*, die Wahrnehmung steigender Zahlen antisemitischer Gewalttaten, die augenscheinlich erneut zunehmende Akzeptanz antisemitischer Stereotype im öffentlichen Diskurs. Es stellt sich die Frage: Tun die Kirchen dagegen genug?

Christian Stäblein: Ein ›Genug‹ kann es aus meiner Sicht an dieser Stelle kaum geben. Und in der Tat, wir haben es mit dem schrecklichen Anwachsen eines lauten Antisemitismus zu tun. Man muss befürchten, dass dieser Antisemitismus auch vorher schon da war, aber er wird lauter und er rückt immer stärker in die Mitte der Gesellschaft oder in die Kreise, die sich als die Mitte der Gesellschaft fühlen und definieren. Insofern bin ich sehr froh, dass wird den 9. November und den 27. Januar als Gedenktage haben und dass diese jetzt auch mit dem Kirchenjahr angemessen verbunden sind. Ich glaube, das ist unbedingt nötig, weil wir sichtbare Formen des Gedenkens brauchen. Und weil diese Formen der Begegnung dem Lehren und dem Lernen dienen. Ich kenne diese Gedenktage

selten anders, als dass sie zusammen mit kirchlichen Gruppen, mit Konfirmandinnen und Konfirmanden, mit anderen Gruppen, mit Schulen begangen
wurden und werden. Das scheint mir wesentlich: Es geht darum, in die Gottesdienste verschiedenste Adressat:innen miteinzubeziehen, die durch ihre Beteiligung in eine intensive Form der Erinnerung und des Gedenkens kommen.

Andreas Nachama: Ich erinnere mich: Als zum ersten Mal ein Berliner Pfarrer,
der damalige Bischof Kurt Scharf,[1] in einer Synagoge gepredigt hat, war das 1968
um den 9. November herum. Er war damals eingeladen von den Berliner Rab-
binern. Es ist wichtig zu betonen, dass diese Erinnerungsarbeit nicht erst mit der
Institutionalisierung des 27. Januar als Gedenktag 1996 begonnen hat. Es gab sie
schon vorher – vor allem dort, wo Christen aus der Bekennenden Kirche oder
verfolgte Katholiken mit verfolgten Juden zusammen darüber nachgedacht und
sich gefragt haben: Was ist da eigentlich passiert? Wie ist das gelaufen? Es ist
wichtig, diesen Anfang zu benennen, weil es eine *gemeinsame* Initiative gewesen
ist. Es gab das Erinnern aus der jüdischen Gemeinde heraus, und es gab ein
Erinnern auch in Kirchengemeinden – und da war das staatliche Erinnern noch
längst nicht so entwickelt wie heute.

Es ist zweifellos so, dass die Kirchen da eine Vorreiterrolle hatten, insbesondere die evangelische Kirche in Berlin. Aber damals war auch immer ein
katholischer Vertreter dabei, weswegen es immer drei Predigten an diesem
Schabbat, der um den 9. November herum lag, gab. Und das war sicher ein
Zeichen!

Insofern ist es auch heute ein Zeichen in einer Gesellschaft, in der nach wie
vor 25 Prozent der Menschen – ich glaube, die Zahl hat sich über die Jahrzehnte
nicht verändert – antisemitische Haltungen zeigen. Schon aus den fünfziger
Jahren gibt es Umfragen, vielleicht auch mit anderem theoretischen Background,
bei denen die Anzahl der Antisemiten – der bekennenden und auch aktiven
Antisemiten – zwischen 20 und 25 Prozent lag, und das hat sich aus meiner Sicht
bis heute nicht verändert. Ignatz Bubis[2] hat in den 1990er Jahren gesagt: »Früher
kamen die Briefe anonym, heute kommen sie mit Klarnamen und Absender.«
Dass Bundespräsident Roman Herzog[3] den 27. Januar als Erinnerungstag besetzt
hat, war eine Reaktion darauf. An diesem Punkt sind dann die Akteure, die es
gegeben hat, also vor allem Aktion Sühnezeichen und die Kirchen, wieder ein-

---

[1]   Kurt Scharf, 1902–1990, Propst im Evangelischen Konsistorium Berlin-Brandenburg
      seit 1945, 1961–1967 Ratsvorsitzender der EKD, 1966–1976 Bischof der Evangelischen
      Kirche in Berlin-Brandenburg.
[2]   Ignatz Bubis, 1927–1999, 1992 bis 1999 Vorsitzender des Zentralrats der Juden in
      Deutschland.
[3]   Roman Herzog, 1934–2017, 1994–1999 Bundespräsident.

gestiegen und haben etwas fortgesetzt, was es vorher – freilich immer nur punktuell – gegeben hat.

Sicher werden auch heute keineswegs flächendeckend Veranstaltungen in den Kirchen an diesen Tagen organisiert, sondern nur punktuell. Aber ich finde es besser, punktuell und mit Überzeugung zu handeln als flächendeckend und nur so irgendwie mal dahingebracht.

Yael Kupferberg: Wir können nicht messen, ob der Antisemitismus zugenommen hat, aber er ist sichtbarer geworden. Das heißt: Strukturell war er immer schon da und auch so da, wie wir ihn historisch wahrgenommen haben, aber durch den *digital turn* seit den neunziger Jahren und mit dem Web 2.0 hat er eine neue Sichtbarkeit erhalten. Insgesamt wird Antisemitismus der digitalen Form entsprechend ausgelebt und wirkt daher omnipräsent.

Bezogen auf die Frage nach der Rolle der Kirchen: Hier überlagern sich zwei Dinge, die es meines Erachtens zu bedenken gilt: das Christliche und das Deutsche. In der Erinnerungskultur der Kirchen fällt beides zusammen, nämlich die deutsche Geschichte und eine christliche Theologie und Praxis. Hier gilt es, sich zu entscheiden, was akzentuiert wird: Handeln Christen als ›deutsche‹ Christen (ein furchtbarer und belasteter Begriff!), als christliche Deutsche? Wo können Grenzen ausgemacht und wo können die Potenziale des Christlichen in der Erinnerungskultur verdeutlicht werden? Wie verhält sich das Christliche zur deutschen Identität oder Nationalität? Ein anderer wichtiger Aspekt ist die Jugendarbeit. Sie macht mir die größte Hoffnung.

Derzeit sind die Anstrengungen gegen den Antisemitismus Staatsräson, was ich grundsätzlich begrüße. Und ich erlebe, dass sich auch die Kirche bemüht, Antisemitismus in der eigenen Tradition zu erkennen und zu revidieren. Jedoch befürchte ich auch, dass ein oktroyierter Anti-Antisemitismus, also einer, der quasi etatistisch von der Kanzel gepredigt wird, symbolisch bleibt. Diese symbolischen Anstrengungen, die zweifellos wichtig sind, müssten von der Gesellschaft bzw. Gemeinde getragen sein – eine antisemitismuskritische Haltung müsste von den Gemeindemitgliedern selbst gewollt und hier artikuliert werden. Beides wäre wünschenswert: ein gesellschaftliches Bewusstsein von Antisemitismus und ein Bemühen der Leitung, die dieses repräsentativ aufnimmt.

Der 9. November und der 27. Januar im evangelischen Kirchenjahr

AD: Erscheint es Euch im Blick auf das Kirchenjahr tatsächlich sinnvoll, neben dem zehnten Sonntag nach Trinitatis, den es ja im evangelischen Kirchenjahr seit alters als »Israel-Sonntag« gibt, noch zwei weitere Tage, den 9. November und den

27. Januar, aufzunehmen? Wäre nicht einer von beiden ausreichend? Verdoppelt man damit nicht an dieser Stelle – November, Januar – etwas?

Yael Kupferberg: Diese Daten zeigen, wie Geschichte in die Theologie einwirkt. Eigentlich sind es historische ›Ereignisse‹, die man kaum ›Ereignisse‹ nennen möchte. Das heißt, hier wirkt die Säkularität, hier wirkt Geschichte in die Kirche hinein. Sollte die evangelische Kirche diese Daten aufnehmen? Ich bin dafür, denn hier fügen sich zwei Momente der Identität zusammen: einerseits die christliche und andererseits die deutsche Geschichte und eigene Familienge-schichten. Damit besteht die Möglichkeit, dass Theologie und Gottesdienste die lebensweltlichen, lebensgeschichtlichen Erfahrungen und die verschiedenen Familienbiografien aufnehmen.

Freilich müssen beide Tage differenziert werden: An beiden Tagen zeigt sich auf unterschiedliche Weise, wie Geschichte und Idee bzw. Geschichte und Reli-gion zusammenfallen – und es zeigt sich, dass Religion ein wichtiger Aspekt gesellschaftlicher Wirklichkeit ist. Dies bedeutet auch, darüber nachzudenken, dass christliche Religion selbst dazu beigetragen hat, antisemitische Stereotype zu installieren. Damit wären diese Gedenkveranstaltungen ein Anlass zur Selbstreflexion, und zwar nicht nur der weltlichen, säkularen Geschichte (die nie nur säkular ist, wie wir wissen!), sondern ein Anlass der eigenen Religionsbil-dung.

Andreas Nachama: Ich würde anders argumentieren, aber auch zu dieser Ein-schätzung kommen. Meine Erfahrung sagt, dass der 9. November sehr stark durch den Synagogenbrand und durch den Mord an Jüdinnen und Juden im »Dritten Reich« geprägt ist. Der 27. Januar hat demgegenüber eine europäische Dimension. Auschwitz war nicht von ungefähr zwar im Herrschaftsbereich der Nationalsozialisten, aber in einer europäischen Dimension situiert.

Gleichzeitig weist der 27. Januar als Gedenktag der Opfer des Nationalso-zialismus über den Mord an den europäischen Juden hinaus. Da sind die Sinti und Roma, die Deserteure und alle anderen Verfolgten. Daher sind 9. November und 27. Januar zwei sehr unterschiedliche Dinge. Nur oberflächlich betrachtet, ist es das Gleiche. Das gibt auch die Möglichkeit, unterschiedlich zu akzentuieren. Insofern finde ich beide richtig und wichtig.

Christian Stäblein: Das Stichwort der Differenzierung unterstreiche ich. Ich gebe zu, dass ich am Anfang bei der Integration in den Kirchenjahreskalender skeptisch war. Inzwischen finde ich – gerade auch mit Blick auf die Argumente, die wir gehört haben –, dass sich das zu einer überzeugenden differenzierten Praxis entwickelt hat und man die Chance der unterschiedlichen Akzentuierung mehr und mehr nutzt und erkennt. Dadurch ist der Israel-Sonntag, der 10. Sonntag nach Trinitatis, entlastet, weil er nicht die ganze Frage der Erinnerung und des Gedenkens an die schreckliche Ermordung tragen muss, sondern darüber hinaus das sehr viel weiter reichende Verhältnis von Christlichem und Jüdischem in den Mittelpunkt rücken kann, die Beziehung der Testamente, das Gemeinsame und Umfassende, das auch dazu gehört. Wenn man alles auf einen Tag fokussierte, würde es diesen ziemlich überfrachten. Beim 9. November haben wir ja speziell im Berliner Kontext, aber auch im gesamtdeutschen Zusammenhang die Herausforderung, dass sich deutsche Geschichte am 9. November in vielfältiger Weise zeigt. Und auch der 27. Januar hat seinen eigenen Gedenkakzent, Andreas Nachama hat das benannt. Insofern finde ich die Möglichkeit der verschiedenen Akzentsetzungen wichtig und würde im Nachhinein sagen, dass die Perikopengestalterinnen und Perikopenordner das richtig gemacht haben.

Andreas Nachama: Ich würde noch ergänzen: Die Andreaskirche am Wannsee, schräg gegenüber von derWannseevilla,[4] ist seit den Siebziger-, vielleicht sogar schon seit den Sechzigerjahren immer an dem Sonntag vor oder nach dem 20. Januar – oder am 20. Januar – dem Jahrestag der Wannseekonferenz von 1942, Ort für einen interreligiösen Gottesdienst: evangelisch-katholisch-jüdisch. Schon mein Vater hat da Gedenkgebete gesprochen oder gesungen. So gibt es am Ende auch örtliche Gegebenheiten, die ein liturgisches Handeln möglich machen und erfordern. So verstehe ich auch die Perikopenordnung, die solche spezifischen Akzente ja nicht verbietet. Wo Menschen an einem Ort – auf dem ehemaligen jüdischen Friedhof, weil da noch die Trauerhalle steht, oder an einem Denkmal zum Gedenken zusammenkommen und in Erinnerung der dort am Ort verwurzelten Opfer Tagebucheinträge oder andere Erinnerungsdokumente dem Vergessen entreißen, ist das im Sinne guter Erinnerungsarbeit. Es gibt zwei herausgehobene Tage bundesweit, aber an manchen Orten gibt es eben auch noch andere lokal verwurzelte Erinnerungstage – und da spricht nichts dagegen.

Gottesdienste am 27. Januar und 9. November?

AD: Neben der grundlegenden Bedeutung der Tage: Sind sie denn auch *gottesdienstliche* Gelegenheiten? In der Perikopenordnung sind – wie für jeden anderen Gottesdienst an einem Sonn- oder Feiertag im Kirchenjahr – Lesungen aus Erstem Testament, Epistel, Evangelium, Wochenlieder, Psalmen vorgesehen. Sollten Kirchen zu Gottesdiensten einladen oder an diesen Tagen besser andere Formen des Erinnerns praktizieren?

Christian Stäblein: Es ist bestimmt nicht verkehrt, dass man diese Angebote macht. Allerdings würde ich es nie darauf beschränkt sehen wollen. Ich habe

---

4   Vgl. http://www.andreaskirche.info/ [Zugriff: 09.03.2023].

bereits vorhin angedeutet: Ich verstehe die Veranstaltungen an diesen Tagen sehr viel weiter als »bloß« einen agendarischen Gottesdienst, möglicherweise vorformuliert. Häufig waren oder sind es ja gemeinsame Veranstaltungen von Christ:innen und Jüd:innen, in denen die sehr unterschiedlichen Perspektiven in einer angemessenen Weise zur Geltung kommen können – wie Andreas Nachama das beschrieben hat. Für mich ist die Einladung, am 9. November in einer Synagoge predigen zu dürfen, einer der für mich bis heute berührendsten Momente überhaupt in meiner Praxis. Ich bin sehr dankbar dafür, dass das möglich war und ist. Und das verändert auch die Form, in der ich an diesem Tag rede, sowie mein eigenes Gedenken. 2022 etwa haben wir den Israel-Sonntag gemeinsam in der Sophienkirche mit Dir, Andreas, als Prediger in einer Dialogpredigt und mit der Kantorin Ester Hirsch gefeiert – und es war etwas sehr Besonderes für mich und ich glaube, auch für die ganze Gemeinde. Für mich gehört das an diesen Tagen, wenn möglich, unbedingt dazu. Das übersteigt dann den Rahmen, den Perikopenreihen und Agendenformulare stecken können.

Andreas Nachama: Es ist nicht lange her, kurz vor der Pandemie, 2018 oder 2019 wird es gewesen sein, da war ich in Amerika auf einer Rabbinerkonferenz. Es ging um die Frage des Gedenkens an die Opfer der Shoa – und zwar aus jüdischer Sicht. Sehr schnell kam man zu der Überlegung, dass es, wenn wir das nicht im Jahresablauf, im Ablauf der Shabbate und der Festtage und Gedenktage verankern, in zwanzig Jahren vergessen ist. Insofern bin ich sehr dankbar dafür, dass die evangelische Kirche das gemacht hat. Am Ende ist das auch für uns Rabbiner eine Aufgabe im Blick auf das jüdische Jahr.

Vom Oberrabbinat wurde bereits 1948, also unmittelbar nach der Gründung des Staates Israel, der 10. Tewet als Holocaustgedenktag eingerichtet.[5] Das ist nochmal etwas anderes als der in Israel staatlich gesetzte JomHaSchoa. Und da kamen Menschen aus meiner Gemeinde und haben gesagt, sie wollen unbedingt die Namen der Opfer, von denen wir keinen Sterbetag haben, nennen. Das Nennen von Namen ist eine gute, bewährte Tradition. Und wenn es solche Anforderungen auch aus der jüdischen Gemeinde einer Synagoge gibt, dann soll man das machen, gar keine Frage.

Aber ich finde es gut, es festzuklopfen und zu sagen, dass wir jetzt einen solchen Tag haben, der für Juden und Christen, oder in dem Fall für Juden, der Erinnerungstag ist. Ich halte das für wichtig – und das ist sicher der richtige Weg. Wie er gefüllt wird und dass das jetzt nicht zu einer ›Kirchenräson‹ wird und einfach nur gemacht wird, sondern dass das jeweils etwas ist, was man mit Überzeugung macht und möglicherweise auch lieber mal mit Überzeugung sein

---

[5]   Klassisch ist dieser Tag mit dem Gedenken an den Beginn der Belagerung Jerusalems durch Nebukadnezar verbunden.

lässt, weil vielleicht die Mitstreiter nicht da sind, das finde ich vollkommen in Ordnung.

Yael Kupferberg: Ich bin eine Freundin von Kontroversen und davon, Dinge zu unterscheiden: Ich meine, es ist ein Unterschied, ob wir an ein jüdisches Publikum Erinnerung adressieren oder an ein christlich-deutsches Publikum. Die Aufgabe ist meines Erachtens die Selbstrevision. Freilich: diese gilt für alle, auch für die jüdische Gemeinschaft. Aber hier, im deutschen Kontext, gilt diese insbesondere für die christliche Seite. Deswegen bin ich eher dagegen, alles gemeinsam zu praktizieren und dafür, das auch getrennt zu tun. Das eine muss das andere nicht ausschließen. Darüber hinaus stellt sich eine philosophische und habituelle Frage, nämlich die Frage des Rituals. Wie gehen wir mit Ritualen um? Wollen wir Rituale installieren oder nehmen wir Abstand von Ritualen, weil wir wissen, dass Rituale sich abnutzen können, nicht mehr zeitgemäß sind oder Widerstand provozieren? Auch wenn ich gegen Unzeitgemäßes gar nichts habe, im Gegenteil! Die Frage, die mit der Einrichtung der beiden Tage von der evangelischen Kirche kommt, die Frage danach, wie wir Rituale installieren, ist eine fundamentale Frage, denn es hieße, Geschichte rituell-theologisch und problematisch zu sakralisieren. Dies ist zu durchdenken.

Christian Stäblein: Ich stimme Ihnen voll zu. Der Hang zum Dialogischen oder die Freude daran, ein Gedenken dialogisch zu begehen, darf aus meiner christlichen Sicht nicht zu den Wünschen nach Entlastung oder Exkulpation führen. Man sieht schon in den Erinnerungsdiskursen, dass das eine der großen Schwierigkeiten gerade des christlichen Erinnerungsdiskurses ist, dass immer wieder versucht wurde und wird, an solchen Tagen am liebsten selbst in die Opferperspektive zu gehen, sich darin einzurichten und gewissermaßen zu verschwinden. Das darf nicht sein! Mir ist das Dialogische deshalb so wichtig, weil ich in den letzten 30 Jahren, in denen ich daran beteiligt bin, merke, wie stark es mich verändert hat.

Yael Kupferberg: Um nicht missverstanden zu werden: Ich weiß aus eigener Erfahrung, wie wichtig das Dialogische ist, das ist das A und O, weil es um Anerkennung geht, wenn Sie so wollen. Es geht darum, dass ich Sie sehe und Sie uns sehen und es gibt – universalistisch-philosophisch gesprochen – kein ›Ich‹ und ›Wir‹ – das ist viel fluider, als es zu sein scheint. Aber wir haben unterschiedliche Erfahrungen, biografische Erfahrungen, und die Anerkennung jenseits von Kitsch, jenseits von Entlastungsdiskursen, jenseits von Schuldabwehrmechanismen, die wir aus der Antisemitismusforschung reichlich kennen, erscheint wichtig. Und es ist auch perfide, es ist ironisch und auch zynisch, dass die Rolle von Juden und Jüdinnen in Deutschland ja auch die ist, das anzunehmen oder auch nicht (das wäre das Konzept der Desintegration[6]). Dass wir die Anerkennung als Person, aber auch als Gemeinschaft brauchen, erscheint evident.

Andreas Nachama: Ich glaube, die überwiegende Zahl der Juden, die in Deutschland lebt, hat weder mit jüdischen Gemeinden oder mit Erinnerungsarbeit wirklich etwas zu tun. Ich kenne etliche Jüdinnen und Juden, die eher nur zu Beerdigungen, zu Hochzeiten oder zu einer Bar- oder Bat-Mizwa in die Synagoge kommen. Das sind Drei-Tages-Juden in einem ganz anderen Sinn als man das früher gesagt hat: nicht drei Tage im Jahr, sondern drei Tage im Leben!

Yael Kupferberg: Aber trotzdem meine ich – das ist jetzt ein vor allem innerjüdisches Gespräch! –, dass man zumindest als deutsche Jüdin und deutscher Jude, die es ja kaum noch bzw. anders sozialisiert gibt (durch die Einwanderung aus der ehemaligen Sowjetunion etc.), sich letztlich immer auch in der Rolle des Mittlers begriffen sieht, glaubst du nicht?

Andreas Nachama: Ja, das ist eine spezifische Déformation professionnelle deutscher Jüdinnen und Juden.

Predigen am 27. Januar und 9. November

AD: Ich denke, die Diskussion ist nicht nur für das Selbstverständnis von Jüdinnen und Juden in Deutschland spannend, sondern nicht zuletzt auch im Blick auf die völlig unterschiedlichen Veranstaltungen, die denkbar sind. Es macht einen Unterschied, ob Veranstaltungen dialogisch sind und Jüdinnen und Juden und Christinnen und Christen zusammenbringen, oder so begangen werden, dass die jeweiligen Gemeinschaften in ihrem Gedenken und Erinnern unter sich sind. Von daher finde ich die Differenzierung extrem wichtig.

In diesem Buch sind christliche Predigten versammelt – und ist das sie umgebende Ritual nicht dokumentiert. Was kann eine Predigt an einem dieser Tage erreichen, die an eine christliche Gemeinschaft adressiert ist? Was sollte sie tun, was müsste sie vermeiden, damit sie gelingt?

Andreas Nachama: Ich glaube, der Anstoß ist immer der historische Tag – ein säkularer Tag, der in den kirchlichen Ablauf hineinfällt. Man will »aus der Geschichte lernen«. Man erinnert an die Umstände und an die Opfer. Mit dem 9. November und dem 27. Januar gibt es zwei etwas unterschiedliche Blickrichtungen, aber am Ende geht es darum, was in einem Land passiert, in dem das Handeln der Regierung nicht mehr durch unabhängige Gerichte kontrolliert

---

[6]   Vgl. MAX CZOLLEK, Desintegriert euch, München 2018.

werden kann, also was in einem Land passiert, in dem eine Gestapo oder auch die Polizei nicht kontrolliert wird durch unabhängige Gerichte. Das ist am Ende etwas, das jedem, der heute in einer Kirche sitzt, passieren könnte. Er kommt in ein Land, wo die Polizei eine derartige Hoheit hat, dass beispielsweise ein Wasserwerferfahrer von Stuttgart21, der jemanden geblendet hat, nicht bestraft wird. Das ist, wie ich finde, der Hintergrund. Wenn man dann sieht, dass wahrscheinlich in der Mehrzahl der Staaten, die in den Vereinten Nationen organisiert sind, ein solcher Prozess nicht möglich wäre, dann sieht man, was für eine immense Aufgabe vor uns steht, uns als Gesellschaft dieser demokratischen Werte zu erinnern. Wir erinnern uns ja nicht nur, um uns der Toten zu erinnern, sondern um uns zu vergewissern, in welcher Gesellschaft wir leben und in welcher Gesellschaft wir leben wollen! Das ist das, was ich eigentlich erwarte; darum müsste es am Ende gehen.

AD: Erinnern im Kontext gegenwärtiger gesellschaftlicher und politischer Verantwortung als Aufgabe der Rede – so würde ich diese Herausforderung zusammenfassen. Würdet Ihr hier anders akzentuieren?

Yael Kupferberg: Es ist ein politischer Auftrag und ein Anlass zur Revision. Ich würde sagen, dass es sogar darüber hinaus geht, denn das Christentum ist nicht nur eine »Vergewaltigung des Judentums« (wie Yeshayahu Leibowitz[7] einmal gesagt hat), sondern es übersetzt Inhalte des Judentums und führt es – unter christlichen Prämissen – weiter. Das heißt, die inhaltliche und identifikatorische Ambivalenz, die das Christentum gegenüber dem Judentum hat, wäre zu beleuchten. Wobei dies vor allem ein intellektuell-wissenschaftlicher Anspruch ist. Bei den Gläubigen, die zu einem Gottesdienst an einem dieser Tage kommen, ginge es m. E. darum, Wärme und Empathie zu erzeugen sowie biografische Selbstreflexion anzustoßen. Bertolt Brecht hat einmal gesagt: »dass das weiche Wasser in Bewegung mit der Zeit den mächtigen Stein besiegt«,[8] also nicht die Härte, sondern das Weiche wäre gefragt. Ich halte das für richtig. Es geht nicht um den Vorwurf; ich meine, wir müssen diskursiv wieder weicher werden.

Christian Stäblein: Ja, ich kann das nur unterstreichen und würde es aus meiner Sicht so ergänzen: Für mich war und ist das Erste an diesen Tagen immer die Erinnerung der Ermordeten, gerade auch die Namen der Ermordeten. Das ist selbstverständlich nicht das Einzige, aber es steht für mich ganz vorn. Dann, aus meiner christlichen Sicht, ist das immer auch ein Tag der Anerkennung und der

---

[7]   Vgl. Michael Shashar (Hrsg.), Jeshajahu Leibowitz. Gespräche über Gott und die Welt, Frankfurt am Main 1990, 81.

[8]   Vgl. Bertolt Brecht, Legende von der Entstehung des Buches Taoteking auf dem Weg des Laotse in die Emigration.

Benennung der Schuld der christlichen Tradition und meiner Vorfahren. Ich finde es wichtig, dass es immer auch ein Tag ist, der wieder in Erinnerung bringt, dass daraus eine Neuaufstellung werden muss, dass zu dieser Buße, dieser Anerkennung der Schuld eine Umwendung und eine Hinwendung zu einem neuen Sehen kommen muss. Wie das dann aussehen kann, haben wir im Blick auf die gesellschaftspolitische Dimension bei Andreas nochmal sehr deutlich gehört. Es ist für mich immer auch ein neues Sehen, ein neues Positionieren im Gegenüber zu den jüdischen Geschwistern. Deswegen ist diese Erinnerung für mich eine, die sich in einer neuen Form des Verständnisses von christlicher Identität im Miteinander mit den jüdischen Geschwistern erweisen muss, ja zwingend erweisen muss, sonst bleibt alles leer. Es gibt also einen Dreischritt, der für mich zu diesen Gedenktagen gehört: Erinnerung, Buße und neues Sehen. Die Re-Vision, das Sich-neu-Positionieren aus der Bußbewegung heraus, erscheint mir ganz entscheidend. Aber das ist, ganz klar, die christliche Perspektive.

AD: Sind wir damit Deiner Meinung nach irgendwann einmal ›fertig‹ oder ist diese Art von Revision ein dauernder Prozess, in dem wir bleibend unterwegs sind?

Christian Stäblein: Das entwickelt sich selbstverständlich weiter. Wenn ich heute mit Konfirmanden und Konfirmandinnen arbeite, muss ich diese Perspektive von Umkehr, Buße und Schuldbekenntnis in einer anderen Weise formulieren und ins Gespräch bringen, als wenn ich das mit der Generation meiner Eltern oder meiner Großeltern machen würde, das ist klar. In dieser Hinsicht entwickelt sich das weiter. Die Bewegung an sich, die ich in ihrer Abfolge beschrieben habe, bleibt aber unverändert – als die christliche Aufgabe für diesen Tag.

Yael Kupferberg: Das erscheint auch mir wichtig: Jede Generation muss sich das selbst wieder erarbeiten, auch jede christliche Generation muss das tun in Bezug auf das Christlichsein und in Bezug auf politische Positionalität. Hier verbinden sich Härte und Weichheit: Politisch müssen wir in aller Härte fragen: Was darf die Gesellschaft nicht sein? Was dürfen wir nicht dulden? Aber auf der anderen Seite müssen wir im Umgang wieder eine weichere Form finden, denn ich finde, dass wir in einem Prozess der Verhärtungen und der Polarisierung sind; die diskursiven Formen müssten wieder eingeübt werden.

Andreas Nachama: Im Rückblick auf die Entwicklung der vergangenen gut fünfzig Jahre lässt sich sehen, dass es viele Einzelne gab, durch die Dinge in Bewegung kamen. Durch ihre Initiative entstanden gemeinsame Feiern, wurden aber auch Anregungen zu eigenen christlichen Veranstaltungen gegeben. Die »Aktion Sühnezeichen« wäre hier exemplarisch zu nennen. Ich finde, dass das, was jetzt in der Perikopenordnung steht, das Ergebnis dieses intergenerationellen Balls ist: Es war ein kleiner Schneeball, der dann doch zu etwas Großem geworden ist. Man sagt ja: Wer schreibt, der bleibt. Was jetzt geschrieben ist, was erst einmal da ist, gibt für die nächste Generation einen Hinweis. Wie es dann weitergeht, das muss dann die nächste Generation sehen.

Bibelworte am 9. November und am 27. Januar?

AD: Für den 9. November ist das, was die Perikopenordnung vorsieht, sehr stark von einer ethischen Frage, nämlich von der Frage der Verantwortung, geprägt. Als Spruch des Tages wurde Jakobus 4,17 gewählt: »Wer weiß, Gutes zu tun und tuts nicht, dem ist's Sünde.« Der Blick richtet sich also darauf, wo ich bin mit meinen Möglichkeiten – und im Rückblick sicher auch darauf, was unsere Vorfahren im Rückblick auf den 9. November hätten tun können. Es geht auch um Schuldgeschichte. Als Psalm ist Ps 74 gewählt: »Sie verbrennen alle Gotteshäuser im Lande« und als Evangelientext die Geschichte von der Verleugnung des Petrus, der nicht bei Jesus bleibt und am Ende sagt: »Ich kenne diesen Menschen nicht«. Wenn ihr diesen Textraum wahrnehmt: Erscheint Euch das als eine gelungene Zusammenstellung für diesen Tag?

Christian Stäblein: Ich gebe zu, dass ich da ein bisschen hilflos bin, weil ich bei der Suche nach den passenden biblischen Bezügen an diesen Tagen immer das Gefühl habe, dass es im Grunde nur falsch werden kann oder es für mich so jedenfalls nicht stimmig wird. Suche ich als Christ an dieser Stelle einen schönen Text aus der Hebräischen Bibel aus, habe ich den Eindruck, dass ich mich jetzt, an dieser Stelle, doch in eine Form der Exkulpationsbewegung begebe und mich in schöne hebräische Worte hineinfinde und sie, aus meiner christlichen Sicht, irgendwie auch »missbrauche«. Ich nehme dieses scharfe Wort, um den christlichen Auftrag des Erinnerns und Anerkennens der Schuld in der eigenen Tradition nachdrücklich zu beschreiben. Da möchte ich mich eigentlich nicht in schöne hebräische Worte hineinflüchten, die an der Stelle erstmal nicht meine Tradition sind. Nehmen wir allerdings einen Evangeliumstext, habe ich das Gefühl, dass ich in eine Tradition hineingehe, in der ich entweder, schaue ich ganz differenziert, in innerjüdischen Auseinandersetzungen bin oder einer Spur nachgehe, die schnell den Eindruck erweckt, es gäbe jetzt eine christliche Deutung für das Gesamtgeschehen. Auch das empfinde ich als hochproblematisch. Mir ist das Dialogische an unseren Begegnungen und Begehungen so wichtig geworden, weil es diese Versuche über viele Jahre und Jahrzehnte in der christlichen Tradition gab, diese Versuche, es im Grunde in eine Richtung aufzulösen und zu glauben, wir könnten jetzt die christliche Deutung als die Gesamtdeutung des Geschehens noch obenauf setzen. Nun, dieser Weg ist zurecht abhanden gekommen als einer, der in irgendeiner Weise gangbar wäre. Vor drei Jahrzehnten, als ich zu diesem Thema wissenschaftlich gearbeitet habe,[9] gab es den intensiven Streit darum, ob in der Gedenkstätte Auschwitz, für die katholische Nonnen zuständig waren, ein Kreuz stehen darf. Ich verstehe diesen Streit heute sehr viel besser. Und ich glaube, das geht nicht – und es geht auch nicht in unserer eigenen Praxis an solchen Gedenktagen mit einem christlich gefärbten Text zu kommen und zu sagen, das Geschehen lasse sich in Analogie zur Verleugnung des Petrus oder zum Verrat des Judas, oder wie auch immer wir das dann konnotieren würden, sehen. Das geht für mich nicht mehr, diese christliche Form von Erinnerungsarbeit, die über viele Jahrzehnte genauso ablief, dass man nach den großen Lösungen suchte, am besten aus einer Art christlicher Gottesperspektive, wie sich das am Ende der Zeit mit den verschiedenen Gottesvölkern aufheben und auflösen würde. Das ist für mich alles Geschichte, das kann ich in meiner Theologie so nicht mehr leben, das wird an diesen Erinnerungstagen besonders deutlich! Da muss etwas Fragment und gleichzeitig dadurch zu Begegnung und Dialog werden.

AD: Vielen Dank für dieses starke Plädoyer für Vorsicht im Umgang mit Texten, die eine klare Deutungsperspektive eintragen! Im Blick auf den 9. November wurden biblische Texte zur Verantwortung ausgewählt; im Blick auf den 27. Januar ist es vielleicht nochmals schwieriger und diffuser. Da ist einerseits der Aspekt des Gedenkens groß gemacht in der Textauswahl: »Hüte dich nur und bewahre deine Seele gut, dass du nicht vergisst, was deine Augen gesehen haben« (Dtn 4,9a) – ein Vers, der völlig aus dem ursprünglichen Kontext in Dtn 4, in dem es um den Rückblick auf die Zeit der Wüstenwanderung geht, gerissen wurde. Hinzu kommt Ps 126: »Wenn der Herr die Gefangenen Zions erlösen wird, werden wir sein wie die Träumenden« oder Gen 4, der erste Mord der Geschichte, Kain und Abel. Es kann sein, dass diese relativ diffuse Textwahl eine gewisse Unsicherheit spiegelt …

Yael Kupferberg: Ich kann dieses Unbehagen auch von jüdischer Seite aus bestätigen. Es ist merkwürdig, die historischen Ereignisse in ein theologisches Spektrum zu projizieren, was dann unter Umständen ganz schief wirkt – etwa weil die Petrusgeschichte selbst in einem Kontext von Gottesmordvorwurf, Verleugnung und so weiter steht. Wir affirmieren damit in gewisser Weise die antijüdischen Erzählungen oder innerjüdischen Konflikte. Ich meine tatsächlich, da bräuchte es etwas ›Säkularisierteres‹.

---

[9]   Vgl. Christian Stäblein, Predigen aus dem Gedenken an den Holocaust. Die Wahrnehmung des jüdischen Gegenübers in der homiletischen Theorie nach 1945, APT 44, Göttingen 2004.

Ich finde das auch in unserer Tradition diskussionswürdig: Wir geben der jüdischen Katastrophe, also dem Holocaust, einen theologischen Überbau. Das ist problematisch. Damit bekäme dieser eine Sinnhaftigkeit …

Andreas Nachama: Ich glaube, man darf es nicht theologisieren. Das ist der Punkt. Wir reden über historische Tage, und ich würde aus meiner Praxis heraus sagen: Was ich in aller Regel mache anlässlich eines 9. November oder 27. Januar ist, dass ich mir Lebensberichte suche, entweder von Überlebenden oder Texte, die aus der Zeit stammen und die dieses unfassbare Geschehen beschreiben. Es soll dazu führen, dass durch diese Erinnerungen Trost eintritt. Das ist vielleicht auch eine Theologisierung, aber ich finde, das ist eine, die eine lange Tradition hat, jedenfalls im Jüdischen.

»Tröstet, tröstet mein Volk …« Dieser Spruch lag, als Postkarte gedruckt, auf allen Sitzen der Abgeordneten bei der ersten Sitzung des israelischen Parlaments. Ich finde, Tröstung ist eine zulässige theologische Wendung, aber es ist eine, die nach meinem Dafürhalten eben nichts wegwischt. Man beschreibt es vorher, mit Zeitzeug:innen oder wie auch immer und hat dann zum Schluss so eine Wendung. Wenn wir uns Gedenkgebete ansehen, also »*El male rachamim*«[10] oder das *Qaddisch*[11], was ja nur sehr bedingt ein Gedenkgebet ist, aber als solches verstanden wird, geht es bei dem ersten darum, dass die Toten geborgen sein mögen, und bei dem zweiten, dass man durch die Lobpreisung Gottes eine Perspektive aufzeigt für eine irgendwie erlöste Welt. Das finde ich eine zulässige Wendung, denn sonst gehen wir aus dem Gottesdienst hinaus und sind vollkommen deprimiert. Es geht schon darum, auch ein Trostwort zu haben.

Yael Kupferberg: Ja, ich würde auch sagen, dass es um Trost geht, aber vor allem darum, die Wunde nicht verheilen zu lassen, so schwer und so schmerzhaft das ist.

Christian Stäblein: Ich kann das nur unterstreichen. Ich gehe mit bei dem, was Andreas Nachama gesagt hat, würde aber hinzufügen, dass im Blick auf das Gedenken der Nachfahren der Täter auf dem Stuhl eher noch die Worte liegen würden: »Ermahnt, ermahnt mein Volk.« Im Gedenken habe ich in den vergangenen Jahrzehnten gelernt, dass es da, wo Nachfahren von Tätern und Nachfahren von Opfern miteinander gedenken, etwas Verschiedenes gibt und geben muss und dass insbesondere die Nachfahren der Täter sich nicht davonmachen

---

[10]   Der Text und eine Übersetzung finden sich unter http://www.schoah.org/religion/raha mim.htm [Zugriff: 11.03.2023].

[11]   Vgl. zum Qaddisch/Kaddisch und seinen unterschiedlichen Formen https://www.bibel wissenschaft.de/wibilex/das-bibellexikon/lexikon/sachwort/anzeigen/details/kad disch-gebet/ch/ace981d8ce6f51f6f582865dc4c4eaec/ [Zugriff: 11.03.2023].

können; dass es aber auch etwas Gemeinsames gibt, weshalb es sinnvoll ist, im Dialog zu gedenken. Aber ich kann nicht das Erste überspringen.

AD: Vielen Dank für all diese Perspektiven, die Anregungen und die vielen offenen Fragen.

II. Predigten zum 9. November

9. November 2002
Jerusalemskirche

Predigt zu Psalm 74

Matthias Loerbroks

Warum, Gott, hast du verstoßen für immer,
    raucht dein Zorn gegen die Schafe deiner Weide?
Gedenke deiner Gemeinde, die du ureinst erworben hast,
    die du ausgelöst hast als Stamm deines Erblands,
    des Berges Zion hier, auf dem du wohnst.
Erhebe deine Schritte zu den ewigen Trümmern,
    alles hat der Feind verwüstet im Heiligtum.
Deine Widersacher brüllten mitten auf deiner Versammlungsstätte,
    sie haben dort ihre Zeichen als Siegeszeichen aufgestellt.
Es sah aus, wie wenn man emporhebt
    im Dickicht des Waldes die Äxte.
Und nun – ihre Holzschnitzereien allesamt
    mit Hammer und Beil zerschlugen sie.
Sie haben Feuer in dein Heiligtum geworfen,
    bis zur Erde haben sie die Wohnung deines Namens entweiht.
Sie haben in ihrem Herzen gesagt: »*Wir wollen sie unterjochen allesamt*«,
    sie verbrennen alle Gotteshäuser im Land.
Zeichen für uns haben wir nicht mehr gesehen, einen Propheten gibt es nicht mehr,
    und keiner ist mehr bei uns, der wüsste: Wie lange noch?
Wie lange, Gott, wird höhnen der Widersacher,
    wird der Feind deinen Namen lästern für immer?
Warum ziehst du deine Hand zurück
    und deine Rechte? Aus deinem Gewandbausch heraus! Vernichte!
Dennoch ist Gott mein König von ureinst her,
    Rettung wirkend mitten auf der Erde.
Du – du hast zerspalten mit deiner Macht das Meer,
    du hast zerschmettert die Häupter der Schlangen über dem Wasser.
Du – du hast zerschlagen die Häupter Leviatans,
    du hast ihn zum Fraß gegeben dem Volk der Wüstentiere.
Du – du hast gespalten Quelle und Bach,
    du – du hast austrocknen lassen die immer fließenden Ströme.
Dein ist der Tag und ebenso ist dein die Nacht

Du – du hast zugerüstet Mondleuchte und Sonne.
Du – du hast festgesetzt alle Grenzen der Erde.
Sommer und Winter, du – du hast sie gebildet.
Gedenke doch: Der Feind hat gehöhnt, Adonai,
und ein Toren-Volk hat gelästert deinen Namen.
Nicht gib den wilden Tieren das Leben deiner Taube preis,
das Leben deiner Armen vergiss nicht für immer!
Schau auf den Bund,
denn voll sind die Schlupfwinkel des Landes von Gewalt.
Nicht bleibe der Bedrückte in Schande,
der Arme und der Elende sollen deinen Namen lobpreisen.
Steh auf, Gott, streite deinen Streit,
gedenke deiner Verhöhnung, die von den Toren ausgeht den ganzen Tag.
Vergiss nicht das Geschrei deiner Widersacher,
den Lärm deiner Gegner, der ständig aufsteigt.

Israel klagt und klagt an, fragt, appelliert verzweifelt und empört – und wir, christliche Bibelleser*innen und -hörer*innen, hören mit, werden nicht direkt angeredet und merken doch, dass wir keine unbeteiligten Zuschauer*innen sind, nicht zufällig eine Auseinandersetzung mithören, die uns nichts angeht. Wir merken, es ist von uns die Rede, wenn Israel seine Feinde als Gottes Feinde bezeichnet. Wir, die Ohrenzeug*innen der Klage und Anklage Israels, werden selbst zu Angeklagten. Das Wort Gottes, auf dessen hilfreichen, erhellenden, verändernden Einfluss auf unser Leben wir hoffen, wenn wir die Bibel aufschlagen, wenn wir Predigt hören, erreicht uns heute nicht als direkte Rede, sondern indirekt dadurch, dass wir mithören und zu Herzen nehmen, wie das Volk Israel den Gott Israels anschreit, wie es klagt und anklagt.

Israel fühlt sich von Gott verlassen und ruft doch zu ihm, rechnet damit, dass er da ist und hört, fragt darum auch nicht sich selbst, sondern ihn nach Gründen für eine Situation, die allem zu widersprechen scheint, was dieser Gott diesem Volk versprochen hat: Warum verstößt du uns? Warum bist du so zornig? Der Dichter findet keine Gründe, lässt die Frage offen, beantwortet sie nicht selbst mit einem Schuldbekenntnis. Sondern er appelliert an Gott: Gedenke! Steh zu deinem Bund mit uns! Wir sind doch die Schafe deiner Weide, auf deinen Schutz angewiesen. Wir sind die, die du einst erworben, als dein Eigentum freigekauft hast.

Weil Israel das Volk dieses Gottes ist und er sich festgelegt hat, Gott Israels zu sein, darum klagt der Psalm nicht nur über die Zerstörungen, sondern macht zugleich deutlich, dass Gott selbst betroffen und verletzt ist, erniedrigt und beleidigt wird:

Der Feind hat alles misshandelt im Heiligtum.
Deine Widersacher brüllen in deinem Haus
und setzen ihre Zeichen.

Hoch sieht man Äxte sich heben
wie im Dickicht des Waldes.
Sie zerschlagen all sein Schnitzwerk
mit Beilen und Hacken.
Sie verbrennen dein Heiligtum,
bis auf den Grund entweihen sie die Wohnung deines Namens.
Sie sprechen in ihrem Herzen:
Lasst uns sie ganz unterdrücken!
Sie verbrennen alle Gotteshäuser im Lande.

Es war Dietrich Bonhoeffer, der an dieser Stelle an den Rand seiner Bibel schrieb: 9.11.38! Tatsächlich erinnert dieser Psalm an die Schreckensnacht vom 9. auf den 10. November 1938. Überall in Deutschland wurden Synagogen angezündet, Tora-Rollen zertreten und verbrannt, Geschäfte, deren Besitzer*innen Juden waren, verwüstet und geplündert, über hundert Juden und Jüdinnen wurden ermordet, über 30.000 in Konzentrationslager verschleppt. Auch hier in Kreuzberg tobte der Terror.

Das Datum für die Pogrome war bewusst gewählt. Am 9. November 1918 beendete die Revolution der Arbeiter- und Soldatenräte den Ersten Weltkrieg und bahnte den Weg zur Republik. Die nationalistische Propaganda behauptete: Das war ein Dolchstoß von Juden und Linken in den Rücken des deutschen Heeres, der es – im Felde unbesiegt – meuchlings am Sieg gehindert hatte und der zur Schmach von Versailles führte. Die darum als jüdisch geltende Republik wurde nie anerkannt. Bereits am fünften Jahrestag jener Revolution unternahmen Hitler und die Seinen einen ersten Versuch, sie zu beseitigen, und die brennenden Synagogen am 9. November 1938 waren die Freudenfeuer zu den Gedenkfeiern an jenen ersten Versuch, der dann 1933 im zweiten Anlauf so gewaltig gelang.

Und diese Nacht kam nicht über Nacht. Bereits am 1. April 1933, kurz nach der Ernennung Hitlers zum Kanzler, hatten die Nazis zum Boykott von Geschäften aufgerufen, die Juden und Jüdinnen gehörten. Juden und Jüdinnen wurden von bestimmten Berufen, aus dem öffentlichen Leben und aus dem Staatsdienst ausgeschlossen, wurden Staatsbürger zweiter Klasse, Ehen zwischen Juden und Nichtjuden wurden verboten. Und sie war auch nicht das Ende. Im Verlauf des Kriegs wurden fast überall in Europa Juden verfolgt und schließlich ermordet. Auch viele der Juden und Jüdinnen, die zunächst aus Deutschland geflohen waren, wurden in ihren Zufluchtsländern von den Deutschen eingeholt – wie Anne Frank aus Frankfurt in Amsterdam. Auch im Buch der Psalmen ist mit dem Verbrennen aller Gotteshäuser im Land noch nicht das Ende des Grauens erreicht. Wenige Kapitel später, in Psalm 83, heißt es: *Deine Feinde toben, und die dich hassen, erheben das Haupt. Sie machen listige Anschläge gegen dein Volk und halten Rat gegen die, die sich bei dir bergen. Lasst uns sie ausrotten, sprechen sie, dass sie kein Volk mehr seien und des Namens Israel nicht mehr gedacht werde.*

Überall richten die Feinde ihre Zeichen auf, und alle Zeichen deuten darauf hin, dass sie alle Macht haben. Israel hingegen, klagt der Psalmist, sieht keine Zeichen, Zeichen des Bundes und der Treue Gottes, hat auch keinen Propheten, der sagen könnte, wie lange das Grauen noch dauert. Er gibt darum die Frage ›wie lange noch?‹ an Gott weiter, appelliert an ihn, ein Ende zu machen: *Ach Gott, wie lange darf der Bedränger höhnen, darf der Feind deinen Namen schmähen?* Mach ein Ende!

Der Dichter lässt sich nicht von den Feinden Israels und ihrer schieren Übermacht einreden, dass Gott seinen Bund mit seinem Volk aufgekündigt habe. Er bleibt dabei: Wer Israel verhöhnt, der schmäht auch den Namen seines Gottes. Angesichts des Mangels an Zeichen für Gottes Gegenwart appelliert er nicht nur an Gott, seines Bundes zu gedenken, sondern gedenkt auch selbst, erinnert sich und Gott daran, dass der einst das Meer gespalten hat, um sein Volk zu befreien, dass er schon immer die Mächte des Chaos und der Vernichtung bekämpft und besiegt hat. Aus dem Gedenken wird eine Aufforderung zum Aufstand: *Steh auf, Gott! Streite deinen Streit! Gedenke deiner Verhöhnung, vergiss nicht die Stimme deiner Bedränger!* Wir, die christliche Gemeinde, hören in unserer Bibel Israel zu seinem Gott um Hilfe schreien gegen seine Hasser, Bedränger und Zerstörer. Und wir hören in diesem Geschrei Gottes Wort an uns, werden darauf gestoßen, dass Israels Feinde Gottes Feinde sind: Der Hass auf das Volk Israel zielt auf seinen Gott. Und ausgerechnet die Christ*innen, die sich zu einem Juden als ihrem Herrn bekennen, die von sich sagen, der Gott Israels habe sie als Geschwister seines Sohnes zu seinen Söhnen und Töchtern adoptiert, haben die Munition geliefert für diesen Hass und diese Feindschaft. Sie wollten sich zwar von Jesus versöhnen lassen mit Gott, aber nicht mit seinem Volk, wollten Gott zum Vater haben, aber nicht Israel als älteren Bruder. Und so haben sie der Treue Gottes nicht getraut, sondern behauptet, Gott habe seinen Bund mit seinem Volk aufgekündigt und es durch die Kirche ersetzt. Jahrhundertelang haben Kirchen theologisch-theoretisch vom Ende Israels gesprochen. Die Nazis haben mit ihrem Versuch, das ganze jüdische Volk zu ermorden, diese Rede brutal wörtlich genommen und umgesetzt.

Viel zu spät wurde viel zu wenigen Christen dieser Zusammenhang bewusst. Einige wenige haben vielleicht schon als Zeichen verstanden, dass fünf Jahre nach den Synagogen viele deutsche Städte in Flammen aufgingen – die meisten aber sahen da keinen Zusammenhang, sondern fragten empört, wie Gott das zulassen könne. Einige haben nach 1945 im Überleben Israels und auch in der Gründung des Staates Israel 1948 ein Zeichen der Treue Gottes gesehen. Der Treue Gottes zu seinem Volk – gegen uns. Aber das ist vielleicht ein zu rascher Trost, eine zu schnelle Beruhigung der Unruhe dieses Psalms, der ja ohne Antwort, ohne Lösung endet. Wir christlichen Mithörer*innen werden gefragt, ob es

Gott selbst verletzt und beschädigt, geschwächt hat, als es seinem Volk ans Leben ging. Ob nicht die Krise in allen Kirchen, ihr Mangel an Erfahrungen des Geistes und der Kraft ein Zeichen ist, dass unsere Beziehung zu Gott gestört bleibt, solange unsere Beziehung zu seinem Volk nicht geheilt ist. Auch ohne die Gewissheit, dass Gott da ist und uns hört, können wir uns da nur dem Worten des Psalmdichters anschließen und zu Gott rufen: Nimm deine Rechte aus dem Gewand und mach ein Ende – mit unserer tief eingewurzelten Judenfeindschaft. Aus unserem Mund ist dieser Hilferuf eine Bitte um Heilung: »Heile du uns HERR, so werden wir heil.« Und diese Heilung hat auch schon begonnen. Wir loben und preisen den Gott Israels dafür, dass er uns nicht allein gelassen, nicht uns selbst überlassen hat bei der Aufklärung der Irrwege, die in die Katastrophe führten, bei der Suche nach neuen Wegen, Wegen des Lebens. Immer wieder haben Jüdinnen und Juden uns dabei geholfen – als Gesprächspartner, Lehrer und Lehrerinnen, als Zeugen.

Drittletzter Sonntag des Kirchenjahrs, 9. November 2003 Französische Friedrichstadtkirche
Predigt zu Lukas 17,20–30

Matthias Loerbroks

Befragt von den Pharisäern, wann das Reich Gottes komme, antwortete er ihnen und sprach: Das Reich Gottes kommt nicht in beobachtbarer Form.
Auch wird man nicht sagen: Siehe! Hier! Oder: Dort!, denn siehe! Das Reich Gottes ist mitten unter euch.
Er sprach aber zu den Jüngern: Es werden Tage kommen, da ihr euch danach sehnen werdet, einen der Tage des Menschensohn zu sehen, und ihr werdet nichts erblicken.
Und man wird euch sagen: Siehe! Dort! Siehe! Hier! Geht nicht weg und jagt dem nicht nach.
Denn wie ein Blitz aufblitzt und leuchtet vom einen Ende des Himmels bis zum anderen, so wird der Menschensohn sein an seinem Tag.
Zuerst aber muss er Vieles leiden und verworfen werden von dieser Generation.
Und wie es geschah in den Tagen Noahs, so wird es geschehen in den Tagen des Menschensohns:
Sie aßen und tranken, heirateten und ließen sich heiraten bis zu dem Tag, an dem Noah in den Kasten hineinkam, und es kam die Flut und richtete alle zugrunde.
Ebenso wie es geschah in den Tagen Lots: Sie aßen, tranken, kauften, verkauften, pflanzten, bauten.
An dem Tag aber, an dem Lot aus Sodom herauskam, regnete es Feuer und Schwefel vom Himmel und richtete alle zugrunde.
So wird es auch geschehen an dem Tag, an dem der Menschensohn sich enthüllt.

Jesus weckt Erwartungen und Hoffnungen. Sein Auftreten, sein Reden und Tun sagten zwar seinen Hörern nicht völlig Neues, weckten aber lang gehegte, unter dem Druck der Unterdrücker fast zerbrochene Hoffnungen auf, holten fast Verschüttetes wieder hervor, eine nach Enttäuschungen und Niederlagen fast verloren gegebene Verheißung wird wieder aktuell, ein fast erloschenes Feuer neu entfacht. Und so weckt er nicht nur Hoffnungen, sondern auch Fragen, vor allem die Frage: wann? Diese Frage kann verzweifelt, gequält, empört, stoßseufzend gestellt werden – und das geschieht in der Bibel oft: Ach, HERR, wie lange? Bis wann? Sie kann aber, von gebrannten Kindern, auch skeptisch gestellt werden, prüfend, distanziert beobachtend: Ja, gewiss, aber wann?

Die Antwort Jesu beginnt mit zwei Verneinungen, zwei Abfuhren, die aber nur, wie sich dann herausstellt, die negative Kehrseite einer großen Zusage, einer leuchtenden Verheißung sind. Das Reich Gottes kommt nicht so, dass man seiner durch skeptisch prüfende Beobachtung gewahr würde, sondern ist wahrnehmbar nur für Beteiligte, für Mittäter, Mitkämpfer. Die andere Verneinung: Erwartet nichts Sensationelles, Aufsehen Erregendes. Das Reich Gottes kommt nicht so, dass Leute auf spektakuläre Ereignisse zeigen und rufen: Siehe, da ist es! Nein dort! Denn »siehe!«, sagt Jesus nun selbst, nimmt damit ein Hinweiswort auf, mit dem die Bibel darauf aufmerksam macht, dass mitten in der Menschenwelt und -geschichte Gott eingreift: *Siehe! Das Reich Gottes ist mitten unter euch.* Diese Zusage erinnert an die Bedeutung des Namens des Gottes Israels: Ich bin da, mit euch, wie immer ich da sein werde. Es sind Pharisäer, denen Jesus diese Verheißung zusagt, Menschen also, die mit Ernst Juden sein wollen, die nicht nur »Herr, Herr« sagen, sondern versuchen, seinen Willen, die Tora zu tun, seine Wege zu gehen, über seiner Tora murmeln Tag und Nacht und in zahlreichen Einzelheiten es unternehmen, nicht nur den Feiertag, sondern auch den Alltag zu heiligen. Ihnen sagt Jesus: »Achtet sie nicht gering, eure ganz alltägliche Praxis, euer unauffälliges, unspektakuläres Tun und Lehren des Gebotenen. Es gibt Gerechte, die der Umkehr, es gibt – Gott sei Dank! – Gesunde, die des Arztes nicht bedürfen. Das Reich, das Regieren Gottes ist schon da: mitten unter euch.«

Mitten unter uns haben sie gelebt und gewirkt, die Juden in Deutschland, in Europa, mitten unter uns Christen. Wir Christen haben aber im Leben und Überleben des jüdischen Volks nicht ein Zeichen der Treue Gottes gesehen, geschweige denn die Anwesenheit und Wirksamkeit Gottes und seines Reichs mitten unter uns. Im Gegenteil: Es war die christliche Kirche, die die falsche Lehre verbreitete, Gott habe sein Volk Israel verstoßen, seinen Bund mit dem jüdischen Volk aufgekündigt, ihn durch einen neuen Bund mit einem neuen Bundesvolk, nämlich: mit der Kirche, ersetzt. So hat die Kirche theologisch-theoretisch vom Ende Israels gesprochen, lange bevor die Nazis diese Rede wörtlich nahmen und den Massenmord an den europäischen Juden »Endlösung der Judenfrage« nannten. Die christliche Theologie hatte den Weg gebahnt, der nach Auschwitz führte.

Doch wie kam es zu dieser ungeheuren und folgenschweren Lehre von der Ablösung und Ersetzung Israels durch die Kirche? Sie wurde ja nicht damit begründet, dass es sich bei diesem Gott um einen untreuen und unzuverlässigen Bundesgenossen handelt, der mal einen Bund schließt und ewige Treue verheißt, ihn dann aber willkürlich wieder fallen lässt. Als Grund für ihre Behauptung nannte die Kirche vielmehr die Tatsache, dass die meisten Juden in Jesus nicht den lang erwarteten Messias Israels, den Christus, erkennen konnten und so nicht Christen wurden, sondern Juden blieben. Diese Begründung ist zwar nicht logisch, und eine Kirche, die ernsthaft lehrt, Gott habe sein Volk verstoßen, weil er von ihm enttäuscht war, sägt natürlich an dem Ast, auf dem sie sitzt; und doch verrät diese Begründung die Motive christlicher Judenfeindschaft: Dass ausgerechnet die Juden, das Volk, das Gott erwählt, ja geradezu geschaffen hatte, das ablehnten, was Christen zu Christen macht, ihr Christusbekenntnis, war eine schwere Kränkung. Und schlimmer noch: Sprachen die Juden nicht offen aus, was ganz heimlich und verborgen auch die Christen dachten, aber sich nicht einzugestehen wagten, dass nämlich seit und durch Jesus sich nichts wirklich grundlegend geändert hatte; dass weder von einer Befreiung Israels noch gar von einem weltweiten Friedensreich voller Gerechtigkeit die Rede sein konnte; dass es also angesichts der biblischen Verheißungen zumindest eine kühne Behauptung wäre, das Neue Testament berichte von ihrer Erfüllung? Hat Jesus nicht selbst die Erwartungen enttäuscht, die er geweckt hatte? Es ist viel leichter, das, was in mir ist, ich aber nicht akzeptieren kann, in anderen zu bekämpfen, als es als Eigenes wahrzunehmen. Und diese Technik, den Juden aufzuladen und in ihnen zu bekämpfen, was Christen an sich selbst nicht aushielten, führte dazu, dass im christlich geprägten Abendland nicht Christen dem leidenden Christus nachfolgten und ähnlich sahen, sondern, höchst unfreiwillig, die Juden, und sie litten unter den Christen. »Den Juden, mit dieser ihrer Schuld beladen, als Herrscher verhöhnt, schlagen sie ans Kreuz, endlos das Opfer wiederholend, an dessen Kraft sie nicht glauben können«, so haben es zwei Juden, Theodor W. Adorno und Max Horkheimer, scharf beobachtet.

Darum ist gerade für uns Jüngerinnen und Jünger Jesu wichtig zu hören, dass Jesus nach seiner Antwort an seine Befrager dasselbe noch einmal ganz anders seinen Jüngern sagt. Er bereitet sie darauf vor, dass mit seinem Kommen keineswegs die Zeit der Erfüllung, der Fülle der Gottesgegenwart, des Genießens und Am-Ziel-Seins angebrochen ist, sondern Zeiten des Entbehrens, des Mangels, der Sehnsucht und des Vermissens auf die Jünger zukommen: *Es werden Tage kommen, da ihr begehren werdet, einen der Tage des Menschensohns zu sehen, und ihr werdet nichts erblicken.* Eine Zeit der Leere also, und Jesus befürchtet, dass seine Jünger diese Leere nicht aushalten, sondern eigenmächtig selbsttätig füllen. Da werden nun doch sich Stimmen erheben, die sagen: *Siehe! Dort!; Siehe! Hier!* Und diese Befürchtung erwies sich als berechtigt. Immer wieder haben Christen, die es nicht aushielten, ohne zu schauen zu glauben, nichts Greifbares in der Hand zu haben, auf Bestehendes gezeigt und »Siehe! Hier! Siehe! Dort!« gerufen. »Siehe! Hier: die Kirche« - als wäre sie schon das Reich Gottes oder jedenfalls die garantierte und vor allem habhafte Anwesenheit Jesu und Gottes. »Siehe! Dort: der Staat.« Angefangen mit Konstantin und nicht aufgehört mit dem Heiligen Römischen Reich deutscher Nation, und schließlich liefen die Christen, besonders die evangelischen, in Scharen den Nazis zu, waren sich sicher: Eine so eindrucksvolle Wende kann nicht ohne von Gott sein – und das neue Regime machte selbst kräftig und erfolgreich Anleihen bei der christlichen Apokalyptik, nannte sich Drittes Reich, tausendjähriges Reich. »Wo ist das Reich Gottes? Siehe, hier!« Diejenigen unter uns, denen diese Geschichtstheologie ganz fremd scheint, seien daran erinnert, mit welcher Selbstverständlichkeit viele evangelische Kirchen die Glocken läuteten, Gottesdienste hielten am 3. Oktober 1990, so als hätte selbstverständlich Gott die staatliche Einheit Deutschlands bewirkt. Vielleicht hatten sie die Teilung als Strafe empfunden, mindestens als ständige Erinnerung an die Straftaten zuvor, und darum ihr Ende als Amnestie. Und so ist es kein Zufall, dass die christlich-demokratische Lektion über Juden, diesmal nicht als Gottesmörder, sondern als gottlose Bolschewiki, am 3. Oktober erteilt wurde.

Jesus warnt vor solchen Versuchen, bestimmte Ereignisse, die uns gefallen oder beeindrucken, christlich-religiös zu legitimieren, sie – »Siehe! Hier!« – geradezu zu glorifizieren. Und er findet unsere Hektik und Panik, nur ja nichts zu verpassen, auf jeden angeblich gerade unwiederbringlich abfahrenden Zug noch gerade aufzuspringen, nicht gesund, unserer und seiner nicht würdig: »Jagt dem nicht nach. Lass fahren dahin.«

Aber es geht ihm nicht nur um Beruhigung angesichts unserer ständigen Bereitschaft, uns aufscheuchen und herumscheuchen zu lassen. Er wittert in dieser Bereitschaft auch Fluchtversuche – Flucht vor der prekären Situation von Jesusjüngern, die nichts in der Hand haben –, befürchtet Verrat: *Geht nicht weg. Der Menschensohn muss viel leiden. Könnt ihr nicht eine Stunde mit mir wachen?*

Im Übrigen findet er unser kopf- und treuloses Hin- und Hergerenne auch höchst überflüssig. Die Erscheinung des Menschensohns wird eindeutig sein, evident, blitzartig und weltweit und darum solcher Geheimtipps und Trendmeldungen nicht bedürfen: Gar nichts verpasst ihr, wenn ihr mir und euch selbst treu bleibt.

Wir merken, dass Jesus verschieden redet, anders zu den Pharisäern, dem künftigen rabbinischen Judentum, anders zu seinen Jüngern, der künftigen Kirche. Den einen sagt er: *Das Reich Gottes kommt nicht, es ist schon da: mitten unter euch.* Die anderen bittet er inständig, den Mangel an Gottesfülle, das Vermissen seiner spürbaren Gegenwart auszuhalten und durchzuhalten, die kommende Enthüllung des noch Verborgenen zu erwarten, abzuwarten, die Lücke nicht eigenmächtig zu stopfen.

Nun gibt es gerade im rabbinischen Judentum eine Auslegungsregel zum Umgang mit dem gelegentlich mindestens zweistimmigen Zeugnis der Heiligen Schrift, eine Regel, die auch für Christen beherzigenswert ist, nicht nur, aber besonders im christlich-jüdischen Verhältnis. Sie ist Psalm 62,12 entnommen und heißt: *Eines hat Gott gesprochen, ein Zweifaches habe ich gehört.* Die eine Wahrheit Gottes kann in unserem menschlich begrenzten und höchst verschiedenen Hören mindestens zweifach klingen. Und so gilt auch umgekehrt: Eine von Menschen erzwungene Einheitswahrheit ist sehr wahrscheinlich nicht die Wahrheit Gottes. Zu dieser Zweistimmigkeit gehört nun auch, dass Jesus zu seinen Jüngern nicht vom Kommen oder Nichtkommen des Reiches Gottes redet, sondern vom Tag und von den Tagen des Menschensohns. Dieses Wort ist einer Vision im Danielbuch entnommen, zur Zeit Jesu noch kein altes Buch, fast eine

Neuerscheinung. Vier Weltreiche tauchen da auf, repräsentiert, verkörpert durch Raubtiere, um anzuzeigen, wie bestialisch sie sind. Sie werden abgelöst von einem, der mit den Wolken des Himmels kommt, aber wie ein Mensch, wie ein Menschensohn aussieht: Das Reich Gottes ist, nach den gefräßigen Raubtierreichen, ein Reich mit menschlichem Angesicht. Dieser Menschensohn, so stellt sich dann heraus, vertritt und verkörpert das Volk der Heiligen des Höchsten, das Volk Israel. Wenn Jesus vom Menschensohn redet, dann verbindet er Reich Gottes, Israel und sich selbst eng miteinander – und macht damit deutlich: Dies »mitten unter euch« meint nicht: in der Kirche, sondern: in Israel. Das Reich Gottes, der Menschensohn sind mitten unter euch, wenn, solange Juden mitten unter euch sind.

Noch freilich ist das Reich Gottes verborgen, nicht demonstrierbar. Noch herrschen andere, regiert jene Raubtierwelt. Noch leidet der Menschensohn, wird verworfen. Jesus vergleicht die Situation mit zwei biblischen Geschichten, der Wasserkatastrophe in den Tagen Noahs, der Feuerkatastrophe in den Tagen Lots. Da herrscht Terror und Gewalt, und das Klagegeschrei der Opfer, die Stimme vergossenen Bluts schreien zu Himmel. Die meisten aber, selbst nicht terrorisiert, leben weiter, als wäre nichts geschehen, essen und trinken, heiraten und treiben Handel, einige, nicht wenige, profitieren dabei auch noch, manche bis auf den heutigen Tag, vom Terror, von der sogenannten Arisierung, optimistisch wird gepflanzt und gebaut. Bis die Katastrophe hereinbricht.

Genau eine Woche nach den Pogromen von 1938 begann Helmut Gollwitzer seine Dahlemer Bußtagspredigt mit der Überlegung, dass es besser wäre zu schweigen statt zu predigen, zu singen und zu beten. Zum einen, weil er es dreist und vermessen findet, »damit zu rechnen, dass Er noch da ist und nicht nur ein leerer Religionsbetrieb abläuft.« Zum anderen aber auch, damit wir »uns schweigend darauf vorbereiten, dass wir dann, wenn die Strafen Gottes, in denen wir ja schon mitten drinstecken, offenbar und sichtbar werden, nicht schreiend und hadernd herumlaufen: wie kann Gott so etwas zulassen? – ach wie viele von uns werden's dann ja tun und in ihrer Blindheit keinen Zusammenhang sehen zwischen dem, was Gott zulässt, und dem, was wir getan und zugelassen haben.«[1] Er hat recht behalten mit dieser Prophezeiung. Und die alliierte Bombardierung, bei der im Sommer 1943 die Stadt Hamburg und viele ihrer Bewohner verbrannten, hieß Operation Gomorra.

Wir leben nach der Katastrophe und überlegen, wie wir aus dem Teufelskreis herauskommen, aus Gottes guter Gabe eine Büchse der Pandora zu machen, aus der frohen Botschaft vom Frieden zwischen Israel und den Völkern eine Erziehung zur Verachtung, zum Hass, aus dem Licht des Lebens Finsternis, Mord und

---

[1]   Die Predigt findet sich u. a. unter https://jochenteuffel.com/2019/07/03/helmut-gollwit zers-busstagspredigt-1938-ueber-lukas-33-14-wer-soll-denn-heute-noch-busse-predi gen-ist-uns-nicht-allen-der-mund-gestopft-an-diesem-tage/ [Zugriff: 01.08.2023].

Totschlag. Eine teuflische Geschichte, aber anders als Mephisto scheint die Kirche Teil der Kraft, die stets das Gute will und stets das Böse schafft, und wir merken daran, dass mit gutem Willen noch nichts getan, erreicht, geheilt ist. Heraus aus diesem Teufelskreis kommen wir nur, wenn wir ihn durchschauen, wenn wir uns aufklären und aufklären lassen. Unser allererster Beitrag zur Überwindung der Gewalt besteht darin, die Gewalt zu erkennen, die in unserer christlichen Tradition, in unserer Theologie, in unseren Selbstverständlichkeiten, in unserem Denken steckt.

Der Ewige sei gesegnet dafür, dass er uns damit nicht allein gelassen hat. Es leben wieder, es leben noch Juden mitten unter uns, die bereit sind, uns bei dieser schmerzhaften Arbeit zu helfen, trotz allem und wegen allem, was geschehen ist. Der Gott Israels möge uns die Augen, die Ohren, die Herzen öffnen für sein Wort und für sein Volk.

9. November 2004
Jerusalemskirche
Predigt zu Epheser 6,10–17

Christian Staffa

Zuletzt: Seid stark in dem Herrn und in der Macht seiner Stärke.
Zieht an die Waffenrüstung Gottes, damit ihr bestehen könnt gegen die listigen Anschläge
des Teufels.
Denn wir haben nicht mit Fleisch und Blut zu kämpfen, sondern mit Mächtigen und
Gewaltigen, nämlich mit den Herren der Welt, die in dieser Finsternis herrschen, mit den
bösen Geistern unter dem Himmel.
Deshalb ergreift die Waffenrüstung Gottes, damit ihr an dem bösen Tag Widerstand
leisten und alles überwinden und das Feld behalten könnt. So steht nun fest, umgürtet an
euren Lenden mit Wahrheit und angetan mit dem Panzer der Gerechtigkeit,
und an den Beinen gestiefelt, bereit, einzutreten für das Evangelium des Friedens.
Vor allen Dingen aber ergreift den Schild des Glaubens, mit dem ihr auslöschen könnt
alle feurigen Pfeile des Bösen
und nehmt den Helm des Heils und das Schwert des Geistes, welches ist das Wort Gottes.

Ein kräftiger, ein wilder, ja auch ein fremder Text. Was ist denn eine Waffenrüstung Gottes? Haben wir nicht gelernt, dass Gott Frieden will und ist? Die
Botschaft, die wir an Weihnachten verkünden, heißt doch: Frieden auf Erden und
nicht: Legt Waffen an. Wer soll der Teufel sein, haben wir diesen mittelalterlichen
Glauben nicht längst überwunden?

Wir kämpfen nicht mit Fleisch und Blut, sondern mit den Mächtigen und
Gewaltigen, den bösen Geistern, den Mächten der Finsternis. Ist das Aberglauben
oder science fiction? Interessant ist, dass uns dies fremd scheint, obwohl heut-
zutage nicht nur in »Star Wars«, sondern auch in vielen anderen Filmen gerade
diese Mächte auftauchen und in finster und hell eingeteilt werden, schon sichtbar
an ihrer Kleidung. So fremd kann es uns also nicht sein, zumindest nicht den
Jüngeren unter uns.

Aber nun lesen wir die Heilige Schrift und nicht Science Fiction. Was ist das
Böse? Gibt es das? Das ist doch eine gute Frage an einem Tag wie diesem. Einem
Tag, an dem wir daran denken, dass Menschen bei jüdischen Nachbarn oder auch
bei ihnen nicht bekannten Juden eingedrungen sind mit Gewalt, Möbel auf die
Straße warfen, Synagogen zerstörten, Juden misshandelten. Menschen, die da-

heim ihre Kinder streichelten, vielleicht auch nicht, aber doch jedenfalls in der Regel das Recht der anderen auf Leben bis vor einigen Jahren noch geachtet hatten. Diese ziehen nun los, um es den Juden zu zeigen. Befohlen oder nicht befohlen. Nach allem, was wir an Augenzeugenberichten haben, jedenfalls nicht mit Zurückhaltung, sondern mit dem vollen Einsatz ihrer Energie gingen sie daran, anderer Menschen Leben zur Hölle zu machen.

Dass es auch anders ging, zeigt die Geschichte von dem Reviervorsteher Wilhelm Krützfeld, der die Neue Synagoge in der Oranienburger Straße durch sein beherztes Eintreten rettete. Also was machte die Nicht-Krützfelds, die leider auch noch die Mehrheit am 9. und 10. November 1938 stellten, böse? Was ist böse?

Hannah Arendt, die in Hannover geborene und schon 1933 geflohene jüdische Philosophin, die sich mit der Banalität des Bösen beschäftigte, sagt dazu: »Doch das wirklich Böse ist das, was bei uns sprachloses Entsetzen verursacht, wenn wir nichts anders mehr sagen können als: Dies hätte nie geschehen dürfen.«[1] Und das »größte begangene Böse ist das Böse, das von Niemanden getan wurde, das heißt, von menschlichen Wesen, die sich weigern, Personen zu sein.«[2]

Sprachloses Entsetzen, das haben wir auch von Helmut Gollwitzer gehört, markiert das Böse; bei Gollwitzer ist das Entsetzen umso größer, weil wir Christen Teil dieses Bösen waren.

Eine Tat, die niemand begangen hat? Ja, das haben nach 1945 die meisten gesagt: Ich war es nicht, Adolf Hitler ist es gewesen. Das ist tatsächlich das Gespenstische, das Unheimliche, vielleicht der böse Geist unter dem Himmel, dass die Misshandlungen, die Morde, der Sadismus sozusagen freiwillig ausgeübt wurden, ohne Befehl, nur eben auch nicht behindert, sondern eher belobigt. Am 9. und 10. November – dem Geburtstag Luthers – wirkte das Losgelassensein dieses Hasses. Ein Hass, der größer war, als er in jedem Einzelnen stecken konnte. Ein Geist der Finsternis, ein Darth Vader, der Böse bei Star Wars, der sich über die Menschen legte.

Nun ist das ja eine gefährliche Beschreibung. Lässt sich also gegen das Böse nichts tun? Wenn der Geist der Finsternis über uns kommt, wer sollte ihm wehren? Wenn also Menschen heute beschließen, sie treten als Gruppe einen anderen Menschen buchstäblich zusammen, hängen einem Schüler ein Schild um: »Ich bin am Ort das größte Schwein, lasse mich mit Juden ein«, in Sachsen-Anhalt geschehen, war der Geist des Bösen am Werk oder die Menschen gar selbst?

Die Bibel versteht die Welt als Welt, in der Gewalt herrscht, wenn ihr nicht durch Gebote, wenn ihr nicht durch Gott Einhalt geboten wird. Denken wir nur an

---

[1] HANNAH ARENDT, Über das Böse. Eine Vorlesung zu Fragen der Ethik, München 2007, 45.
[2] A.a.O., 101.

die Sintflutgeschichte. Die Bibel weiß von der Dynamik der Gewalt und ihrer Verführungskraft, sie nennt es Auflehnung gegen Gott.

So auch der Epheser-Text, der nun aber auch mit großer Vehemenz und in militanter Sprache uns verstehen lassen will, dass wir eben doch die Wahl haben, ob wir das Böse geschehen lassen oder zu den Waffen von Gottes Gerechtigkeit und seinem Schwert des Geistes greifen. Wir haben die Wahl oder in den Worten des Epheser-Briefes: Wir haben die Pflicht.

Aber ist hier nicht wieder eine Gefahr? Sehen wir nicht gerade in den letzten Jahren, wie sehr angeblicher Besitz von Wahrheit die Waffen schmiedet gegen den jeweils anderen? Seien es die Hisbollah, die christlichen Fundamentalisten in den USA oder auch jene Siedler in Israel, die sich berechtigt wähnen, das »ganze Heilige Land« in Besitz zu nehmen. Es gibt ja auch Regierungen, die solch unangefochtene Wahrheitsmission haben und daraus Waffen schmieden. Das Bewusstsein, auf der richtigen Seite zu stehen und das Böse zu bekämpfen, kann mörderisch sein. Verstand sich nicht auch das tausendjährige Reich als von höheren Mächten des Himmels berufen, das Böse zu besiegen? Wie können wir einem solchen Selbstverständnis wehren, wenn wir es selber haben? Natürlich ist da ein Unterschied zwischen der NS-Diktatur und dem Christentum, deren tausendjährigem Reich und unserem, aber wir stehen mit solch einer Sprache von diesen zwei Möglichkeiten »Gut oder Böse« immer in Gefahr, den oder die je anderen dem Verderben preiszugeben. Auch wenn wir es nicht so dramatisch sehen, ist doch jede Rede vom Bösen immer eine Vereinfachung, die die Schattierungen beim anderen unterschlägt.

Andererseits: Wenn wir die Gewaltzusammenhänge, die Ungerechtigkeiten, den Rassismus und Antisemitismus nicht mehr böse nennen, verraten wir dann nicht unseren Glauben, legen wir nicht das Schild des Glaubens zur Seite, wenn wir dieses Gedankengut nicht bekämpfen? Es ist doch spätestens heute an der Zeit mit wachsender NPD und steigendem rechtslastigen Gedankengut auch und immer wieder in der Mitte der Gesellschaft, dass wir als Kirche sagen: Diese Gesinnung ist Ausdruck des Bösen und mit christlichem Verständnis von Leben unvereinbar! Und doch müssen wir auch immer sehen, dass wir nicht außerhalb des Problems stehen, sondern Teil des Problems sind.

Es gibt eine Geschichte aus dem Talmud, die sich mit dieser Frage beschäftigt, sehr grundsätzlich: Zwei und ein halbes Jahr stritten die vom Lehrhaus Schammais mit denen des Lehrhauses Hillels über die Konsequenzen des bösen Tuns der Menschen. Die einen sagten: »Es wäre dem Menschen dienlicher, wenn er nicht erschaffen worden wäre.« Die Anderen sagten: »Es ist dem Menschen dienlicher, dass er erschaffen worden ist.« Sie stimmten ab und kamen zu dem Schluss: »Es wäre dem Menschen zwar dienlicher, er wäre nicht erschaffen worden, da er nun aber erschaffen sei, soll er seine Geschichte bedenken und sein Tun in der Zukunft.«

Seine Geschichte und sein Tun in der Zukunft bedenken. Diese Verbindung scheint den beiden Lehrhäusern des Hillel und des Schammai nicht nur ein Daseinszweck, sondern ein Weg, das böse Tun in den Griff zu bekommen. Im Kontext dieser Geschichte scheint es zunächst etwas abstrakt, eingedenk zu sein, dass wir menschheitsgeschichtlich unsere Berufung verfehlt und viel Unheil angerichtet haben auf dieser Welt und daraus Demut und besseres, menschenfreundlicheres Tun gewinnen sollen. Das ist ein weiter Bezugsrahmen und in der jeweiligen Gegenwart vielleicht schwer zu begreifen.

Aber gerade am heutigen Tag über unsere Geschichte nachzudenken und über eine Zukunft, die diesen Beginn des Mordens und den christlichen Anteil daran wahrzunehmen und daraus unser Tun für die Zukunft inspirieren zu lassen, das ist konkreter und fassbarer. So ist diese Geschichte auch eine Gegenerzählung gegen das, was seit 1945 gesagt wird, dass doch endlich mal Schluss sein muss mit der Geschichtsbearbeitung.

Martin Niemöller hat einmal gesagt, dass gerade die Kirche einen Anteil am Aufkommen des Nationalsozialismus hatte, weil sie es besser wusste. Besser als jene, die dem Hitler folgten. »Die Kirche wusste, dass der Weg ins Verderben führte«, der einer besonderen Sendung des deutschen Volkes. »Wir«, so führt er aus, »wir sind die, die Schuld haben, weil wir das Volk nicht gewarnt haben, weil wir uns vor den Menschen mehr fürchteten als vor Gott. So haben wir nicht diese oder jene Verfehlung begangen, sondern wir haben unseren Auftrag verraten.« Mit dem Epheser-Text gesagt: Sie haben sich nicht mit Wahrheit gegürtet und nicht den Panzer der Gerechtigkeit angelegt.

Diese Geschichte des Versagens der christlichen Kirchen sollen wir bedenken, und wir dürfen sie nur bedenken, weil es Menschen wie Martin Niemöller, die Poelchaus und Lothar Kreyssig, Brigitte und Helmut Gollwitzer gegeben hat, sonst hätten wir wahrscheinlich alles Recht verloren, zu sprechen und zu predigen. Wir sollen diese Geschichte der eigenen Furcht, des ›Auf der falschen Seite vollmundig die falsche Sache mitgetragen Habens‹, bedenken und mit unserem Tun in der Zukunft verbinden. Das bedeutet: ›Geh-denken‹: es ist ein Versuch sich den Opfern der Geschichte anzunehmen und auch über das Heute nachzudenken und das Morgen.

Wenn also heute 40% der Menschen in Deutschland fremdenfeindlich gestimmt sind und 10% antisemitisch, dann geht uns das direkt etwas an; es ist unsere Sache, die hier zur Rede steht, die wir mit Entschiedenheit angehen sollen. Diese sind nicht alle außerhalb der Kirchen, sie sind Teil von uns. Sie sind Teil des Aufstands gegen Gott in der Kirche, was übrigens die alte Beschreibung der frühen Reformatoren für den Teufel war.

Das klingt nun schon wieder nach dem Ruf zu den Waffen, aber um diese Entschiedenheit kommen wir nicht herum.

Noch ein Wort zur Sprache: Wir erschrecken und wir erschrecken zu Recht über die Militanz dieser Zeilen. Und auch hier heißt Geschichte zu bedenken, wahrzunehmen, dass aus einem Gefängnis, in dem der Paulusschüler sitzt, sich solche Sprache anders anhört, als wenn sie vom Thron herunter gesprochen wird. Und wir sitzen heute eher auf dem Thron und müssen bedenken, wie solche exklusive Sprache wirkt, ohne ihr ihre Entschiedenheit zu nehmen. Gleichzeitig – und so könnten wir das Schwert des geisterscheidenden Geistes verstehen –, wissen wir um unsere eigene Verstricktheit, um unseren Anteil oder sind zumindest auf der Suche danach. Es geht nicht darum, mit den Fingern auf andere zu zeigen – wir wissen ja, drei zeigen dabei auf uns selbst –, sondern entschieden auf den Gott Israels und den Vater Jesu Christi, auf den Gott des Lebens zu verweisen über uns hinaus, wissend, dass wir ihm auch nicht immer folgen können und doch in ihm aufgehoben sind.

Gott gebe uns den Drang nach Wahrheit und Gerechtigkeit und verhüte Selbstgerechtigkeit und Selbstruhm. Er gebe uns die Kraft, uns nicht zu fürchten und andere uns nicht fürchten zu lassen. Er gebe uns die Zartheit und Entschiedenheit, die wir in der Welt brauchen.

9. November 2005
Jerusalemskirche

Predigt zu Matthäus 5,21–24

Matthias Loerbroks

Ihr habt gehört, dass den Alten gesagt worden ist: Du sollst nicht morden. Wer mordet, ist verfallen dem Gericht.
Ich aber sage euch: Wer seinem Bruder zürnt, verfallen ist er dem Gericht. Wer zu seinem Bruder spricht: Du Nichts!, verfallen ist er dem Sanhedrin. Wer spricht: Du Idiot!, verfallen ist er der Feuerhölle.
Wenn du nun deine Gabe zum Opferaltar bringt und dort dich erinnerst, dass dein Bruder etwas gegen dich hat,
dann lass dort deine Gabe vor dem Opferaltar und geh hin – zuerst versöhne dich mit deinem Bruder. Und dann komm und bring deine Gabe dar.

Ich bin nicht gekommen, die Tora und die Propheten aufzulösen, sagt Jesus zu Beginn der Bergpredigt, als ahnte er schon, was alles diesem Wort zum Trotz dann doch Jahrhunderte lang Christen und Kirchen behauptet haben, *ich bin nicht gekommen, Tora und Propheten aufzulösen, sondern zu erfüllen.* Was er damit meint, das führt er sogleich an einigen Beispielen, an einigen Tora-Zitaten vor. Er redet von Erfahrungen, vor allem: Lernerfahrungen, die diejenigen machen, die versuchen, in Gottes Geboten zu leben und zu wandeln, sich an das zu halten, was uns Menschen gesagt ist: Wozu regt mich das Gebot an? Aber auch: Wo beginnt der Weg der Abkehr von den Geboten? Jesus baut vor, er baut, wie das andere Rabbiner auch getan und auch so bezeichnet haben, einen Zaun um die Tora, der verhindern soll, dass seine Hörer und Schüler auch nur in die Nähe einer Verletzung der Tora kommen, geschweige denn zu ihrer Auflösung, Abschaffung.

Und zu dem nach Luthers Zählung fünften, biblisch wohl eher sechsten der zehn Gebote ist die Lernerfahrung des Toralehrers Jesus: Das Morden beginnt mit Worten; der erste Schritt auf dem Weg zum Mord ist der Rufmord. Das ist keine Gleichsetzung von Mordphantasien und mörderischen Taten. Es ist ein hohes und seinerseits zu hegendes und zu schützendes Gut, dass es zwischen unseren Triebkräften und unseren Taten eine Instanz gibt, die dafür sorgt, dass Phantasien eben das bleiben: Phantasien. Und es ist auch kein Streitverbot. Sich streiten, auch heftig, das gehört zu halbwegs lebendigen Beziehungen dazu, und ein

Verzicht darauf ist kein Zeichen der Liebe, sondern der Gleichgültigkeit. Polemik ist Liebe, hat der große Theologe Karl Barth entdeckt – wohl nicht nur als Bibelleser, sondern auch aus eigener Erfahrung –, und auch Jesus ist ja weder süßlich noch lieblich, sondern selbst ein Polemiker von Rang.

Wir müssen also genauer drauf achten, um was für Worte es hier geht. Das Wort, das ich eben mit: »Du Nichts« übersetzt habe, hat mit *rejk* zu tun: leer. Man könnte also auch »Du Hohlkopf« übersetzen, hat das auch getan, aber das ist jedenfalls im heutigen Sprachgebrauch viel zu harmlos, fast drollig. Gemeint ist: wer seinen Bruder für sozusagen inhaltsleer, substanzlos, gegenstandslos, nicht der Rede wert hält, für eine quantité negligeable, ist dem Gericht verfallen, ist schon mitten drin. Und wer ihn für völlig begriffsstutzig, erkenntnis-, wahrnehmungs- und denkunfähig hält, seine Erfahrungen für Wahnvorstellungen, erst recht.

Die Geschichte zwischen Christen und Juden, zwischen den Jesusjüngern aus den Völkern und Jesu leiblichen Geschwistern, zeigt in furchtbarer Weise, wie berechtigt der Vorschlag Jesu war, gerade hier einen Zaun um die Tora zu errichten, und wie wenig er beherzigt wurde. Christen sprachen vom Ende Israels, jedenfalls vom Ende Israels als Gottes Volk. Die Geschichte Gottes mit diesem Volk habe mit dem Kommen Jesu ihr Ziel, aber auch ihr Ende erreicht. Juden als Juden sollte es nun gar nicht mehr geben – sie hätten doch Christen, Jesusjünger werden müssen. Dass sie es nicht taten, galt als Erweis ihrer Verstocktheit, hartnäckiger, verbohrter Begriffsstutzigkeit, Blindheit. Und zur Strafe habe ihr Gott sie verstoßen, so wurde entgegen den Worten des Apostels Paulus gelehrt, habe einen neuen Bund mit einem neuen Volk geschlossen: mit den Christen. Man mag hier psychologisch aufgeklärt von Projektion reden und beobachten, wie viel eigene Glaubenszweifel die Christen in den Juden bekämpften, die schon durch ihre schiere Existenz bestritten, dass mit und durch Jesus alles anders, alles neu geworden ist. Doch der Kern der christlichen Judenfeindschaft ist theologisch: Eine Glaubensgemeinschaft gründet ihr ganzes Selbstverständnis, ihre ganze Existenz auf die Behauptung, dass eine andere eigentlich gar nicht existiert, jedenfalls irrelevant, substanzlos, letztlich gegenstandslos ist und ihr Glaube, ihre Praxis, ihre Erfahrungen leerer Wahn. An dieser giftigen Wurzel müssen Theologen und Theologinnen theologisch arbeiten – Gott sei Dank tun es inzwischen ja auch einige. Alles Reden von Toleranz im christlich-jüdischen Verhältnis ist naiv und zeigt nur, dass das Problem noch gar nicht erkannt ist. Auch wer von Vorurteilen redet, die sich in Nichts auflösen, sobald man einander kennenlernt, redet jedenfalls nicht vom christlich-jüdischen Verhältnis: Christliche Judenfeindschaft ist kein Fremdenhass.

Die Geschichte des Nationalsozialismus zeigt, dass diese theologische Aufklärungs- und Aufräumarbeit auch dann nötig ist, wenn das Christentum nur noch wenigen Menschen wichtig ist: Die christlich geprägte Judenfeindschaft wirkt auch dann weiter, wenn ihre christlichen Wurzeln längst vergessen sind.

Die führenden Nazis waren keine Christen, wenn auch viele und gerade evangelische Christen ihre begeisterten Anhänger waren, aber ihr Programm der »Endlösung« nahm die christliche Rede vom Ende Israels brutal beim Wort. Und auch diejenigen Christen und Nichtchristen, die keine Anhänger der Nazis waren, waren doch von den Jahrhunderten der christlichen Erziehung zur Verachtung der Juden so vorgeprägt, so kalt geworden, dass es ihnen jedenfalls keine Herzensangelegenheit war, schon den Anfängen zu wehren. Denn der 9. November kam ja nicht über Nacht. Am 1. April 1933, beim Boykott der Geschäfte, die Juden gehörten, hätte nur ein bisschen Zivilcourage, keine Lebensgefahr, dazu gehört, den Aufruf zu missachten. Die Entlassung jüdischer Beamter, die Bücherverbrennungen, die Nürnberger Gesetze: Die Nazis haben ihr Volk dosiert getestet und als ungefährlich erlebt.

Der 9. November war bewusst gewählt: Er erinnerte an die Revolution von 1918, die von Nazis und anderen Nationalisten als Dolchstoß in den Rücken des deutschen Heers verkauft wurde und wie alles Linke als jüdische Verschwörung: Judas, der Verräter – die Fortsetzung christlicher Judenfeindschaft bei Nichtmehrchristen ist mit Händen zu greifen. Bereits am fünften Jahrestag dieser Revolution hatten Hitler und andere versucht, diese jüdische Republik zu beenden, und so waren die staatlich organisierten Pogrome von 1938 ein Beitrag zur Gedenkfeier an den Marsch zur Feldherrnhalle. Praktischerweise galten aber auch die Gegner der Arbeiterbewegung, die Besitzer großen Kapitals als jüdisch – schließlich war Judas ja auch der mit dem Beutel, mit den Silberlingen. Und so kam für die Juden in Deutschland zum Leid und zur Angst, zu Tod und Verfolgung und Demütigung auch noch der Hohn: Den Opfern wurde kollektiv eine Geldbuße auferlegt für das, was ihnen angetan worden war.

Der Bergprediger Jesus errichtet nicht nur jenen Zaun um die Tora, der seine Schüler davor schützen soll, mit dem Gebot *Du sollst nicht morden* in Konflikt zu geraten. Er macht, wir hörten es, auch einen positiven Vorschlag, der an die damalige Gottesdienstpraxis anknüpft: Wenn du deine Gabe zum Altar bringst und dich dort daran erinnerst, dass dein Bruder etwas gegen dich hat, dann lass deine Gabe vor dem Altar und geh, versöhne dich zuerst mit deinem Bruder, und dann komm und bring deine Gabe. Tägliche Opfer gab es, als in Jerusalem noch der Tempel stand, tägliche Kontaktaufnahme mit Gott, Dank und auch die Selbsterinnerung daran, auf Gott, seinen Segen, seine Treue angewiesen zu sein, und eine tätige Demonstration, auch ihm die Treue halten zu wollen. Jesus sieht nun einen Zusammenhang zwischen dieser Gottesbeziehung und der zu unseren Nächsten. Jesus mahnt nicht, wir sollten beim Weg zum Altar an unsere Mitmenschen denken. Er rechnet damit, dass wir uns spätestens dort ihrer erinnern. Er rät nur dazu, diese Erinnerung nicht zu verschieben, zu verscheuchen, zu verdrängen, sondern ihr sofort nachzugehen. Ein Zusammenhang zwischen der Beziehung zu Gott und der zum Mitmenschen – ein Zusammenhang zwischen Gottesdienst und Erinnerung.

Nun gibt es seit dem Jahre 70 keinen Tempel, also auch keine Opfer mehr. Aber die Lehrer des jüdischen Volks haben daraufhin die biblischen Opfervorschriften nicht einfach für irrelevant erklärt, sondern in Gebete verwandelt, die genau so heißen wie einst die Opfer hießen: *avodah.* Das *Schma Israel* (Höre, Israel) nimmt beide Aspekte auf: die Einung mit Gott und die Einung des Einzelnen mit ganz Israel.

Nicht nur für Jesus, für die ganze Bibel gibt es keine Privatbeziehung: Gott und die Seele, die Seele und ihr Gott. Die Beziehung zu Gott geht über den Mitmenschen, und der Stand dieser Beziehung lässt sich nicht durch ernste, aber einsame Selbstbeobachtung und -prüfung herausfinden. Das Kriterium, die Suchfrage ist: ob ein Bruder, eine Schwester etwas gegen mich hat – nicht umgekehrt. Die Frage, wie lange noch der nationalsozialistischen Massenmorde gedacht werden soll, lässt sich darum ganz einfach beantworten: solange es noch Menschen gibt, auch der zweiten, dritten oder welcher Generation immer, die davon bedrückt und bestimmt sind, die begründet etwas gegen uns haben.

In der Urgeschichte der Bibel, einer Art biblischer Lehre vom Menschen, sind es drei Grundfragen Gottes, die zusammengehören, die bleibende Grundfragen an uns sind: Adam, Mensch, wo bist du? Wo ist dein Bruder? Was hast du getan?

Vorletzter Sonntag des Kirchenjahrs, 19. November 2006 Französische Friedrichstadtkirche
Predigt zu Offenbarung 2,8–11

Matthias Loerbroks

> *Und dem Engel der Gemeinde in Smyrna schreibe:*
> *Das sagt der Erste und der Letzte,*
> *der tot war und lebendig wurde:*
>
> *Ich weiß deine Drangsal und deine Armut*
> *– doch du bist reich –*
> *und die Lästerung von denen, die sich Juden nennen*
> *und es nicht sind,*
> *sondern die Synagoge, die Versammlung des Satans,*
> *des Widersachers.*
>
> *Fürchte dich nicht vor dem, was du leiden wirst.*
> *Siehe, der Teufel, der Durcheinanderwerfer ist dabei,*
> *welche von euch ins Gefängnis zu werfen,*
> *auf dass ihr geprüft werdet.*
> *Und ihr werdet Drangsal haben, zehn Tage lang.*
> *Sei treu bis in den Tod. Und ich werde dir geben den Kranz des Lebens.*
> *Wer ein Ohr hat, höre, was der Geist den Gemeinden sagt!*

Die Unfähigkeit zu trauern – so haben Alexander und Margarete Mitscherlich in den 60er Jahren den Umgang der Deutschen mit ihrer Nazi-Vergangenheit beschrieben. Abwehr von Trauer um die eigenen Angehörigen, die im Krieg getötet wurden, erst recht um die Opfer der Massenverbrechen, weil sie mit unerträglich großen Gefühlen der Scham und der Schuld verbunden wäre. Bezahlt wurde diese Abwehr mit Gefühlskälte, Mangel an Einfühlung mit den Opfern, den Überlebenden, ihren Angehörigen und Nachkommen. Man wollte an das so mühsam Verdrängte und Geleugnete, wenigstens Relativierte, Verrechnete nicht mehr erinnert werden.

Am heutigen Volkstrauertag sind wir eingeladen, uns einzufühlen in andere, denn der heutige Predigttext ist ein Brief, der an andere, nicht an uns gerichtet ist, nicht nur an Menschen einer anderen Zeit, eines anderen Orts, sondern vor allem, viel wichtiger als Ort und Zeit: einer anderen Situation. Es ist eine Gemeinde in

Drangsal, in Bedrängnis, Verfolgung, Lebensgefahr. Eine Gemeinde in Angst. Jede Nacht droht eine Razzia. Jeden Morgen kann sich herausstellen, dass wieder jemand verschwunden ist. Diese Gemeinde bekommt einen Brief zur Stärkung und zur Bestärkung, zur Kräftigung und zur Bekräftigung. Der diesen Brief diktiert, stellt sich zunächst vor, er weist sich aus als einer, als vielleicht der Einzige, der in der Lage ist, so zu reden, die Bedrängten zu bestärken, ihr Vertrauen in die Treue Gottes zu bekräftigen. Denn er war tot und lebt wieder. Als Repräsentant seines Volkes, als König der Juden, wurde er verhöhnt und gequält, schließlich getötet. Überliefert, deportiert in die Hände der Bedränger seines Volkes. Doch er lebt wieder. Nicht auf Dauer gelang es, ihn zum Schweigen zu bringen.

Und so kann er sagen: *Ich kenne deine Drangsal*, die Situation der Bedrängnis, die Situation der Gequälten, der Angst, des Grauens. Er kennt die Drangsal, denn er hat sie selbst durchgemacht, erlitten bis zum Tod, zum Foltertod. Doch er lebt wieder, darf so sprechen, muss sprechen, denn er ist der Einzige, der sagen kann: Die Verfolger, die Folterer, die Mörder – sie werden nicht das letzte Wort behalten. Denn ich bin der Letzte, was auch noch kommt, zuletzt komme ich, setze mich durch. Denn ich bin *der Erste, der tot war und wieder lebt*.

Und auch: *Ich kenne deine Armut*. Im Gegenüber zu den offenkundigen Machthabern, Großmächten, Weltmächten und ihren Siegen, ihren Triumphen nichts in der Hand zu haben als ein paar Bücher, die jeder Herrenmensch unter Triumphgeschrei und Hohngelächter einfach verbrennen, in den Schmutz treten kann. Ein sang- und klangloses, weltpolitisch wirkungsloses Wandeln in der Tora, den Geboten, im Dienst eines Gottes, den kein Mensch je gesehen hat. Ein armseliges Ausharren als Gottes Minorität, eines Gottes, der offenbar partout nicht mehrheitsfähig ist. Ohne jede Relevanz im Weltgeschehen, jedenfalls nicht als Täter, als Macher von Geschichte. Keine Paläste, keine Dome, nur die schmale Spur hartnäckig festgehaltener Überlieferung, jederzeit und aller Orten leicht zu vernichten, einfach auszulöschen.

Doch du bist reich. Geistiger Reichtum, Erfahrung, auch überlieferte, im Umgang mit der Tora, ein reicher Schatz der Tradition, Weisheit, und zwar Lebensweisheit, das alles auch, gewiss. Aber mehr noch: der Reichtum eines Lebens mit Gott; das Erlebnis, ein Jude zu sein; die Freude an der Tora, Lebensfreude. Dankbare Freude, dazuzugehören, dieses besonderen Zusammenlebens gewürdigt zu sein. Brigitte Gollwitzer erinnert sich: »Ich sehe mich noch heute mit meinem Bruder bei meinem Vater sitzen und fragen: ›Warum sollen wir das nicht‹ – wir durften nicht mehr im Turnverein mitmachen und verstanden das nicht, deprimiert darüber, dass wir anders sein sollten – und höre ihn antworten – und das ist mir haften geblieben: ›Ihr seid doch Königskinder‹ – und er hat uns dann die jüdische Geschichte von Salomon und David erzählt. Das hat mich so lange, bis ich das wirklich reflektieren konnte, sehr stark geprägt, das stolze Bewusstsein: Das haben die anderen nicht, die sagen: Von Karl dem Großen kommen wir – aber wir waren Königskinder. Gefühlt habe ich mich dann schließlich immer wieder, ja, als Königstochter.«

Und ich weiß, fährt der Absender unseres Briefes fort, ich kenne die Lästerungen, die Blasphemie, die Gotteslästerung derer, die da sprechen, sie seien das wahre Israel, eine endlich zurechtgebrachte, von allen Verfälschungen gereinigte Form von Israel, genau das, was Israel – also ihr – immer gesollt und gewollt, aber nie geschafft hat, das wahre Israel, das vom Gott Israels gemeinte, erwählte – im Gegensatz zum falschen. Sie sind es nicht.

Sie sprechen, sie seien das neue Israel, hätten ein altes und veraltetes, ein verkalktes, verknöchertes, erstarrtes, eingetrocknetes, rundum gescheitertes Israel abgelöst, ein im Grunde bereits totes beerbt, seine engstirnige Befangenheit in einer bloß partikularen, in bloß einem einzigen Volk spielenden Geschichte gesprengt, weltwirksam, auch weltläufig gemacht, nicht mehr provinziell, hinterwäldlerisch beschränkt, sondern universal, seien also nicht nur das neue Israel, sondern der Beginn einer neuen Menschheit, einer neuen Welt. Sie sind es nicht.

Sie seien, sagen sie, das Israel nach dem Geist, im Gegensatz zu einem Israel nur nach dem Fleisch, sie seien auf eine leibliche Abstammung von den Vätern und Müttern Israels, auf einen lebendigen Zusammenhang mit der Kette der Zeugungen und Geburten gar nicht mehr angewiesen, denn der Geist triumphiert turmhoch über derlei Materielles, Primitives, geschichtlich Zufälliges, mache sie auch frei von bloßen toten Buchstaben, toten Werken des Gesetzes, mache sie quicklebendig und spontan, von Liebe bewegt, nicht von Pflicht genötigt, ein Israel nach dem Geist, nach dem Herzen Gottes – nicht so wie ihr bloß fleischlich, also geistlos. Sie seien eigentlich die Kinder Abrahams, die Kinder der Verheißung. Sie sind es nicht.

Sie seien so auch beschnitten, aber eben nicht am Fleisch, sondern am Herzen, in ihrem Innersten, in ihrer Gesinnung und ganzen Art so zur Bundestreue bekehrt und bestimmt, dass sie auf äußerliche Zeremonien, auf Rituale, auf Regeln und Riten getrost und überlegen herabblicken, herablächeln können. Denn ihr neues Leben, Gottesliebe, Nächstenliebe, sei ihnen ja so zur Herzenssache, zur zweiten Natur geworden, dass sie nun wirklich nicht mehr wie wilde Pferde, wie störrische Maultiere ständig in Zaum gehalten, gegängelt werden müssten. Freie, nur vom Geist getriebene Kinder Gottes. Sie sind es nicht.

Sie seien, sagen sie, nicht nur ein ausgesondertes, geheiligtes, sondern sogar ein ständig wanderndes Gottesvolk, nirgendwo eine bleibende Stadt, immer unterwegs, nie konservativ im Alten beharrend, immer neu aufbrechend, neue Wege beherzt einschlagend und tapfer laufend. Ach ja, so sagen sie. Aber nein, sie sind es nicht.

Das ist Blasphemie. Lasst euch nicht einschüchtern, nicht irre machen von ihrem Reden, ihrem Triumphgeschrei. Gönnt ihnen den Triumph nicht, dass ihr selbst aufhört Juden, Israel zu sein. Sondern bleibt treu, bis in den Tod. Bleibt dabei, sie zu irritieren. Kapituliert nicht, gebt nicht zu, dass sie das wahre, ihr das falsche, sie das neue, ihr das veraltete, sie das Israel nach dem Geist sind. Sie sind es nicht, sie sind vielmehr: die Synagoge, die Versammlung des Satans, des Widersachers, des Anklägers. Sie haben es bisher nicht vermocht, sich anders zu verstehen als im Widerspruch, in Abgrenzung zu euch, den Juden. Sie sind geprägt vom Geist, der stets verneint, jedenfalls stets euch verneint. Sie bringen keine Versammlung zustande, ohne euch zu verleumden und anzuklagen. Eine Synagoge des Widersachers, des Verklägers.

Ja, diese anderen haben Macht. Aber damit noch nicht recht. Sie haben die Macht, euch zu verfolgen und zu quälen, zu überliefern, zu deportieren. Doch ihre Macht ist begrenzt, befristet. Es ist nicht die letzte Macht. *Ich bin der Erste und der Letzte.* Ich war der absolut Letzte, verhöhnt, verspottet, zu Tode gequält. Und bin der Erste im neuen Leben. Ich war tot und lebe wieder.

So werden hier Bedrängte, Verfolgte bestärkt, ihr Recht bekräftigt gegen ihre Hasser, und wir hören mit, lesen fremde Post, geraten in Verlegenheit. Es ist ja durchaus nicht so, dass uns das nichts angeht, was da anderen zur Bestärkung geschrieben wird. Es ist ja von uns die Rede. Beunruhigend aber, uns störend, verstörend, dass da der, den wir als unseren Herrn bekennen, andere, seine jüdischen Geschwister stark macht gegen uns. Indirekt hören wir aus diesem Schreiben an andere, wie wir mit Gott dran sind, wie Jesus zu uns steht. Gerade wenn wir versuchen, uns einzufühlen in die Adressaten dieses Briefes, also in andere, können wir uns ja nicht identifizieren mit ihnen, uns distanzieren von uns selbst, sind nur umso dringlicher konfrontiert mit der bangen Frage: Muss es so bleiben mit uns und den Adressaten, mit uns und dem Verfasser dieses Briefes? War sein Engagement unter den Völkern ganz vergebens, gescheitert? Gibt es keine Hoffnung auf Umkehr, Heilung, Erneuerung?

In einem weiteren Sendschreiben, dem an die Gemeinde in Philadelphia, Geschwisterliebe, ist nun doch von einer offenen Tür die Rede, einer Verheißung auch für uns: *Siehe, ich gebe es denen aus der Synagoge des Satans, die sich wahres Israel nennen und es nicht sind, sondern betrügen. Siehe, ich bringe sie dazu, dass sie kommen und zu deinen Füßen tief sich neigen und erkennen, dass ich dich geliebt.*

9. November 2007
St. Marienkirche

Predigt zu Genesis 25,19–28,9

Matthias Loerbroks

Bei unseren jüdischen Geschwistern wird zu diesem Schabbat, also heute und morgen ein Abschnitt aus dem Ersten Buch Mose gelesen: ein Konkurrenzkampf zwischen Brüdern, der bereits pränatal, schon im Mutterleib anhebt, Urbild eines Konflikts zwischen benachbarten, verfeindeten, aber verwandten Völkern: Jakob und Esau, das ist: Israel und Edom. Feinde und doch Zwillinge, Zwillinge und doch Feinde – das ist die Erinnerung, Ahnung und Erfahrung, die in dieser Erzählung ausgedrückt wird, und so soll sie heute Abend auch uns, der christlichen Gemeinde, Orientierung geben, wenn wir versuchen, der Wurzeln und der furchtbaren Folgen des Bruderzwists zwischen Christen und Juden innezuwerden. Wie sehr Israel und Edom verfeindet sind, das lässt sich drastisch beim Propheten Obadja nachlesen und im 137. Psalm, in dem Edom als Kriegs- und Arisierungsgewinner auftaucht am Tag, als Babel Jerusalem zerstört.

Als sehr verschieden werden die Brüder geschildert, rau, überaus männlich und mächtig der eine, glatt, eher häuslich und schwächlich der andere; der eine vielleicht eher Wunsch- als Ebenbild seines Vaters, der andere ganz Muttersöhnchen, Wunschsohn, Lieblingssohn der Mutter, die eine Hauptrolle spielt in dieser Geschichte. Sie hatte bereits während ihrer Schwangerschaft wegen des Rumorens in ihrem Bauch den HERRN befragt und zu hören bekommen: Zwei Völker sind in deinem Leibe, und zweierlei Volk wird sich scheiden aus deinem Leibe; und ein Volk wird dem anderen überlegen sein, und der Ältere wird dem Jüngeren dienen. Und obwohl der Unterschied zwischen dem Erst- und dem Zweitgeborenen bei Zwillingen nur wenige Minuten beträgt – in diesen gegensätzlichen Typen wird doch schon etwas davon deutlich, was man das antiheidnische Zeugnis der Schrift nennen könnte: Der Gott Israels neigt dazu, Jüngere, Schwächere vorzuziehen, sich nicht an angeblich natürliche Ordnungen zu halten und darum auch physische Macht und Überlegenheit nicht anzuerkennen: David gegen Goliath, das Kind in der Krippe gegen den Kaiser in Rom.

Doch zunächst ist es ja gar nicht Gott, der hier vorzieht, sondern eine Mutter, die geschickt vorgeht. Aber kann sie, kann Jakob geglaubt haben, Gott ließe sich ebenso leicht überlisten wie der fast blinde Isaak? Kann ein erschlichener Segen überhaupt wirksam werden? Oder meint sie, als Gottes Agentin zu agieren, als seine Stimme zu sprechen? Ist jedenfalls die Meinung des Erzählers, dass sie das tut, mindestens aber, dass dieser Gott, wie es später Jakobs Sohn Josef formuliert, zum Guten umplant, was andere Böses geplant haben? Als Isaak sich wundert, dass der angebliche Esau so rasch das erbetene Wild gejagt und zubereitet hat, antwortet Jakob der Lügner: *Der HERR, dein Gott, hat's mir gefügt* – auf den ersten Blick eine blasphemische Unverschämtheit, auf den zweiten Blick aber und im biblischen Zusammenhang vielleicht doch wahrer als der Sprecher ahnt. In der Haftara (der Prophetenlesung) zum heutigen Wochenabschnitt aus dem Buch Maleachi wird der Gott Israels mit den drastischen Worten zitiert: *Ich habe Jakob lieb und hasse Esau.* Isaak bleibt irritiert, betastet den Sohn – wie Mutter Rebekka es voraussah – und sagt ratlos und ahnungsvoll: *Die Stimme ist Jakobs Stimme, die Hände sind Esaus Hände.*

Doch er segnet ihn, gibt ihm den Segen weiter, der einst Vater Abraham bei seiner Berufung verheißen wurde, der Segen, in dem alle Völker gesegnet sein sollen. Und er fügt auch jene Zugangsbedingung der anderen zu diesem Segen an, die Gott bereits Abraham ansagte: *Verflucht, wer dir flucht; gesegnet, wer dich segnet.* Verständlich, dass Esau, als er endlich kommt, als er zu spät kommt, einen übermächtig großen und bitteren Schrei ausstößt. Und vielleicht auch, dass er Mordpläne schmiedet. Und bei seinem Naturell ist ihm zuzutrauen, dass er sie in die Tat umsetzt. Die Geschichte lässt ja deutlich die Züge der biblischen Urgeschichte vom Mann und seinem Bruder erkennen, vom Mann, der ohne seinen Bruder sein will. Der ältere Bruder wütet, weil der Jüngere vorgezogen wurde, vielleicht, jedenfalls im Ergebnis, auch von Gott. Doch diesmal endet die Geschichte nicht tödlich. Vielleicht zeigt sich daran, dass mit Abrahams Berufung, mit seinem Segen, eine Gegengeschichte begonnen hat, die unsere Kain-und-Abel-Welt überwinden wird. Doch der glimpflichere Ausgang liegt hier nicht am religiösen oder humanitären Fortschritt, sondern wiederum an der geschickt handelnden Rebekka, die ihren Sohn rechtzeitig ins Exil schickt.

Jakob aber glaubt und traut dem so geschickt und listig erlangten Segen nicht. Auch dann nicht, als er unterwegs erfährt, dass er, Jakob, das künftige Israel, der Ort ist, an dem und durch den Himmel und Erde, Gott und die Menschen verbunden sind, und zwar im Land wie im Exil. Auch dann nicht, als sich dieser Segen durchaus handfest materiell bemerkbar macht. Laban, sein neuer Rivale, bemerkt ihn durchaus und will ihn sich zunutze machen. Jakob ist sich nicht sicher, wird noch bei seiner Rückkehr ins Land um diesen Segen ringen.

Verfeindete Zwillinge – es lag darum nahe, dass das entstehende, rasch wachsende und physisch überlegene Christentum Juden als Edom galt. Das ist in Jehuda Halevis Liedern so, entstanden im angeblich goldenen Zeitalter des Zusammenlebens der drei Abraham-Religionen im mittelalterlichen Spanien, das Halevi aber beklagt als Eingezwängtsein zwischen Ismael, dem Islam, und Edom, dem Christentum. Isaaks Wort von der Stimme Jakobs und den Händen Esaus bekam da neuen und abgründigen Sinn: Da war eine Gruppe aus den Völkern entstanden, die bekannte sich zum HERRN, zum Gott Abrahams, Isaaks und Jakob-Israels, sagte *Halleluja* und *Amen* und *Der HERR ist mein Hirte*, klang vertraut, klang wie die Stimme Jakob-Israels. Aber ihre Hände, ihr Handeln, ihre Taten: Das war Esau, Edom, der Todfeind. Jahrhunderte später greift Heinrich Heine diesen Sprachgebrauch auf, nicht mehr nur klagend, sondern spöttisch und angriffslustig:[1]

> *An Edom!*
>
> *Ein Jahrtausend schon und länger*
> *Dulden wir uns brüderlich,*
> *Du, du duldest, dass ich atme,*
> *Dass du rasest, dulde ich.*
>
> *Manchmal nur, in dunkeln Zeiten,*
> *Ward dir wunderlich zumut,*
> *Und die liebefrommen Tätzchen*
> *Färbtest du mit meinem Blut.*
>
> *Jetzt wird unsre Freundschaft fester,*
> *Und noch täglich nimmt sie zu;*
> *Denn ich selbst begann zu rasen,*
> *Und ich werde fast wie du.*

Doch die Kirche, die Christenheit war und ist nicht nur Jakobs Stimme mit Esaus Händen, sie ist darin auch jener Jakob, der nicht glauben kann, dass ein erschlichener Segen gilt und wirkt. Als sich schon im ersten, zweiten christlichen Jahrhundert herausstellte, dass die meisten Juden nicht Christen wurden, und die meisten Christen keine Juden waren, war das für Christen höchst verunsichernd: Wie konnten sie Jesus als Messias Israels bekennen, wenn Israel selbst das nicht tat? So drehten sie den Spieß um: Die Kirche sei das neue Israel, das nach dem Geist; das Israel nach dem Fleisch hingegen, die leiblichen Nachkommen Abrahams, Isaaks und Jakobs seien nicht mehr Volk Gottes, sondern verstoßen und ersetzt. Doch heimlich wussten Christen ja, dass das nicht stimmte; dass das eine erschlichene Rolle war; dass sie überdies an dem Ast sägten, auf dem sie saßen, dem Ast der unverdienten freien Gnade Gottes nämlich, wenn sie lehrten, Gott habe sein Volk wegen Blindheit und hartnäckigen Ungehorsams verstoßen. Der Apostel Paulus hatte diese Lehre noch ausdrücklich bekämpft. Für ihn war das Ziel des Kommens, des Sterbens und der Auferweckung Jesu, dass der Segen

---

[1]   Das folgende Gedicht ist in einer Digitalisierung des Jüdischen Museums Berlin zu greifen unter https://www.deutsche-digitale-bibliothek.de/item/KAFA5QQU6HIL7LAM LJDYBYGBPIG6RUWJ [Zugriff: 01.08.2023].

Abrahams unter die Völker käme. *Ihr habt Böses geplant, Gott hat's umgeplant zum Guten* (Gen 50,20). Er hat sich damit nicht durchgesetzt. Stattdessen wurde aus den heimlichen Zweifeln an der eigenen Erwählung, am eigenen Gesegnetsein die Bestreitung der Erwählung Israels, die Bekämpfung der Juden. »Den Juden, mit dieser ihrer Schuld beladen, als Herrscher verhöhnt, schlagen sie ans Kreuz, endlos das Opfer wiederholend, an dessen Kraft sie nicht glauben können«, so haben zwei Juden, Theodor W. Adorno und Max Horkheimer, scharf beobachtet.

Die Geschichte von Jakob und Esau verläuft glimpflicher als die von Kain und Abel. Die Geschichte der Christen und Juden nicht. Leider haben wir Christen erst nach Abels Ermordung gelernt, dass es keine Versöhnung mit dem Gott Israels gibt ohne Versöhnung mit seinem Volk; dass wir nicht mit Gott im Bunde sein können ohne Israel als Bundesgenossen. Die Geschichte von Jakob und Esau verläuft nicht nur glimpflicher, sie endet, davon wird in zwei Wochen in den Synagogen die Rede sein, sogar versöhnlich. Das ist das Utopische an dieser Geschichte, und darum ist sie eine Hoffnung auch für das Zwillingspaar Christen und Juden.

Als Jakob aus dem Exil zurückkommt, weiß er, was zwischen ihm und seinem Bruder steht. Jede Menge Geschenke schickt er voraus – um ihn zu besänftigen, aber auch um deutlich zu machen, dass der Segen, der sich in diesem seinem Reichtum manifestiert, auch dem Bruder zugutekommen soll. Da überfällt ihn des Nachts ein Mann, sie ringen – man denkt zunächst: Nun ist Esau doch gekommen, seinen Bruder zu erwürgen. Er ist es nicht, es ist Gott oder sein Engel, aber er ringt, vertritt den Bruder. Jakob erringt nun erst den Segen, erhält den Namen Israel und nennt die Stätte Pniel, Gottes Angesicht: *Ich habe Gott von Angesicht zu Angesicht gesehen, und meine Seele ist errettet* (Gen 32,31). Nach der Versöhnung mit seinem Bruder nimmt er die Rede vom Angesicht Gottes wieder auf: *Ich habe dein Angesicht gesehen wie Gottes Angesicht und du warst mir gnädig* (Gen 33,10). Pniel – Angesicht Gottes, das verbindet die Versöhnung mit Gott und mit dem Bruder. Dass Juden und Christen einander wieder von Angesicht zu Angesicht begegnen, ist uns ein Zeichen, dass der Gott Israels nicht aufgehört hat, sein Angesicht über uns leuchten zu lassen, es über uns zu erheben, uns gnädig zu sein und Frieden zu geben. Und dieser Friede Gottes, der höher ist als alle Vernunft, der bewacht unsere Herzen und unseren Verstand im Christus Jesus.

Drittletzter Sonntag des Kirchenjahres, 9. November 2008 Französische Friedrichstadtkirche

Predigt zum Buch Joel

Matthias Loerbroks

Hört dies, ihr Alten! Lauschet, alle Bewohner des Landes: Ist derartiges geschehen in euren Tagen oder in den Tagen eurer Väter? Erzählt euren Söhnen davon, und eure Söhne ihren Söhnen, ihre Söhne einer weiteren Generation! (Joel 1,2 f.). Mit diesem beschwörenden Appell beginnt das Buch Joel, ein Appell zu hören und wahrzunehmen, was geschehen ist, und dass es ungeheuerlich ist – dieser Appell gilt allen Landesbewohnern. Die Alten unter ihnen werden zusätzlich aufgefordert zu vergleichen und dann zu bezeugen, dass so etwas noch nie geschah, weder in ihren Tagen noch in den Tagen ihrer Väter. Und dies Zeugnis der Alten soll weitererzählt werden der nächsten Generation und der übernächsten und jeder weiteren.

Das ist, was wir heute tun: Wir versuchen dessen innezuwerden, was vor 70 Jahren geschehen ist, sagen es weiter der nächsten Generation, dass es nicht vergessen werde: staatlich angeregte und organisierte Pogrome in ganz Deutschland und Österreich, brennende Synagogen und in den Dreck getretene Torarollen, also Bibeln, zertrümmerte und geplünderte Geschäfte, viele Juden verhaftet und in Konzentrationslager verschleppt, misshandelt und getötet. Staatliche Stellen, sonst zum Schutz der Bürger da, Feuerwehr und Polizei, hielten sich zurück oder wurden zurückgehalten. Nicht alle machten begeistert mit. Einige schauten nur zu. Einige schauten weg. Nur wenige aber widerstanden, protestierten, retteten und schützten Juden.

Auch der Prophet Joel hat Schauerliches zu berichten, und manches kommt uns bekannt vor. Was zunächst klingt wie eine Naturkatastrophe, Heuschrecken, die alles vertilgen, vernichten (1,5), wandelt sich in den Worten des Propheten in ein gar nicht natürliches, sondern geschichtliches Geschehen: ein alles verheerendes, zermalmendes Heer, Zähne wie die der Löwen, sein Gebiss wie das der Löwin (1,6), ein Heer, das beunruhigend unaufgeregt daherschreitet (2,7 f.), mit ruhig festem Tritt marschiert bis alles in Scherben fällt, loderndes Feuer (2,3). Vor ihm ist das Land wie der Garten Eden, nach ihm eine starre Wüste (2,3), und so ist auch Freude und Jubelklang hinweggenommen aus dem Hause unseres Gottes (1,16). Wenn der Prophet ruft: *Wacht auf, ihr Berauschten!* (1,5), hat er wohl nur vor Augen, dass der Katastrophe neben Öl und Weizen auch der Wein zum Opfer gefallen ist. Wir heutigen Hörer aber kommen nicht umhin, dabei auch an den rauschhaften Freudentaumel zu denken, der 1933 große Teile der evangelischen Kirche erfasste, eine Kirche, die die am 9. November 1918 ausgerufene Republik nie anerkannt hatte, als jüdische Republik verachtete, als Staat jener Novemberverbrecher, die dem im Felde unbesiegten Heer den berühmten Dolchstoß in den Rücken zufügten.

Was uns aber fremd und fern ist und bleibt: Joel verkündet diese Schrecknisse, diesen finsteren, nachtschwarzen Tag als Tag des HERRN, des Ewigen, des Gottes Israels; die Verheerungen als sein richtendes Handeln (1,15). Wie im nächsten Buch der Prophet Amos, der nur den Kopf schütteln kann über die, die den Tag des HERRN herbeisehnen, der doch Finsternis ist und nicht Licht (5,18), sieht auch Joel in denen, die da in die Häuser steigen, durch die Fenster kommen wie ein Dieb (2,39), geradezu ein Heer des HERRN (2,11.25): *Ja, der Tag des HERRN ist groß und voller Schrecken, wer kann ihn ertragen?* (2,11). Auch wenn wir dem Propheten da nicht folgen können, sollten wir verstehen, warum er so spricht. Nicht nur Joel und Amos, fast alle biblischen Zeugen können nicht hinnehmen, nicht annehmen, darum auch nicht verkünden, dass dem Gott Israels eine womöglich gleichrangige, gleichmächtige Gegeninstanz entgegensteht und entgegenwirkt, ein Reich der Finsternis gegen das Licht des HERRN. Lieber deuten sie Katastrophen und Finsternisse als sein richtendes, damit aber doch auch zurechtbringendes Handeln. Auch im 20. Jahrhundert, während und sogar nach dem organisierten Massenmord am jüdischen Volk, hat es jüdische Stimmen gegeben, die von einer Strafe Gottes für das liberale Reformjudentum, für Säkularisierung und Assimilation oder für den Zionismus sprachen. Es sei aber daran erinnert, dass der Berliner Rabbiner Leo Baeck bereits für den Jom Kippur 1935, kurz nach den Nürnberger Gesetzen, einen Text verfasste, der in allen Synagogen verlesen werden sollte: »In dieser Stunde steht ganz Israel vor seinem Gotte, dem richtenden und vergebenden. Mit derselben Kraft, mit der wir unsere Sünden bekennen, die Sünden des einzelnen und die der Gesamtheit, sprechen wir mit dem Gefühl des Abscheus aus, dass wir die Lüge, die sich gegen uns wendet, die Verleumdung, die sich gegen unsere Religion und ihre Zeugnisse kehrt, tief unter unseren Füßen sehen. Wir bekennen uns zu unserem Glauben und zu unserer Zukunft. Allen Schmähungen stellen wir die Hoheit unserer Religion entgegen, allen Kränkungen unser stetes Bemühen, in den Wegen unseres Judentums zu gehen, seinen Geboten nachzukommen. Lasst euch nicht niederdrücken und lasst euch nicht verbittern. Vertraut auf den, dem die Zeiten gehören.«

Es ist erschütternd, dass es neben diesen klaren Worten Leo Baecks auch jene anderen jüdischen Stimmen gab, aber es ist etwas völlig anderes, wenn in diesem Zusammenhang Christen vom Gericht Gottes sprechen, und das taten leider, nicht triumphal, durchaus erschüttert und erschrocken, auch die besseren, die

Mitglieder der Bekennenden Kirche, auch noch drei Jahre nach dem Ende des Krieges: »Die Treue Gottes lässt Israel, auch in seiner Untreue und Verwerfung, nicht los. Dass Gottes Gericht ihm in der Verwerfung bis heute nachfolgt, ist Zeichen seiner Langmut. Israel unter dem Gericht ist die stete Warnung Gottes an seine Gemeinde. Dass Gott nicht mit sich spotten lässt, ist die stumme Predigt des jüdischen Schicksals, uns zur Warnung, den Juden zur Mahnung«, heißt es in einem Wort des Bruderrats von 1948. Der amerikanische jüdische Theologe Michael Wyshogrod, in Berlin geboren und aufgewachsen in der Nähe der Synagoge in der Oranienburger Straße, die in der Nacht des Schreckens dank jenes beherzten Reviervorstehers gerettet wurde, schreibt: »Was Israels Probleme mit seinem Gott auch sein mögen, wie groß Israels Sünde und Gottes Zorn auch sein mag, der Streit ist ein Familienstreit zwischen Israel und seinem Gott, seinem Vater. Es ist ein sehr, sehr gefährliches Unterfangen, wenn Fremde sich dazwischen mischen, wenn sie die Mängel des Sohnes hervorheben, um sich an ihnen gütlich zu tun, um eine Theologie aus ihnen zu machen und sich ihretwegen besser zu dünken. Wie schrecklich der Ärger eines Vaters über seinen Sohn auch sein mag, es ist ein Ärger, den er sich leisten kann, denn dahinter steht die Liebe eines Vaters. Wenn andere sich von diesem Ärger stimuliert fühlen, so kommt etwas gänzlich anderes ins Spiel, und der Vater kann nur schockiert sein. Es ist sehr gefährlich, in solche Familienstreitigkeiten verwickelt zu werden. Wer das tut, wird sich den Zorn beider Seiten zuziehen. Wehe den Heiden, die zur Rute von Gottes Züchtigung an Israel werden, zum Instrument seines Zornes oder zu befriedigten Zuschauern seines Strafgerichts. Es wäre besser, sie wären nie geboren worden, als Augenzeugen zu sein bei diesem Streit der Liebenden.«

Auch der Prophet Joel belässt es nicht bei jener Gerichtsdeutung. Wie der Dichter des 74. Psalms zwar mit der Frage beginnt: *Warum verstößt du uns und bist so zornig?*, dann aber klagt und anklagt, Gottes Bundestreue einklagt, berichtet der Prophet nicht nur vom Klagen und Seufzen seines Volkes, sondern stimmt mit ein: *Zu dir rufe ich, HERR, denn es brennt, das Feuer frisst.* (1,19) Auch er greift zu dem Argument: *Warum sollen die Völker sagen: Wo ist nun ihr Gott?* (2,17). Daraufhin hört er andere Töne, ein neues, ein besseres Lied. Mögen die verheerenden Heere nun Instrumente seines Zorns gewesen sein oder nicht, jetzt ist Zeit, die Völker zu richten (4,2). Er bestellt sie in ein Tal in der Nähe Jerusalems, des Zions, das Jehoschafat heißt oder heißen wird: Der HERR richtet (4,2). Die große Verheißung von der Völkerwallfahrt zum Zion, die wir bei den Propheten Jesaja (Jes 2,1–4) und Micha (Micha 4,1–4) hören und lieben, dass nämlich eines Tages die Völker sich zum Berg des HERRN aufmachen und dort Tora lernen, nicht mehr lernen, Krieg zu führen, sondern die Schwerter zu Pflugscharen machen – sie wird jetzt sarkastisch umgedreht: *Bereitet euch zum heiligen Krieg! Bietet die Starken auf! Lasst herzukommen und hinaufziehen alle Kriegsleute! Macht aus euren Pflugscharen Schwerter und aus euren Sicheln Spieße!* (4,9 f.). Freilich nur, damit sie dort mit ihrer ganzen militärischen Macht scheitern, ihrerseits eine katastrophale Niederlage erleiden. *Der HERR wird vom Zion brüllen, von Jerusalem seine Stimme erschallen lassen, dass Himmel und Erde erbeben* (4,16). Das ist die joelsche Version jener Verheißung, dass vom Zion Weisung ausgeht und des HERRN Wort von Jerusalem. Es geht um Restitution des Geraubten: Mein Silber und mein Gold habt ihr genommen, dazu die Kinder Judas, die Kinder Jerusalems den Griechen verkauft – siehe, ich will sie kommen lassen aus dem Ort, wohin ihr sie verkauft habt (4,5–7). Wir hören das in einer Stadt und in einem Land der Arisierungsgewinnler und ihrer Erben.

Vor allem aber hören wir durch seinen Propheten neue Töne Gottes gegenüber seinem Volk: *Ihr Kinder Zions, jubelt, freut euch an dem HERRN, eurem Gott!* (2,23). *Der HERR eifert um sein Land, es dauert ihn seines Volkes* (2,18). Es klingt bestürzend aktuell, wenn er verheißt: *Ich will den Nordischen entfernen von euch, heben wird sich sein Gestank, erheben sein Modergeruch*, oder, in Luthers weniger wörtlichen, dafür drastischeren Version: *Er soll verfaulen und stinken* (2,20). Gottes Volk hingegen wird verheißen: *Ihr werdet preisen den Namen des HERRN, eures Gottes, auf ewig wird nicht mehr zuschanden mein Volk. Ihr werdet erkennen, dass ich drinnen bei Israel bin, mitten unter euch, dass ich der HERR, euer Gott, bin, keiner sonst, auf ewig wird nicht mehr zuschanden mein Volk* (2,26 f.) Ein Ende also nicht nur der Lebensgefahr durch mörderische Verfolger, ein Ende auch, zweimal wird das gesagt, der Demütigung, Verhöhnung, Verachtung: *Auf ewig wird nicht mehr zuschanden mein Volk.*

Und so hört Joel auch jene Verheißung, die der unter Christen bekannteste Teil seines Buches ist, weil sie in der Pfingstpredigt des Petrus, Apostelgeschichte 2, herangezogen wird: *Ich will meinen Geist ausgießen über alles Fleisch, dass eure Söhne und Töchter prophetisch reden, eure Alten Träume träumen, eure jungen Leute Visionen haben* (3,1). Ein anderer Zusammenhang und Zusammenhalt zwischen den Generationen leuchtet hier auf: nicht mehr nur das Weitererzählen des Grauens der Vergangenheit und Gegenwart, das freilich weiter nötig ist, sondern ein gemeinsames Träumen von der Zukunft: Junge Leute, die Gottes Willen aktuell und konkret erkennen und bezeugen, Alte und Junge, die nicht von einer angeblich guten alten Zeit träumen und schwärmen, sondern von einer wirklich guten neuen. Das wünschen und das hoffen wir auch für unsere Kirche: eine Kirche, die nicht länger sich antijüdisch abgrenzt, nicht mehr ihre ganze Existenz auf ein angebliches Ende Israels stützt und sich darum als neues Israel versteht, sondern sich durch Vater, Sohn und Geist an dieses Volk gebunden weiß, nicht nur im biblisch bezeugten Teil seiner Geschichte, auch im nachbiblischen, auch in der Gegenwart Israels damit rechnet, dass Gott drinnen bei Israel ist, darum da zu hören und kennenzulernen – eine solche Kirche, ich fange jetzt selbst an zu träumen, darf auch auf Heilung hoffen: ein Ende ihrer heillosen geistigen und geistlichen Dürre.

9. November 2009
Französische Friedrichstadtkirche
Predigt zu Philipper 4,4–7

Johannes Gockeler, Aline Seel

Freuet euch in dem Herrn allewege, und abermals sage ich: Freuet euch!
Eure Güte lasst kund sein allen Menschen! Der Herr ist nahe!
Sorgt euch um nichts, sondern in allen Dingen lasst eure Bitten in Gebet und Flehen mit
Danksagung vor Gott kundwerden!
Und der Friede Gottes, der höher ist als alle Vernunft, wird eure Herzen und Sinne in
Christus Jesus bewahren.

Freuet euch in dem Herrn allewege, und abermals sage ich: Freuet euch!
Ich frage mich, wie sich diese Worte in den heutigen Gottesdienst einfügen
lassen sollen. Wie kann man an einem solchen Tag von Freude sprechen? Sicher,
an diesem Tag lässt uns der Fall der Mauer allen Grund haben zur Freude. Doch
was bedeutet es, wenn heute Christinnen und Christen angesichts des Gedenkens
an die nationalsozialistischen Pogrome am 9./10. November 1938 von Freude
sprechen?

Paulus ist gefangen ohne Aussicht auf einen »Mauerfall«, er spricht von
Freude innerhalb von Mauern. Er befindet sich in Gefangenschaft, in Ephesus soll
ein Prozess gegen ihn stattfinden, sein Leben ist in Gefahr. Warum kann Paulus
aus der Gefangenschaft so enthusiastisch von Freude sprechen? Er erlebt seine
Situation gar nicht als bedrohlich oder als Begrenzung, weil ihn die Freude über
ein Sein in Christus über die Mauern hinweghebt. Die Freude, die Paulus in seiner
Bindung an Christus empfindet, macht ihn frei. Er freut sich in dem Herrn –
allewege –, und so sollen es auch die Philipper auf seinen Rat hin tun. Er ist nicht
an die Herren, die ihn eingesperrt haben, gebunden. In dem Herrn freuen sollen
sich also die Angesprochenen und nicht in den Herren der Welt.

Die Christinnen und Christen, die in der Zeit des Nationalsozialismus Hitler
und seinem Hass wie einem Heiland gefolgt sind, haben sich auch gefreut, weil
dieser Herr greifbar schien und er sie – scheinbar – groß gemacht hat. Sie haben
gejubelt und waren süchtig nach seinen Versprechungen. Das war eine Droge, die
»Erhöhung« zum Preis der Erniedrigung anderer versprach. Kann man diese
Begeisterung von der Freude, die Paulus meint, unterscheiden?

Paulus verweist auf alles, was »wir«, die Christen, von Jesus gelernt haben. Genau *das tut!* Paulus geht es um ein Gefühl, das Mauern überwindet, das aber seine Kontur findet in dem, was Jesus vorgelebt hat.

Freude kann frei machen. Sie kann offenbar auch zu einem ungebremsten Enthusiasmus führen, der bedrohlich wird, weil er nichts anderes mehr sieht. Wir Menschen scheinen der Grenzen zu bedürfen, damit unsere Freude nicht das Leid der anderen bedeutet. Wenn Paulus das »allewege« ernst meint, dann bedeutet »Freude«, dass wir, wie wir heute formulieren würden, ganz bei uns sind. Ein Psychologe würde formulieren, dass nichts in uns abgespalten sein darf, weil, wenn wir den Zugang zu unserem eigenen Leid verlieren, wir grausam werden. Die Freude, die Paulus meint, müsste uns also ganz durchdringen. Er weiß offenbar, dass, wenn wir meinen, uns ganz durchdringen zu können, wir gefährdet sind, dass wir auf *unsere Herzen und Sinne* aufpassen müssen, weil wir anfällig sind für Selbstüberschätzung.

Wie konnten Christinnen und Christen vergessen, dass sie auf Gnade angewiesen sind, darauf, dass Gott unsere Herzen und Sinne bewahrt? Vielleicht haben sie vergessen, dass ihr Leid in Jesus »aufgehoben« ist und deshalb kein Empfinden mehr für sich selbst und damit für das Leiden anderer gehabt.

Dagegen setzt Paulus die doppelte Freude. Eine ist pures Gefühl, die andere gibt dem Gefühl eine Richtung, damit wir nicht verloren gehen – »allewege« scheint mehr zu sein als auf allen Wegen. Erst im Tun offenbart sich der Friede Gottes. *Suchet den Frieden und jaget ihm nach* (1 Petr 3,1). Denn Frieden ist nichts Gottgegebenes und auch die Freude an ihm nicht, aber die Option zu beidem haben wir jeden Tag neu.

Dass wir uns jetzt auch an die Freude vor zwanzig Jahren erinnern dürfen, stärkt den Mut zum Tun. Vor 20 Jahren haben viele Menschen schützende Mauern der Kirche verlassen und sich Gefahren ausgesetzt, die nicht absehbar waren. Vor 70 Jahren haben sich viele Christinnen und Christen in die Dunkelheit ihrer Kirchenmauern zurückgezogen.

Der Friede Gottes, der höher ist als alle Vernunft, bewacht eure Herzen und Sinne in Christus Jesus.

Für mich ist dieser Vers, nicht nur am 9. November, mehr als ein Segenswort. Er ist zugleich Ermutigungswort: Ich brauche keine Angst vor dem Leben und dem Kommenden zu haben, denn tiefer als in das Netz des Friedens Gottes kann ich nicht fallen. Darum kann ich mich mutig dem Nächsten öffnen, kann mich ihm offenbaren, kann mich ganz verletzlich und wehrlos machen und mich dem Bruder und der Schwester so als Menschenbruder zeigen: Sieh mich an, von mir droht dir keine Gefahr! Ich bin Mensch wie du. Bei Luther lautet der vorangehende Vers 5: *Eure Lindigkeit lasset kund sein allen Menschen.* Besser als »Lindigkeit« gefällt mir das Wort »Sanftmut«. Es erfordert *Mut, sanft* zu sein.

Darin besteht für mich der Friede Gottes, der mein Herz bewacht und mir Sicherheit gibt: Es ist, als ob meine inneren Mauern des Misstrauens fallen müssen, um wahren Schutz zu ermöglichen. Zugleich versichere ich so dem Mitmenschen, meinerseits seine menschlichen Grenzen zu schützen und zu wahren. Im Netz des göttlichen Friedens läuft dabei alles auf den Knotenpunkt der Gottesebenbildlichkeit zu: Gottes Antlitz, den göttlichen Funken im Anderen zu erkennen, ist nicht nur gütige Zugabe, sondern geradezu Bedingung für menschliches Zusammenleben. Und wie könnte ich anders leben als in der Gemeinschaft mit anderen?

Der Friede Gottes, der nur in der Gemeinschaft mit dem Anderen sichtbar und lebbar wird; *der höher ist als alle Vernunft,* höher als meine Mutlosigkeit, mein verschlossenes Herz und mein falsch verstandenes Sicherheitsbedürfnis, *bewacht eure Herzen und Sinne:* Ich bin sicher aufgehoben in der zugewandten und zärtlichen Gemeinschaft mit dem Anderen; *in Christus Jesus,* denn Jesus hat als Mensch diese zärtliche Gemeinschaft gelebt.

In der Nacht vom 9. November 1938 war diese zärtliche Gemeinschaft unendlich fern. Es war eine Nacht ohne Sanftmut, in der Menschen, die sich Christenmenschen nannten, ihre Herzen verhärteten, statt sie dem jüdischen Mitmenschen zu öffnen und menschliche Grenzen und Grenzen der Menschlichkeit zerstörten, statt sie zu schützen.

9. November 2010
Französische Friedrichstadtkirche
Predigt zu Psalm 46

Hans Probst, Aline Seel, Lars Städter

Gott ist unsre Zuversicht und Stärke, eine Hilfe in den großen Nöten, die uns getroffen haben. Darum fürchten wir uns nicht, wenngleich die Welt unterginge und die Berge mitten ins Meer sänken,
wenngleich das Meer wütete und wallte und von seinem Ungestüm die Berge einfielen. Sela.
Dennoch soll die Stadt Gottes fein lustig bleiben mit ihren Brünnlein, da die heiligen Wohnungen des Höchsten sind.
Gott ist bei ihr drinnen, darum wird sie fest bleiben; Gott hilft ihr früh am Morgen.
Die Heiden müssen verzagen und die Königreiche fallen, das Erdreich muss vergehen, wenn er sich hören lässt.
Der HERR Zebaoth ist mit uns, der Gott Jakobs ist unser Schutz. Sela.
Kommt her und schauet die Werke des HERRN, der auf Erden solch ein Zerstören anrichtet,
der den Kriegen ein Ende macht in aller Welt, der Bogen zerbricht, Spieße zerschlägt und Wagen mit Feuer verbrennt.
Seid stille und erkennet, dass ich Gott bin! Ich will der Höchste sein unter den Heiden, der Höchste auf Erden.
Der HERR Zebaoth ist mit uns, der Gott Jakobs ist unser Schutz. Sela.
Gott ist uns Zuflucht und Macht, als Helferin in Nöten lässt sie sich finden.
Gott ist unsere Zuversicht und Stärke, eine Hilfe in den großen Nöten, die uns getroffen haben.

Wir gedenken heute der zerbrochenen Gemeinschaft zwischen uns christlichen und jüdischen Schwestern und Brüdern. Die Quelle, aus der wir in der Gemeinschaft hätten schöpfen können, versiegte am Tag, als Menschen vergaßen, auf die eine gemeinsam Familie zu achten. Und so ist dieser heutige Tag als ein Tag der Treulosigkeit der Christen zu verstehen. Treulosigkeit gegenüber unserem Gott Jakobs, Treulosigkeit gegenüber uns selbst. Nur wenige Christen waren es, die an Christen selbst appellierten, aufzuwachen und die im Herzen und Glauben uns Verbundenen zu bewahren und zu schützen. Und so müssen wir an diesem Tage auch bekennen, dass die nun in der Tagespolitik immer wieder beschworene »gemeinsame jüdisch-christliche Tradition« dieses Landes nicht die Geschichte von Gemeinschaft, sondern die Geschichte des Bruches ist.

Adonai der Himmelsmächte ist bei uns, eine Fluchtburg ist uns der Gott Jakobs, sela.

Der HERR Zebaoth ist mit uns; der Gott Jakobs ist unser Schutz. Sela.

Bei Luther wird die Fluchtburg zu einer festen Burg. Kann ich aber angesichts der Gewalt- und Schuldgeschichte unserer Kirche allen Ernstes meinen, Gott für mich eine Burg sein lassen zu wollen? War die Kirche nicht schon allzu lang allzu wehrhaft? Hat Sicherheit gesucht, wo Verunsicherung nötig war? Hat Stille angeboten, wo ein Aufschrei hätte sein sollen? Hat von sicherem Boden gepredigt, als es kein Halten gab?

So war das Christentum gerade keine Fluchtburg, als es nötig war, als es am nötigsten war. In der größten Not des jüdischen Volkes hat die christliche Kirche der grausamen Verfolgung und Tötung der Juden zugeschaut und an ihr mitgewirkt. Ja, oft hat sie nicht einmal mutig bekannt, nicht treu gebetet, weder fröhlich geglaubt noch brennend geliebt, wie es ihr Auftrag als Kirche gewesen wäre.

Lasst uns heute auf Julius von Jan hören, einen württembergischen Pfarrer, der mit kaum zu übertreffender Deutlichkeit diesen Schutz und Bund von den Christen einforderte. Und für diese Forderung nach Fürsorge und Gemeinschaft musste Julius von Jan mit Demütigungen, Schutzhaft und der Suspendierung aus dem Pfarrdienst teuer bezahlen. In seiner Predigt, die er wenige Tage nach dem 9. November 1938 in der Nähe Stuttgarts hielt, hören wir Worte, die uns aufrütteln. Diese Worte wurden damals von viel zu wenigen der »Unsrigen« vernommen, lasst sie uns daher heute im Zeichen des Gedenkens hören:

»Ja es ist eine entsetzliche Saat des Hasses, die jetzt wieder ausgesät worden ist. Welche entsetzliche Ernte wird daraus erwachsen, wenn Gott unserem Volk und uns nicht Gnade schenkt zu aufrichtiger Buße. ... Herr, schenke uns und unsrem Volk ein neues Hören auf dein Wort, ein neues Achten auf deine Gebote! Und fange bei uns an.«

Lasst ab vom Krieg und erkennt: Ich bin Gott. Ich bin erhaben unter den Völkern und erhaben über die Erde.

Seid stille und erkennet, dass ich GOTT bin. Ich will Ehre einlegen unter den Heiden; ich will Ehre einlegen auf Erden.

Lasst ab – seid stille – erkennt. Am 9. November 2010 hören wir dies als Warnung, die 1938 zu wenig hörbar war: Lasst ab. Haltet ein und kommt zu dem Schluss, dass ihr lieber gleich wieder aufhören solltet. Überlegt, was ihr tut. Lasst ab davon, euch als Übermenschen zu fühlen und andere zu Untermenschen zu machen. Herrschende zu sein, heute in Deutschland, morgen in der ganzen Welt. Verrennt euch nicht in Phantasien, besser zu sein.

Die Nationalsozialisten, Männer und Frauen, fühlten sich erhaben, glaubten den lauten Stimmen. Und von der Kirche, von welcher man eine laute Gegenstimme erwarten würde, kam nichts. Wir hörten nicht von ihnen: Lasst ab und erkennt, dass Gott erhaben ist, ihr aber nicht. Lasst ab und erkennt, dass es nicht recht ist, was ihr tun wollt. Dass ihr nicht Gotteshäuser und Gottesgeschöpfe zerstören dürft, denn ihr seid nicht erhaben und nicht mit höherem Wissen beschenkt. Schon am 9. November war Kriegsgeschehen sichtbar, wurde Gewalt manifest.

Darum fürchten wir uns nicht, wenn die Erde schwankt, wenn die Berge im Herzen der Meere wanken. Die Wasser toben, sie schäumen, die Berge erbeben, wenn sie sich erhebt. Die Arme eines Stromes erfreuen die Stadt Gottes, die Heilige Wohnung der Höchsten.

Darum fürchten wir uns nicht, wenngleich die Welt unterginge und die Berge mitten ins Meer sänken, wenngleich das Meer wütete und wallte und von seinem Ungestüm die Berge einfielen. Sela. Dennoch soll die Stadt Gottes fein lustig bleiben mit ihren Brünnlein, da die heiligen Wohnungen des Höchsten sind.

Egal was geschieht, Gott bleibt Stärke und Hoffnung: Die Erde kann erschüttert werden bis aufs letzte, jede Katastrophe, jede Naturgewalt kann einbrechen – die Berge können im Meer versinken, Sturm kann die Berge zum Einsturz bringen, Fluten und Erdbeben können sich ereignen, das allerletzte kann passieren, wie es heißt, die Welt kann untergehen – aber der Gewissheit kann so etwas alles nichts anhaben. Und was ist diese Gewissheit, worin spiegelt sie sich wider und kann erkannt werden?

Sie ist die Stadt Gottes, Zion. Dort sind die heiligen Wohnungen, ihre Brünnlein, dort herrscht lebendige Freude und der Durst wird gestillt – Gott ist in ihr. In der Stadt, in der Gewissheit wohnt Gott, Gott ist in ihr. Gott macht sie fest und hilft ihr, wie es heißt, schon am frühen Morgen, also von Anfang an.

Dieser Melodie lässt mich der Psalm folgen. Neben dem Kämpferischen höre ich zärtliche, innige Töne – nach der Weise »Mädchen« sei er zu spielen, steht zu Beginn des Liedes. Der Dichter malt das Bild eines vertrauenswürdigen Gottes. Diese Vertrauenswürdigkeit manifestiert sich in Jerusalem als Stadt des Friedens. Die Erde schmilzt, aber die Stadt wankt nicht – das macht Lust, sie und den Gott in ihr als unseres Vertrauens würdig anzuerkennen. Aber wieder der Widerstand: Haben wir nicht längst in der Geschichte ein Zuviel an Vertrauen gehabt und ein Zuwenig an Angst und Unsicherheit? Festigkeit da gesucht, wo kein Halten war?

Und daher müssen wir uns wieder fragen, wie wir im Psalm 46 den »unsrigen« Gott verstehen, welche Rolle wir Christen einnehmen. Können wir noch weiter den Gott Jakobs als unseren Schutz bezeichnen? Wir haben die Stadt Jerusalem vergessen, der Bruch und die Saat des Hasses, die an diesem Tage gesät wurde, spalteten uns von unserm Gott.

Die Stadt Jerusalem muss sich zur Wehr setzen, sie muss Angriffe und Eroberungsversuche abwehren und wir stehen auf der entgegengesetzten Seite. Es ist die Trennmauer, die wir auch im Psalm lesen, auf der einen Seite das Volk

Gottes (hebr. *am*), und auf der anderen Seite die »*gojim*« (Heiden), die fremd von Gott sind. Wir können uns in der Folge von Pogromen und Holocaust im »*am*« nicht wiederfinden, da wir es selbst nicht schützten. Wir haben uns von unserem Gott entfremdet und sind fremd im eigenen Leibe. Wir sind Schutzbefohlene unserem Gott, sind jedoch gleichzeitig die hier beschriebenen gottlosen Heiden.

Die Völker tobten, Königreiche wankten, Gott erhob ihre Stimme, da schwankte die Erde.
   Die Heiden müssen verzagen und die Königreiche fallen; das Erdreich muss vergehen, wenn er sich hören lässt.
   Gott muss sich nur hören lassen und der Feind wird vernichtet. Niemand kann der Gottesstadt etwas anhaben, keine Macht, kein Gegner und Feind kann die Gewissheit zerstören. Ein Wort von Gott und sie sind vertrieben. Ein kurzes Gebet und Wort von Gott und die Gewissheit, die Gottesstadt ist aufgerichtet. Das Verkünden dieses Wortes, des Psalms selbst, dieses Liedes sind die Gewissheit, sind Zion.
   Er kann klar identifiziert werden – Gott ist nicht überall, hier und dort, er ist weder alles und jedes, noch kann er einfach so für jeden da sein. Er ist ganz konkret, er hat Gestalt, Festigkeit, er bietet Halt und Hilfe. Das zu erkennen, soll man sich aufmachen – es ist ein Weg zu Gott hin, an dessen Anfang das Hören und an dessen Ende das Singen steht, das Singen eines Loblieds, wie es dieser Psalm ist.
   Aber wann spricht Gott? Wann hat Gott gesprochen? Welche Katastrophe ist über die Verbrecherinnen und Verbrecher seit 1938 eingebrochen, wieso wurden nicht alle bestraft und warum konnten sogar weiterhin gedacht werden, sie hätten das Richtige getan? Warum hat Gott nicht donnernd Einhalt geboten? Manchmal wünsche ich mir das genauso wie der Psalmbeter oder die Psalmbeterin. Ein lautes Wort, Erdbeben bei den »Bösen«, ein Krachen vom Himmel und alle haben verstanden. Doch natürlich: So funktioniert es nicht. Gott dort oben in den Himmelshöhen und mit uns unten auf der Erde, aber hier gebietet Gott zu selten den Einhalt, den wir uns wünschen. Hier haben wir das Wort, ich selbst soll Einhalt gebieten: mir selbst und den anderen.
   Wann spricht Gott? Eine Sprache Gottes ist sein Donnern, das gegen das Erzittern der Welt dröhnt. Gott zürnt mit der Welt im Unheil, gegen zerstörende Macht setzt er seine Macht, eine Macht, die das Ablassen vom Krieg fordert. Sein Zorn sagt nicht: Glaubt an mich und macht weiter wie bisher.
   Gottes bleibende Gegenwart wird im Hebräischen mit dem Wort *schechina* bezeichnet. Abgeleitet wird das von dem Verb, welches für »zelten« bzw. »wohnen« steht. Es meint das Einwohnen Gottes in Israel – das ist aber kein wehrhaftes Wohnen, keine Burg, die Gott da bewohnt. Nein, Gott zeltet in Israel. Sich an seiner zeltenden Gegenwart festzumachen ermöglicht, nicht in sich selbst gefesselt zu bleiben, sondern aufmerksam zu sein für das Leben. Der Psalm eröffnet

ein Vertrauen, das am Ende der Selbstsicherheit beginnt. Sein Ton ist der der Sicherheit, nicht der der Selbstsicherheit. Es ist eine Sicherheit, die aus dem Zorn Gottes folgt. Der Psalm ermutigt, nicht dem Eigenen im Angesicht des fremden Anderen zu vertrauen, sondern gerade dem fremden Anderen selber zu vertrauen.

Lasst ab vom Krieg, und erkennt: Ich bin Gott.
Seid stille und erkennet, dass ich GOTT bin.
Lasst ab und erkennt: Der in seinen Himmelshöhen Frieden Schaffende, er wird auch über uns Frieden machen, und über ganz Israel – und über jeden Menschen. Wenn wir es uns gegenseitig sagen, gemeinsam beten und im Ohr haben, an Gottes Frieden zu glauben, nicht nur im Himmel sondern auch bei uns, dann fällt es vielleicht irgendwann leichter, darauf zu vertrauen.

Wir dürfen uns heute nicht kaputt machen und unterkriegen lassen, sondern uns zu Gott bekennen – denn die Gefahr, sich zu irgendwas zu bekennen, nicht aber zu Gott, ist in einer Welt, wo alles vertrauenerweckend aussehen will und es immer mehr nach Hilfe und Stärke Suchende gibt, sehr groß.

Trotz aller Entfremdung von uns selbst und von unserem Gott: Wir können dennoch auf die Gnade Gottes hoffen und auf diese vertrauen. Denn auch die »gojim« sind von Gott Beschützte. Gott ist nicht rächend, er hält seine Hand uns offen, wir können uns in seinen Schatten stellen. Denn auch dies macht uns der Psalm deutlich: *Seid stille und erkennet, dass ich Gott bin!* Es ist das andächtige Gedenken und die Ruhe, die uns unserem gemeinsamen Gott nahebringt.

Gott erkennen kann auch heißen, sich an seiner zeltenden Gegenwart festzumachen. Wenn ich ein Zelt aufbaue, dann achte ich auf den Boden unter meinen Füßen. Es liefert mich der Erde aus, ist nur ein dünner Schutz gegen ihre Kälte und Feuchtigkeit, lässt mich jede Erhebung, jede Vertiefung, jeden Stein spüren. Nachts scheinen darin Wind und Regen lauter und wilder als sie sind. Ich kann die Welt wahrnehmen und bin trotzdem geschützt. Geschützt auch vor allzu viel Festigkeit, denn ein Zelt baue ich immer wieder zusammen, reise mit ihm weiter.

Mein Zelt muss nicht da stehen bleiben wo es ist. Mit ihm kann ich Weiterreise und Umkehr wagen. Umkehr, dafür steht im Alten Testament der Begriff *teschuwa* – das meint eine Umkehr mit den Füßen. Bleibende Gegenwart Gottes heißt also auch: Ein anderer Weg ist möglich, Bestehendes kann unterbrochen werden. Unsere Füße müssen nicht da stehen bleiben, wo sie gerade sind, Verhältnisse sind veränderbar – daran erinnert uns dieser Psalm und ist darin eine Weisung für die Gegenwart.

9. November 2012
Französische Friedrichstadtkirche
Predigt zu Römer 7,14–24

Johannes Gockeler, Marie Hecke, Thomas Heldt, Luisa Karge

Am 9. November 1938 brannten in Berlin und in ganz Deutschland die Torarollen. Rund siebzig Jahre später halte ich eine Torarolle in der Hand. Es ist das erste Mal, dass ich einer Torarolle so nah komme. Sie ist wunderschön. Sie riecht alt und ein bisschen modrig, als hätte sie viel erlebt in ihrem Leben. Ihr Toramantel ist aus Samt – lila. Ehrfürchtig streiche ich mit der Hand über den Mantel, rolle vorsichtig die Tora auf, betrachte die schönen Buchstaben. Ich bin in einem kleinen Städtchen bei Haifa in Israel. Aron hat mich eingeladen. Er ist in Northeim geboren, der kleinen Stadt in Südniedersachsen, in der auch ich geboren bin. Er ist 1937 mit seiner Familie nach Israel geflohen. Da war er ein Jahr alt. Ich besuche ihn in Israel. Das erste, was er mir zeigen will, ist seine Synagoge, ihre Torarolle. Aron erzählt mir ihre Geschichte. Diese Torarolle war das Einzige, was sein Onkel mitnahm, als er 1939 mit dem Schiff von Hamburg nach Argentinien floh. Er durfte fast kein Gepäck mitnehmen. Sein ganzes Gepäck war die Torarolle. Es ist das Einzige, was er aus dem brennenden Deutschland gerettet hat. Mehr nahm er nicht mit. Später ist er nach Israel immigriert, wieder hat er die Torarolle mitgenommen. Kurz vor seinem Tod hat er sie der Gemeinde geschenkt. Es war das Kostbarste, was er besaß. Jetzt hat sie wieder einen Ort. Jeden Shabbat wird aus ihr laut vorgelesen. Ein Jahr später lese ich bei Paulus im Römerbrief: *Die Tora ist heilig.*

Denn wir wissen, dass das Gesetz geistlich ist; ich aber bin fleischlich, unter die Sünde verkauft.
Denn ich weiß nicht, was ich tue. Denn ich tue nicht, was ich will; sondern was ich hasse, das tue ich.
Wenn ich aber das tue, was ich nicht will, so gebe ich zu, dass das Gesetz gut ist.
So tue nun nicht ich es, sondern die Sünde, die in mir wohnt.
Denn ich weiß, dass in mir, das heißt in meinem Fleisch, nichts Gutes wohnt. Wollen habe ich wohl, aber das Gute vollbringen kann ich nicht.
Denn das Gute, das ich will, das tue ich nicht; sondern das Böse, das ich nicht will, das tue ich.

Wenn ich aber tue, was ich nicht will, so tue nicht ich es, sondern die Sünde, die in mir wohnt.
So finde ich nun das Gesetz, dass mir, der ich das Gute tun will, das Böse anhängt.
Denn ich habe Lust an Gottes Gesetz nach dem inwendigen Menschen.
Ich sehe aber ein anderes Gesetz in meinen Gliedern, das widerstreitet dem Gesetz in meinem Gemüt und hält mich gefangen im Gesetz der Sünde, das in meinen Gliedern ist.
Ich elender Mensch! Wer wird mich erlösen von diesem todverfallenen Leibe?

Ich höre diese Worte widerwillig, fühle mich schmerzhaft zerlegt in »guten Geist« und »bösen Körper«. Ein Film läuft in meinem Kopf. Er zeigt mir Bilder, die eine lebensfeindliche, verklemmte Angst dokumentieren: Angst vor dem Körper, vor körperlicher Nähe und Sexualität. Bilder vom brennenden Mord an Frauen und Männern, im Namen der Kirche. Geschichten vom unbarmherzigen Druck patriarchaler Kulturen auf Jungen und Männern – ein Druck, der sie zu Unterdrückern werden lässt. Die Angst vor Körperlichkeit führt hinein in die körperliche Gewalt. Ich liebe aber das Körperliche, das Lebendige, das pralle Leben. Es ist doch ein Geschenk!

»Guter Geist« und »böser Körper«? Ist der Geist per se gut? Gedanken gehen unseren Taten voraus, sie planen und begleiten unser Tun. An den Schreibtischen saßen Mörder – wessen Geist bewegte sie? Die Gewalt, die in unserem Land am 9. November 1938 gegen die jüdischen Nachbarinnen und Nachbarn entbrannte, sie richtete sich physisch gegen Menschen – aber auch gegen das, was ihnen heilig war: In den brennenden Synagogen gingen Torarollen in Flammen auf, wurde das Heilige beleidigt und besudelt. Meine Vorfahren richteten ihren Geist *und* ihre physische Kraft in frevlerischem Aufstand gegen Gott, gegen Juden und Jüdinnen, gegen anders Denkende, anders Liebende, anders Begabte. Ihr Geist war voller Selbstüberhöhung, Neid und Gier. Eine gewissenhafte Aggression gegen Leib und gegen Seelen. Ich fürchte mich vor diesem körperfeindlichen Geist und dieser geistlosen physischen Gewalt. Ich versuche, den Film in meinem Kopf anzuhalten, eine neue Rolle einzulegen.

Die Tora richtet sich gleichwohl ganzheitlich an Menschen aus Fleisch und Blut, Geist und Seele. Sie gibt Orientierung für eine Lebenspraxis in Beziehungen. Sie lässt nichts aus: lecker Speis und Trank, schweißgetränkte Arbeitszeit und leichtfüßige Feierzeit, reale Beziehungen, Freund- und Feindschaften, Familien und Wahlverwandtschaften. Das ganze Leben ist Geschenk, körperlich-geistreich-beseelt. Die Tora zeigt uns, was sein soll und was sein kann – aber auch was ist: Ich entdecke beim Lesen meine eigene Begrenztheit, meine Fehlbarkeit – ganzheitlich, ganz-menschlich. Ich erkenne meine Verstrickung mit dieser gewalttätigen Welt. Und ich erfahre die Chance auf Veränderung. »Guter Geist« und »böser Körper«? Ok, Paulus, ich versuche es neu: Du sprichst mich *ungeteilt* an: ganzheitlich gerufen, ganzheitlich gefährdet, ganzheitlich in der Gnade.

Die Tora ist heilig, gerecht und gut! Aber wie und wem? Der Brief des Paulus an die Römer – ein Schriftstück eines Umtriebigen an eine jüdische Gemeinde in Rom, eine Gemeinde in Bedrängnis, vielleicht besonders der christusgläubigen Juden, sicher derjenigen, die keine römische Staatsbürgerschaft hatten. Sie wurden aus Rom verjagt.

Paulus rennt mit Körper und Geist nach seiner Damaskus-Begegnung mit dem auferweckten Jesus umher, er sammelt Menschen um seine Vision. Seine Botschaft: Nun ist die Zeit gekommen, dass die Völker und Israel zusammen-kommen. Der Gott Israels öffnet die Pforten, die Völker sind eingeladen, dazu zu kommen, teilzuhaben an seiner Gerechtigkeit, teilzuhaben an der Hoffnung, dass der Tod nicht das letzte Wort hat, dass die Tora und die Verheißungen, also das gute Leben, auch ihnen gelten, jetzt! Eingeladen, behutsam mitzugehen mit dem Gott der Väter und Mütter nicht im Militärstiefel, sondern in Gerechtigkeit und Freundlichkeit.

Es ist dir gesagt, Mensch, was gut ist und was Adonaj bei dir sucht: Nichts anderes als Gerechtigkeit tun, Freundlichkeit lieben und behutsam mitgehen mit deinem Gott (Micha 6,8).

Für diese offenen Pforten muss die Trennung zwischen Völkern und dem Heiligen Volk aufgehoben werden. Aber was ist mit dem, was Israel seit der Offenbarung am Sinai auszeichnet – die Tora, die Weisung für Gottes Volk? Was wird mit ihr in einer Gemeinschaft von Torakennern und Ahnungslosen? Müssen die »Neuen« denn nicht am Fleisch gezeichnet werden, beschnitten, soll der Bund mit dem Gott Israels beliebig werden, kriterien- und orientierungslos? Wo bleibt die Gerechtigkeit Gottes, wenn nun die Völker des Imperium Romanum nur im Geist – also unverbindlich? – dazukommen? Ja, wie soll das gehen? Für Paulus geht kein Weg an der Tora vorbei.

»Geliebt sind die Kinder Israels, denn der Heilige, gelobt sei er, hat sie mit Geboten umringt, Tefillin an ihren Häuptern, Tefillin an ihren Armen, Zizit an ihren Gewändern und Mesusot an ihren Türen« (bMenachot 43b).

Sie ist zum Leben gegeben, aber sie kann von den Nichtjuden nicht in gleicher Weise erfüllt werden. Etwas Neues, Gemeinsames muss entstehen. Und nun sagt der Jude Paulus zu den Seinen: »Ich kenne die Tora so gut wie ihr, wir wissen doch um die Probleme, sie zu halten, den Weg mit ihr zu gehen, ich habe es an mir erlebt, dass sie mir die Sünde aufzeigte, ich aber nicht zum Guten folgen konnte. Wie soll das gehen im götzendienenden Rom?« Die Tora zeigt den Weg, aber damit auch, wo die falsche Richtung ist: *Die Sünde kannte ich nicht, wenn nicht durch die Tora.*

Aber auch jetzt, wo ich die falschen Wege kenne, weil Gottes Weisung mir die richtigen zeigt, komme ich immer noch nicht zurecht/zu Recht, denn: *Was ich will, das tu ich nicht, sondern was ich nicht will. Ich bin ein an die Sünde Verkaufter.* Nach dem Fleisch ist die Tora zum Tode, denn am Fleisch werden Trennungs-zeichen gemacht; Tod ist das Gegenteil von Gemeinschaft der Juden mit den

Völkern, nur gemeinsam können sie nun, da Jesus Christus in der Welt ist, der Weisung des Lebens folgen. Dabei hindern Trennungszeichen. Der Geist der Freiheit kommt und hilft der Gemeinschaft auf und hilft deshalb Israel zum Leben. Denn die Tora wird nicht verworfen und auch Israel nicht. Die Verheißung Gottes bleibt bei Israel. Die Tora ist heilig, gerecht und gut. Musste sie deshalb am 9. und 10. November 1938 brennen?

Im Talmud lesen wir: »Ihre Buchstaben werden in die Höhe fliegen, wenn die Feinde Israels einen Juden in die Torarolle einwickeln, um ihn darin zu verbrennen.«

Der thüringische Landesbischof Martin Sasse brachte zum 10. November 1938, dem Geburtstag Luthers, eine Neuauflage von dessen grausamer Schrift »Von den Jüden und ihren Lügen« heraus, mit dem Vorworttitel »Weg mit ihnen«. Mussten die Juden aus dem Weg geräumt werden, weil sie nicht von selbst verschwanden, gerade weil Paulus seinen Glauben unverbrüchlich an Israel und die Tora gebunden hatte, an die Verheißungen und die Kindschaft Israels? Würde Paulus nach dem 9. November 1938 und erst recht nach der Schoah nicht ganz anders reden?

Würde er eher schreien als predigen: »Das habe ich nicht gewollt. Umgedreht in Mund und Kopf habt ihr alles, was ich dachte, eure Macht genutzt, um den Erstling Gottes zu zerstören, Israel und seine Tora. Gehasst habt ihr Israel um seiner Verheißungen willen und um Gottes Gerechtigkeit auszuweichen.«

Martin Luther sagt im Rückblick auf sein Ringen mit dem richtenden Gott: »Mit einem brennenden Verlangen, Paulus zu erfassen, war ich an den Römerbrief gegangen. Aber gleich im ersten Kapitel widerstand mir das Wort: Iustitia dei wird im Evangelium offenbart. Ich hasste nämlich das Wort iustitia Dei, weil ich nach Anweisung der früheren Lehrer es von der Eigenschaft des heiligen Gottes verstand, nach der er die Sünder und Ungerechten straft. Obwohl ich nun als ein tadelloser Mönch lebte, sagte mir doch mein unruhiges Gewissen, dass ich vor Gott ein Sünder sei, und deswegen hasste ich einen gerechten und die Sünden strafenden Gott.«
Die Nationalsozialisten wollten die Leben schützenden Grenzen der Tora beiseiteschaffen; wollten das Wissen um das, was Sünde ist, zerstören; wollten den Sieg der Stärkeren bejahen und propagieren; wollten das Gegenteil der Tora aufrichten, die die Schwachen schützen will. Weil die Tora diese Grenzen markiert, musste sie brennen, weil sie die menschlichen Abgründe umzäunen will, wurde sie aus dem Heiligen Schrank gezerrt; weil es eine Gemeinde gab, die dem zu folgen versuchte, wurden ihre Mitglieder geschlagen, gefoltert und gemordet.

Ihre Buchstaben werden in die Höhe fliegen, wenn die Feinde Israels einen Juden in die Torarolle einwickeln, um ihn darin zu verbrennen.

Aber auch wenn es angesichts der unglaublichen Opferzahlen fast nicht über die Lippen kommen mag. Sie haben nicht gewonnen, der Hass hat gesiegt und doch verloren. Auch wenn das Morden sinnlos bleibt, können wir wahrnehmen, dass doch schützend Gott seine Hand über sein Volk hält und sogar christlich kirchliche Erkenntnis voranbringt, so dass wir in einem christlichen Gottesdienst anders als vor 70 Jahren sagen können: Die Tora ist heilig, gerecht und gut.

Die Tora ist heilig, gerecht und gut. Als ich diese Worte bei Paulus lese, habe ich sofort die Tora von Arons Onkel vor Augen. Ich habe die Heiligkeit der Tora erst so richtig durch sein Verhalten begriffen, dadurch, dass sie das Einzige war, was er 1939 aus dem brennenden Deutschland auf ein Schiff rettete, weil sie das Kostbarste war, was er besaß.

Der jüdische Religionsphilosoph Yehoshua Amir formuliert seine Hoffnung für die Begegnung und Geschichte zwischen Juden und Christen: »Auch eure Glaubensgemeinschaft bekennt sich zu dem Gotte Abrahams, Isaaks und Jakobs. Zwei Jahrtausende lang ist der Weg unserer beiden Gemeinschaften ein Auseinander und Gegeneinander gewesen. Gebe Gott, dass der Historiker einer fernen Zukunft, wenn er das Grausige, von dem wir heute zu sprechen hatten, alles aufgezeichnet hat, seinen Bericht wird schließen können mit dem Wort von Abraham und Isaak: Und dann gingen sie beide zusammen«.

9. November 2013
Französische Friedrichstadtkirche
Predigt zu Psalm 74

Mirjam Appel, Dagmar Pruin, Aline Seel

Warum, Gott, hast du verstoßen für immer,
*   raucht dein Zorn gegen die Schafe deiner Weide?*
Gedenke deiner Gemeinde, die du ureinst erworben hast,
*   die du ausgelöst hast als Stamm deines Erblands,*
*   des Berges Zion hier, auf dem du wohnst.*
Erhebe deine Schritte zu den ewigen Trümmern,
*   alles hat der Feind verwüstet im Heiligtum.*
Deine Widersacher brüllten mitten auf deiner Versammlungsstätte,
*   sie haben dort ihre Zeichen als Siegeszeichen aufgestellt.*
Es sah aus, wie wenn man emporhebt
*   im Dickicht des Waldes die Äxte.*
Und nun – ihre Holzschnitzereien allesamt
*   mit Hammer und Beil zerschlugen sie.*
Sie habe Feuer in dein Heiligtum geworfen,
*   bis zur Erde haben sie die Wohnung deines Namens entweiht.*
Sie haben in ihrem Herzen gesagt: »Wir wollen sie unterjochen allesamt«,
*   sie verbrennen alle Gotteshäuser im Land.*
Zeichen für uns haben wir nicht mehr gesehen, einen Propheten gibt es nicht mehr,
*   und keiner ist mehr bei uns, der wüsste: Wie lange noch?*
Wie lange, Gott, wird höhnen der Widersacher,
*   wird der Feind deinen Namen lästern für immer?*
Warum ziehst du deine Hand zurück
*   und deine Rechte? Aus deinem Gewandbausch heraus! Vernichte!*
Dennoch ist Gott mein König von ureinst her,
*   Rettung wirkend mitten auf der Erde.*
Du – du hast zerspalten mit deiner Macht das Meer,
*   du hast zerschmettert die Häupter der Schlangen über dem Wasser.*
Du – du hast zerschlagen die Häupter Leviatans,
*   du hast ihn zum Fraß gegeben dem Volk der Wüstentiere.*
Du – du hast gespalten Quelle und Bach,
*   du – du hast austrocknen lassen die immer fließenden Ströme.*
Dein ist der Tag und ebenso ist dein die Nacht.

Du – du hast zugerüstet Mondleuchte und Sonne.
Du – du hast festgesetzt alle Grenzen der Erde.
   Sommer und Winter, du – du hast sie gebildet.
Gedenke doch: Der Feind hat gehöhnt, Adonai,
   und ein Toren-Volk hat gelästert deinen Namen.
Nicht gib den wilden Tieren das Leben deiner Taube preis,
   das Leben deiner Armen vergiss nicht für immer!
Schau auf den Bund,
   denn voll sind die Schlupfwinkel des Landes von Gewalt
Nicht bleibe der Bedrückte in Schande,
   der Arme und der Elende sollen deinen Namen lobpreisen
Steh auf, Gott, streite deinen Streit,
   gedenke deiner Verhöhnung, die von den Toren ausgeht den ganzen Tag.
Vergiss nicht das Geschrei deiner Widersacher,
   den Lärm deiner Gegner, der ständig aufsteigt.

Warum ziehst du deine Hand und deine Rechte zurück?
Nimm sie aus deinem Gewand, mach ein Ende. ...
Du trenntest das Meer durch deine Kraft, zerbrachst die Köpfe der Drachen über dem
Wasser ...
Du ließest Quelle und Bach hervorquellen, immer fließende Ströme hast Du austrocknen
lassen. ...
Du legtest alle Grenzen der Erde fest.
Gott, nimm deine Hand aus deinem Gewand.

Im Talmud heißt es: »Das Gebet eines Menschen wird nur dann erhört, wenn er seine Seele in die Hand nimmt. Denn es heißt: Wir wollen unser Herz auf den Händen tragen.« Im Psalm trägt jemand sein Herz auf den Händen. Jemand erinnert sich – ein ganzes Fotoalbum liegt jetzt da. »Komm, setz dich neben mich. Schau mal, da hat er das Meer getrennt, da Köpfe von Drachen über dem Wasser zerbrochen, da hat er Bäche strömen, da Ströme trocknen lassen.«

Die Psalmen sind die poetischen Antworten Israels, und Poesie ist, wenn am Rand viel Platz ist.

Ich bin eingeladen, mir Worte von Israel zu leihen. Mich an den Rand zu setzen – da ist viel Platz. Das ist wie Brot zu essen, das ich nicht selbst gebacken habe, nicht von mir gekelterten Wein zu trinken. Ich bin eingeladen, mich von Kleidern wärmen zu lassen, die ich nicht selbst gewebt habe.

Versuchsweise mit in die Kleider des Psalmbeters geschlüpft, sitze ich neben ihm. Vor uns seine Bilder. »Siehe, da wurden alle Gotteshäuser im Lande verbrannt.« Bonhoeffer schrieb an den Rand dieses Verses: 9.11.38! An diesem Rand war nicht viel Platz. Während der Novemberpogrome wurden überall in Deutschland Synagogen angezündet, Tora-Rollen aus ihren Schränken gezerrt, jüdische Geschäfte verwüstet. Jüdinnen und Juden wurden zu hunderten ermordet, über 30.000 in Konzentrationslager verschleppt.

Jetzt möchte ich die Kleider auszuziehen. Es sind nicht meine. Hier *wurden* nicht Synagogen angezündet. *Deutsche haben* Synagogen angezündet. Nicht Gotteshäuser *wurden* verbrannt – *Deutsche verbrannten* Gotteshäuser. Der Platz am Rand des Psalms wird für mich unerträglich.

> *Warum, Gott, hast du verstoßen für immer,*
> *raucht dein Zorn gegen die Schafe deiner Weide?*
> *Gedenke deiner Gemeinde, die du ureinst erworben hast,*
> *die du ausgelöst hast als Stamm deines Erblands,*
> *des Berges Zion hier, auf dem du wohnst.*
> *Erhebe deine Schritte zu den ewigen Trümmern,*
> *alles hat der Feind verwüstet im Heiligtum.*

Der Beter nimmt seine Seele in die Hand, trägt sein Herz auf den Händen. Betet sich in uralte Gedanken mitten hinein. Sein Gebet in Angst ist ein Gebet gegen die Angst. Gott hat alle *Grenzen* der Erde festgelegt, Drachenköpfe *zerbrochen*.

Der Beter verzichtet auf eigene Rachewünsche, aber nicht auf einen rächenden Gott. Wünschen wir uns einen Gott ohne Rache, erlauben wir eine Rache ohne Gott. Gott setzt der Gewalt Grenzen, zerbricht das Bedrohliche.

Steh auf, Gott, streite deinen Streit.
Mich hält es nicht länger am Rand. Ich stürze mich ins Geschehen, schlüpfe zurück in die Kleider des Psalmbeters, rufe, schreie zu Gott, klage ihn an, lege ihn auf seine Verheißungen fest angesichts bedrückender Geschehnisse in der Welt und in meinem Leben: Mach ein Ende, streite deinen Streit! Gerade in letzter Zeit habe ich erfahren, wie das Klagen vor Gott, das Mit-ihm-Rechten meine Beziehung zu ihm belebt und vertieft hat.

Nicht vergiss das Geschrei deiner Widersacher, den Lärm deiner Gegner, der ständig aufsteigt. Nicht weit von hier, vor dem Eingang zur Friedrichstraße 55, liegt ein Stolperstein: »Charlotte Kroner, geboren am 4. Mai 1882 in Wien, Flucht in den Tod am 31. Januar 1943.« Im Zuge der Novemberpogrome wurde das Familienunternehmen, in dem Charlotte tätig war, »in arische Hände gelegt«. Mit der Enteignung begann eine immer bedrohlicher werdende Hetzjagd auf sie und ihre Familie. Schließlich sah sie keinen Ausweg mehr und nahm sich mit Gift das Leben.

Nicht gib den wilden Tieren das Leben deiner Taube preis! Jetzt finde ich mich im Panzer des Tieres wieder. Ich – nicht die Taube Gottes. Ich – das Tier. Ich – eine Deutsche, eine Widersacherin der Juden, eine Widersacherin des Volkes Gottes, eine Widersacherin Gottes. Was passiert mit mir, wenn ER seinen Streit streitet? Nein – ich gehöre nicht zu den Tätern von damals. Ja – ich bin eine Nachfahrin der Täter von damals. Der Panzer des Tieres hält mich gefangen.

Ich stürze zurück an den Rand, entledige mich aller Ummantelung, sitze da, einfach ich, und bete zu Dir: Heile Du mich, Herr, so werde ich heil!

Wie der Psalmbeter bin ich trotz allem am Ende noch immer bei Dir.

Gott, wir lassen Dich nicht los! Du bringst den Sommer und den Winter, so sagt es der Psalm. Doch wie sollen wir Dich preisen?

Wir werden Deinen Psalm nie wieder lesen können, ohne die brennenden Synagogen zu sehen.

Wir werden Deine Worte nieder wieder lesen können, ohne die brennenden und geschändeten Torarollen zu sehen, die in dieser Nacht gebrannt haben. Wenn der Psalm brennt, ist am Rand auch kein Platz. Und wir Christen haben so einen Teil unserer Heiligen Schrift selbst verbrannt.

Aber wir sind heute hier. Wir lesen Deine Worte und erinnern. Wir hoffen, dass du auch uns nicht loslässt und uns dein Zorn nicht trifft. Wir stehen mitten im Psalm oder sitzen am Rand und halten uns dort fest. Wir erinnern uns gemeinsam. Charlotte Kroner konnte nicht weiterleben – und dennoch sind wir hier. Alles, was wir tun und sagen, wird das Geschehene nicht ungeschehen machen – aber dennoch sind wir hier.

Es ist das »Aber«, es ist das »Dennoch«, an dem wir uns heute Abend festhalten. Es ist zart und brüchig und doch die einzige Möglichkeit, die uns bleibt.

Erhebe deine Schritte zu den ewigen Trümmern, Gott – und steh auf – und streite deinen Streit!

Drittletzter Sonntag des Kirchenjahres, 9. November 2014 Französische Friedrichstadtkirche

Predigt zu Exodus 20,2–17; Matthäus 22,37–40

Johannes Gockeler, Tilman Hachfeld, Thomas Heldt, Jürgen Kaiser, Christian Keller, Robert Kluth, Matthias Loerbroks, Christian Staffa

Ich bin der Ewige, dein Gott, der dich herausgeführt hat aus dem Land Ägypten, aus dem Sklavenhaus.

Hab keine anderen Götter vor mir.

Mach dir kein Gottesbild und keine Gestalt von dem, was im Himmel oben und auf der Erde unten oder im Wasser unterhalb der Erde ist – wirf dich nicht vor ihnen nieder und diene ihnen nicht, denn ich bin der Ewige, dein Gott, ein eifersüchtiger Gott, der der Schuld der Väter an den Kindern an der dritten und vierten Generation nachgeht bei denen, die mich hassen;

der aber Treue an tausend Generationen übt bei denen, die mich lieben und meine Gebote halten.

Sprich nicht den Namen des Ewigen, deines Gottes, zum Falschen, denn der Ewige wird den nicht freisprechen, der seinen Namen zum Falschen ausspricht.

Gedenke des Schabbats, ihn zu heiligen.

Sechs Tage arbeite und verrichte all deine Werke, aber der siebte Tag ist Schabbat für den Ewigen, deinen Gott: verrichte keine Werke, du und dein Sohn und deine Tochter, dein Knecht und deine Magd und dein Vieh und der Fremde, der innerhalb deiner Tore ist. Denn in sechs Tagen hat der Ewige den Himmel und die Erde, das Meer und alles, was in ihm ist, gemacht. Aber am siebten Tag ruhte er, deshalb hat der Ewige den Schabbat gesegnet und geheiligt.

Ehre deinen Vater und deine Mutter, damit deine Tage lange währen auf dem Ackerboden, den dir der Ewige, dein Gott, gibt.

Morde nicht.

Brich nicht die Ehe.

Stiehl nicht.

Sage nicht als Lügenzeuge gegen deinen Nächsten aus. Giere nicht nach dem Haus deines Nächsten, giere nicht nach der Frau deines Nächsten, nicht nach seinem Knecht und seiner Magd, nach seinem Ochsen und seinem Esel oder nach irgendetwas, was deines Nächsten ist.

Die Summe der Weisung aber ist: Du sollst den Ewigen, deinen Gott, lieben von ganzem Herzen, von ganzer Seele und von ganzem Gemüt.

Das ist das höchste und größte Gebot.
Das andere aber ist dem gleich: Du sollst deinen Nächsten lieben wie dich selbst.
In diesen beiden Geboten hängt das ganze Gesetz und die Propheten.

Bei der zweiten Übergabe der zehn Gebote an Mose stellt Gott sich ihm vor: *Ich bin da! Ein mitfühlender Gott bin ich, treu und wahrhaftig.* Eine werbende, sehnsüchtige Rede, die sagt: »Ich will bei euch sein und euch ins Leben geleiten, seht ihr es denn nicht?« Unsere Vorfahren wollten das nicht sehen. Die Gebote wurden in den Staub getreten, erst die Bücher, dann die Menschen, die sie befolgen wollten. Heute klingt Gebot oft nach unzulässiger Einschränkung unserer Freiheit, biblisch sind sie das Tor zur Freiheit und zum guten gemeinsamen Leben. Nein, dieses gemeinsame gute Leben wollten unsere Vorfahren nicht, sie wollten es für sich und gegen die Juden und so manche andere. Für sich Herrschaft über andere wollen, ist kein Gebot Gottes. Es ist das Gebot des Todes. Jesus wollte kein Jota an diesem Gesetz verändert wissen: Alles, was sie euch sagen, tut. Das wollten unsere Vorfahren nicht.

Ich bin der Ewige, dein Gott, der dich herausgeführt hat aus dem Land Ägypten, aus dem Sklavenhaus.

Gott will jedes Volk aus seinem Ägypten befreien und will in dieser Welt ein Zeichen von Freiheit in Gerechtigkeit aufrichten, ein Zeichen am Abgrund von Herrschaft und der Gewalt.

Habe keine anderen Götter vor mir.

Die sehnsüchtige Stimme eines lebhaft stürmisch Liebenden; die Stimme eines immer wieder enttäuschten, unglücklichen Liebhabers. Was willst du denn von denen, gehst mit ihnen? Du weißt doch, was dir blüht: Versklavung und Elend; Lüge und Betrug; Tod und Zerstörung; Leid, Schmerz und Tränen. Lauter Götter, die nicht geben, sondern nehmen; nicht befreien, sondern unterwerfen; nicht aufrichten, sondern niedermachen, niederdrücken; nicht sprachfähig machen, sondern stumm und dumm.

Mach dir kein Gottesbild und keine Gestalt von dem, was im Himmel oben und auf der Erde unten oder im Wasser unterhalb der Erde ist – wirf dich nicht vor ihnen nieder und diene ihnen nicht, denn ich bin der Ewige, dein Gott, ein eifersüchtiger Gott, der der Schuld der Väter an den Kindern an der dritten und vierten Generation nachgeht, bei denen, die mich hassen; der aber Treue an tausend Generationen übt bei denen, die mich lieben und meine Gebote halten.

Schuld überlebt die schuldig Gewordenen, klebt an den Kindern und Kindeskinder. Sie lebt weiter als Scham: Mein gesenkter Blick, wenn ich an den Großvater denke. Meine Mutter kann nicht über ihren Vater sprechen und keine »Judengeschichten« hören. Ich kann über meinen Großvater sprechen und Judengeschichten hören. Aber es tut mir weh. Meine Kinder werden die Geschichten auch hören und darüber sprechen. Es wird ihnen wohl nicht mehr so wehtun. Gott sucht die auf, die seine Gebote mit Füßen traten. Und ihre Kinder und ihre Kindeskinder. Wir können uns nicht vor ihm verstecken. Doch das hat sein Maß. Das Gedenken aber soll so lange währen, wie seine Treue auf den Gerechten bleibt: tausend Generationen, ewig.

Sprich nicht den Namen des Ewigen, deines Gottes, zum Falschen aus, denn der Ewige wird den nicht freisprechen, der seinen Namen zum Falschen ausspricht. Die dieses Gebot hochhalten, halten zugleich den Namen Gottes hoch. Der Satz mahnt zur Sorgfalt, zwischen falschem und echtem Aussprechen des Gottesnamens zu unterscheiden; er will zur Ehrfurcht vor seinem Namen rufen, der am Arm und der Stirn getragen wird. Der Name ist nicht bloß Bezeichnung, sondern untrennbar mit dem Wesen verbunden. Die dieses Gebot verachteten, verbrannten erst mit der Tora und den Tefillin den Namen Gottes und dann die Menschen, die diesen Namen heiligten und deren eigene Namen durch Nummern ersetzt wurden. Name und menschliches Wesen sollten gleichermaßen vernichtet werden.

Gedenke des Schabbats, ihn zu heiligen. Sechs Tage arbeite und verrichte all deine Werke, aber der siebte Tag ist Schabbat für den Ewigen, deinen Gott: Verrichte keine Werke, du und dein Sohn und deine Tochter, dein Knecht und deine Magd und dein Vieh, und der Fremde, der innerhalb deiner Tore ist. Denn in sechs Tagen hat der Ewige den Himmel und die Erde, das Meer und alles, was in ihm ist, gemacht. Aber am siebten Tag ruhte er, deshalb hat der Ewige den Schabbat gesegnet und geheiligt. Die dieses Gebot hochhalten, wissen von der Heiligkeit der Schöpfung und des Lebens und vom Bedürfnis nach Ruhe, nach Innenschau, nach Feiern und Lebenslust. Indem die ganze Schöpfung am Schabbat ruht, tut sie es Gott gleich. Vorschein des Reiches Gottes. »Die Befehle zur Deportation wurden dem Judenrat in vielen Fällen unvorbereitet übermittelt, oft zu den jüdischen Feiertagen, an denen die Wachsamkeit der Ghettobevölkerung nachließ.«[1]

Ehre deinen Vater und deine Mutter, damit deine Tage lange währen auf dem Ackerboden, den dir der Ewige, dein Gott, gibt. Generationenvertrag: »Sorge für deine Eltern, dann werden deine Kinder auch für dich sorgen.« Darin klingt aber doch mehr mit als nur die materielle Versorgung. Meine Vorfahren verdienen Ehre – *kavod* – Gewicht. Und in der Tat: Mir fällt der Umgang mit meiner Familie, mit meinen Eltern und Großeltern nicht leicht. Schon gar nicht vor dem Hintergrund der NS-Verbrechen, in die sie involviert waren und von denen sie – und über sie auch ich – profitiert haben. Im ersten Gebot verheißt Gott, er besuche die Schuld der Vorfahren an ihren Kindern.

Morde nicht! Diese Weisung schützt uns alle. Wir leben auch davon, dass eine übergroße Mehrheit der Mitmenschen das Leben als außerordentlich hohes Rechtsgut einschätzt und dich und mich nicht antastet. Spätestens ab 1938 aber war die

---

[1] Zitiert nach https://www.yadvashem.org/de/holocaust/about/final-solution/deportati on.html [Zugriff: 01.08.2023].

Weisung in unserem Land in vielen Bereichen außer Kraft. Jüdinnen und Juden wurden gemordet.

Brich nicht die Ehe.

Wir leben von verlässlichen Beziehungen. Bundesschlüsse und Verträge werden eingehalten, wir können uns auf sie berufen. In diesen gegenseitigen Verpflichtungen bleiben wir beieinander. Wie verheerend tödlich war es, wenn Nicht-Juden nicht zu ihren jüdischen Partner*innen standen und nicht für sie einstanden. Todbringende Untreue, todbringendes Anschmiegen an die Macht.

Stiehl nicht.

Auszüge aus Gestapo-Akten von 1939 aus Würzburg zum Novemberpogrom: »Kleidungsdiebstahl (keine Strafverfolgung), Lohr am Main; 1 Beschuldigte[r]. Anzeige eines jüdischen Opfers wegen Diebstahls; Landgericht Würzburg stellt 1939 Verfahren ein. HJ-Mitglied, Auslagendiebstahl (Schuhe), Würzburg/Gaugericht stellt Verfahren 1939 ein, 3 Beschuldigte, Erpressung, NS-Gaugericht sieht ›idealistische Gründe‹, keine Bestrafung, Gerolzhofen, 3 Täter.« Bei der Vertreibung und Vernichtung jüdischer Mitbürger nahmen viele diese Gelegenheit im Großen wie im Kleinen wahr; Kaufhauskonzerne wie Kochkisten wechselten die Besitzer.

Sage nicht als Lügenzeuge gegen deinen Nächsten aus.

Aus dem Tagebuch von Michael Rosenberg, Eintrag Donnerstag, 10. November 1938: »Die ganze Menge lauerte so ziemlich vor dem Haus, doch hielten wir die Tür fest geschlossen. Als wir gerade Hans hereinlassen wollten, kam das Unglück – es wäre wohl auch so gekommen. Die Menge, Gestapobeamte führten sie, drang ein; wir wurden teils in [Lehrer] Stolbergs Wohnung, teils in den Schlafsälen oben eingesperrt, doch wurden die uns von der Menge noch trennenden Türen ausgehängt und das Volk kam herein und ›besichtigte‹ uns wie Tiere im Zoo: ›Des san Jüden!‹, als ob sie noch nie im Leben welche gesehen hätten. Warum sagten sie nicht: Des san Deutsche? Und hätten damit wahres Zeugnis gesprochen.«

Giere nicht nach dem Haus deines Nächsten, giere nicht nach der Frau deines Nächsten, nicht nach seinem Knecht und seiner Magd, nach seinem Ochsen und seinem Esel oder nach irgendetwas, was deines Nächsten ist.

Unzufrieden mit dem, was ich bin und habe, steht mir der andere mit seinem Vermögen vor Augen, mit allem, was ich selber nicht vermag: Hart sein, durchsetzungsfähig, erfolgreich. Auf einer Stufe sein mit den Herrenmenschen, Teil der überlegenen Rasse, herabschauen auf die Minderwertigen, sie mit Füßen treten. So haben viele nicht nur der Generation vor mir Gottes Berufung für sich verworfen und damit auch den, der sie aus dem Sklavenhaus befreien wollte und will.

Gott sehnt sich nach uns Menschen, will Gefallen an uns haben, will uns gefallen. Mit seinen Geboten wirbt er sehnsüchtig um uns. Leben gegen den Tod,

Lebenslust gegen tödliche Bedrohungen, Orientierung zur Freiheit und Gerechtigkeit, an denen wir uns versuchen sollen, die Richtung der Umkehr.

»Wer ist der Mensch, der das Leben liebt und gute Tage zu sehen wünscht? Wenn du hörst und antwortest: ›Ich‹, dann sagt Gott zu dir: ›Willst du wahres und unvergängliches Leben, bewahre deine Zunge vor Bösem und deine Lippen vor falscher Rede! Meide das Böse und tue das Gute! Such Frieden und jage ihm nach! Wenn ihr das tut, blicken meine Augen auf euch, und meine Ohren hören auf eure Gebete; und noch bevor ihr zu mir ruft, sage ich euch: Seht, ich bin da.‹«

9. November 2015
Französische Friedrichstadtkirche
Predigt zu Markus 14,66–72

Aline Seel

Während Petrus unten im Hof ist, kommt eine von den Mägden des Hohenpriesters und sieht Petrus, wie er sich wärmt, blickt ihn an und sagt:»Auch du warst mit dem Jesus von Nazareth.«
Er leugnete aber und sagte:»Ich weiß nicht und verstehe nicht, was du sagst.«*Und er ging hinaus in den Vorhof, und der Hahn krähte.*
Aber die Magd sah ihn und fing abermals an, denen zu sagen, die dabeistanden:»Der da ist einer von ihnen.«
Und er leugnete abermals. Und ein klein wenig später sagten die, die dabeistanden, abermals zu Petrus:»Wahrhaftig, du bist einer von ihnen; du bist ja auch ein Galiläer.«
Er aber fing an, sich zu verfluchen und zu schwören:»Ich kenne den Menschen nicht, von dem ihr redet.«
Und sogleich krähte der Hahn zum zweiten Mal. Da gedachte Petrus an das Wort, das Jesus zu ihm gesagt hatte:»Ehe der Hahn zweimal kräht, wirst du mich dreimal verleugnen.«*Und er fing an zu weinen.*

»Bist du nicht auch einer von denen? Warst du nicht bei dem Nazarener, dem Jesus? Gehörst du nicht zu dem Aufrührer, dem Flüchtlingskind, dem Juden Jesus?« Die Sklavinnen bedrängen Petrus. Die Frage an Petrus ist die Frage an uns. Gehören wir auch zu dem Juden Jesus, dem Flüchtlingskind? Petrus ist der Grundstein der Kirche. Wir sind Petrus. Wir sind hier und heute angesprochen. Und wir waren es vor mehr als 70 Jahren. Während der November-Pogrome 1938 waren Christenmenschen gefragt: »Zu wem gehört ihr?«

»Wir gehören zu unsern jüdischen Geschwistern, denn Jesus war Jude!«, so selten diese Antwort – so oft die andere: »Wir kennen diese Menschen nicht.« Aus Nachbarn wurden Juden und Nachbarn waren sie nicht mehr.

Als ich unten im Hof war, kam eine der Sklavinnen des Hohepriesters. Nachdem sie mich gesehen hatte, wie ich mich wärmte, und mich angeschaut hatte, sagte sie:»Auch du warst bei dem Nazarener, dem Jesus.«*Ich aber verneinte:*»Ich verstehe nicht, was du sagst.«

Typisch Jünger! Typische Teilzeithelden. Die Jüngerinnen und Jünger Jesu werden in den Evangelien als eine untaugliche Gemeinschaft beschrieben. Petrus ist ein, wenn auch besonderes, nicht besonders seltenes Exemplar unter ihnen. Die Passionsgeschichte ist die Geschichte einer Abwärtskurve. Steht am Anfang noch Petrus mit seinem unverbrüchlichen Bekenntnis: *Ich werde immer zu dir stehen!*, so dämmert auch er in Gethsemane mit den anderen in eine Traumwelt. Ihr Schlaf unterbricht die kaum auszuhaltende Spannung zwischen der Hoffnung, dass die Gewalt nicht bleibt, und der gewaltförmigen Realität. Schlaf ist eine schrecklich wirksame Verdrängungsstrategie.

Verleugnung auch. Mit Jesus kam das Ende der Gewalt römischer Militärstiefel nah – barfüßige Zartheit, Befreiung von Unterdrückung, jetzt. Aber *jetzt* ist der Tod des erhofften Retters unvermeidbar und die Gewalt rückt wieder bedrohlich nah. Die Kluft zwischen erhoffter und hoffnungsloser Wirklichkeit wird wieder unüberbrückbar. *»Ich kenne diesen Menschen nicht, ich verstehe nicht, was du sagst!«* Enttäuschte Hoffnung kann zermürbend sein. Also lieber das und den Erhofften verdrängen, verleugnen.

Mit den Jüngern Jesu und ganz besonders mit Petrus gehören Verleugnung und Verdrängung wesenhaft zur Kirche. Auf der Spitze vieler Kirchtürme kräht der Hahn. Es gehörte Mut der Bauherren dazu, die Kirchen in unserem Land mit dem Hahn zu schmücken und so unter die Spitze der Verleugnung zu stellen. Es gehörte Mut der Evangelisten dazu, den Kirchenfelsen Petrus als Verleugner zu überliefern

Die Kirche schönt sich nicht! Und das mit gutem Grund. Die wegdämmernden Jünger, Petrus, auch die fliehenden Frauen dann am Grab – sie bezeugen eine Seite des Evangeliums von Jesus selbst. Für seine Jüngerinnen und Jünger , auch in sich ist es etwas zutiefst Widersprüchliches, nichts, was ohne weiteres ein offenes Bekenntnis ermöglicht: Es gibt keine Kirche ohne ihre tiefste Gefährdung.

Ich kenne diesen Menschen nicht. Petrus hatte seine Hoffnung auf Jesus gesetzt. Dass dieser nun leidet und sein Ende nicht nur in sich gewaltvoll ist, sondern die Gewalt auch nicht beendet – das kann Petrus nicht ertragen. Mitleid und Solidarität mit dem Leidenden gelingen ihm, wenn überhaupt, nur partiell.

Wir kennen diese Menschen nicht. Die meisten unser Väter und Großväter, Mütter und Großmütter versagten ihren Mitmenschen ihr Mitgefühl. Ihre jüdischen Nächsten wurden verfolgt und ermordet. Es ist keine offizielle kirchliche Stellungnahme bekannt, die sich entschieden an die Seite der jüdischen Geschwister gestellt hätte *und nur so* an der Seite Jesu gewesen wäre.

Ich kenne diese Menschen nicht. Aber die Verzweiflung der vielen fliehenden Menschen geht mir nah. Seit Monaten unterstützen Freiwillige geflüchtete Menschen und geben vieles, damit alle wenigstens etwas haben. Sie sind solidarisch. In Dresden will heute Abend das Bündnis *Herz statt Hetze* gegen Hass und Gewalt demonstrieren. Der Theaterplatz war dafür geplant, der Ort, an dem seit Monaten Menschen gegen Geflüchtete hetzen. Nicht nur in Dresden sind heute Demonstrationen menschenfeindlicher Gruppierungen genehmigt worden. *Und zweimal kräht der Hahn.*

Biblische Zeit ist nicht heutige. Täterinnen, Nutznießer im Nationalsozialismus und ihre Verbrechen an dem jüdischen Volk sind nicht unsere Verbrechen an geflohenen Menschen heute. Wir sind nicht Petrus. Jesus war Jude, heutige Jüdinnen und Juden sind nicht Jesus. Und in all dem Verneinen stecken dennoch kleine Jas. Es gibt Andockpunkte. Die Geschichte hat mit uns zu tun.

Sie hat es in der fehlenden Solidarität mit den Leidenden und sie hat es da, wo Angst und Rechtfertigung miteinander verwechselt werden. Hatte Petrus Angst, er könnte auch verraten werden? Hatten meine Großeltern Angst, sie könnten auch verraten werden? Haben heute Menschen Angst, es könnte nicht genug für alle da sein? Sagen wir nicht manchmal Angst da, wo eigentlich Selbstsicherung und Abgrenzung am Werke sind?

Dem Verfasser des Markusevangeliums geht es gar nicht darum, Petrus zu erklären. Ob er Jesus aus Enttäuschung oder Angst verleugnet – die Motive seines Handelns sind nicht seine drängende Frage. Sie sind vielfältig, ganz sicher. Aber um sie geht es nicht. Was zählt ist das Tun. Von Petrus wird als von einer rundum ambivalenten Figur erzählt.

Das Herz voll Sehnsucht nach messianischer Zeit.
Schluss mit den Militärstiefeln.
Immer her mit dem guten Leben,
ich will auch auf dem Wasser gehen!
Ich vertraue Dir!
Ich kann dir nicht glauben!
Leicht zu entfachen,
leicht zu enttäuschen,
leicht in Rage zu versetzen,
leicht zum Leugnen zu bringen,
schwer zu verstehen.
Ein typisch biblischer Teilzeitheld.
Auf diesem Petrus steht unsere Kirche.

Und sie steht auf seinen Tränen. Der Hahn kräht, er kräht zum zweiten Mal und Petrus weint. Und in seinen Tränen lässt Petrus sein überhöhtes Bild von Jesus los und erinnert sich wieder an die konkrete Beziehung mit seinem Freund. Alles auf einmal sollte sich durch diesen einen verändern – gerade das Scheitern dieser ja totalitären Hoffnung macht wieder Beziehung möglich. Petrus verändert sich durch Erinnerung.

Wir sind Petrus. In einem Erinnerungsgottesdienst am 9. November. Können auch wir uns durch Erinnerung verändern? Erinnerung – wenn es schlecht geht, bestätigt sie uns, aber wenn es gut geht, dann verstehen wir mehr, empfinden wir mehr, als wir ohne sie empfunden hätten. Wir werden leidempfindlich, wir verändern uns.

Eine Kirche zu betreten, heißt immer auch, einen unsicheren Ort zu betreten, so selbstsicher diese Gebäude wirken mögen. Kirchliche Gemeinschaft, in ihren sicheren und zweifelnden Formen, ist immer eine aufs äußerste, von innen her gefährdete Gemeinschaft. Wir Christenmenschen hängen einer Sache an, zu der wesentlich gehört, dass wir sie nicht durchhalten, nicht überzeugend vertreten können. Der Hahn dreht sich im Wind seit über tausend Jahren – erinnert daran, wie gut wir darin sind, unsere Mäntelchen nach dem Wind zu hängen.

Der Hahn kräht, er kräht zweimal und Petrus weint. Der Hahn erinnert uns auch an die Möglichkeit zu bereuen, neu anzusetzen, frei in den Morgen zu gehen.

Das Bewusstsein der Schuld macht handlungsfähig. Und so ist Petrus ein wichtiger Grundstein der Kirche und so ist es wichtig, dass auf so vielen Kirchen der Hahn kräht. Dem Erschrecken über die Schuld Raum und Ausdruck zu geben und handlungsfähig zu bleiben, das ist das Gegenteil von Sicherheit, ist Befreiung ins Leben hinein. Bei dieser Befreiung sind wir nicht allein. Wir sind miteinander hier.

Die Predigt Helmut Gollwitzers nach der Reichspogromnacht endet so: »Gott will Taten sehen. Nun wartet draußen unser Nächster, notleidend, schutzlos, ehrlos, hungernd, gejagt und umgetrieben von der Angst um seine nackte Existenz, er wartet darauf, ob wir heute wirklich einen Bußtag begangen haben.«[1]

Gott Israels und Vater Jesu Christi,
stärke uns, dir Fernere und Nähere,
und gib, dass wir einander ermutigen.
Wir bitten um deinen Frieden.

---

[1]   Vgl. S. 43, Anm. 1.

9. November 2018
Luisenkirche, Charlottenburg
Predigt zu Römer 12,21–13,10

Marie Hecke, Robert Kluth, Angelika Obert, Aline Seel

Lass dich nicht vom Bösen überwinden, sondern überwinde das Böse mit Gutem.
Jedermann sei untertan der Obrigkeit, die Gewalt über ihn hat. Denn es ist keine Obrigkeit
außer von Gott; wo aber Obrigkeit ist, ist sie von Gott angeordnet.
Darum: Wer sich der Obrigkeit widersetzt, der widerstrebt Gottes Anordnung; die ihr aber
widerstreben, werden ihr Urteil empfangen.
Denn die Gewalt haben, muss man nicht fürchten wegen guter, sondern wegen böser
Werke. Willst du dich aber nicht fürchten vor der Obrigkeit, so tue Gutes, dann wirst du
Lob von ihr erhalten.
Denn sie ist Gottes Dienerin, dir zugut. Tust du aber Böses, so fürchte dich; denn sie trägt
das Schwert nicht umsonst. Sie ist Gottes Dienerin und vollzieht die Strafe an dem, der
Böses tut.
Darum ist es notwendig, sich unterzuordnen, nicht allein um der Strafe, sondern auch um
des Gewissens willen.
Deshalb zahlt ihr ja auch Steuer; denn sie sind Gottes Diener, auf diesen Dienst beständig
bedacht.
So gebt nun jedem, was ihr schuldig seid: Steuer, dem die Steuer gebührt; Zoll, dem der
Zoll gebührt; Furcht, dem die Furcht gebührt; Ehre, dem die Ehre gebührt.
Seid niemandem etwas schuldig, außer dass ihr euch untereinander liebt; denn wer den
andern liebt, der hat das Gesetz erfüllt.
Denn was da gesagt ist (Ex 20,13–17): »Du sollst nicht ehebrechen; du sollst nicht töten;
du sollst nicht stehlen; du sollst nicht begehren«, und was da sonst an Geboten ist, das
wird in diesem Wort zusammengefasst (Lev 19,18): »Du sollst deinen Nächsten lieben wie
dich selbst.«
Die Liebe tut dem Nächsten nichts Böses. So ist nun die Liebe des Gesetzes Erfüllung.

Römer 13! Das war ein erstes Gebot in einer frommen, bürgerlichen Familie: Aufbegehren, Widerstand gegen Oben ist Tabu. Römer 13 – das war der Grund, weshalb auch die Bekennende Kirche den NS-Staat machen ließ. Politischer Widerstand durfte nicht Sache der Christen sein.

Ich vermute, genauso hat es auch Katharina Staritz von Kindesbeinen an gelernt. Sie gehörte zu den ersten Frauen, die Evangelische Theologie studierten.

Angestellt wurde sie in der Breslauer Kirche dann in den 30er Jahren als Vikarin, zuständig auch für den sogenannten Übertrittsunterricht für diejenigen, die in die evangelische Kirche eintreten wollten – das waren in jenen Jahren vor allem Jüdinnen und Juden. Eine Aufgabe, die sie unmittelbar in Berührung brachte mit der Not der Entrechteten. Und das ließ sie, die getreue Schülerin, dann doch zweifeln. Am Jahresende 1938 schreibt sie an ihren Lehrer Hans von Soden nach Marburg:

>»Breslau, 30.12.1938 – Hochverehrter, lieber Herr Professor …
>
>zwei Monate wie die letzten beiden – manchmal denkt man wirklich, es geht nicht mehr weiter und es geht dann doch weiter. Das Schrecklichste ist, Leid sehen und nicht helfen können. Ich versuche, weise theologische Lehren zu erteilen und brauche sie selber immer noch so sehr. Denn mit Röm 13 liege ich wieder mal arg in der Fehde, sodaß mir meine kleine Schwester heut einen Vortrag darüber gehalten hat. Das reformierte Widerstandsrecht sei ständisch, nicht biblisch begründet, haben Sie, glaube ich, einmal gesagt. Wie aber, wenn man selber gar nicht Unrecht leidet, sondern andre leiden sieht?«[1]

Wir Protestant*innen – selbst in der Bekennenden Kirche – waren zu sehr mit uns selbst und der Reinheit unseres Glaubens beschäftigt. Zu wenige von uns sahen das Leiden der anderen. Zu wenigen traten ein für ihre jüdischen Nachbar*innen.

Am 9.11. aber über den Staat als Dienerin Gottes zu sprechen, grenzt an Blasphemie, denn die Dienerin Gottes kann nicht sein, wer das Volk Gottes umbringt.

Wir sind in Berlin-Charlottenburg. Die Behaimstraße, hier gleich um die Ecke, hieß damals Schulstraße. Dort stand seit 1880 eine liberale Synagoge; sie wurde bei den Novemberpogromen geplündert und angezündet und in den fünfziger Jahren abgerissen. Heute findet sich dort eine Gedenkplakette.

Paul-Friedrich Klingenberg, damals Pfarrer unserer Gemeinde, taufte am 14. November 1938 Robert Schöneberg, einen Juden. Der Gemeindekirchenrat der Luisenkirche gab zwei Monate später eine Erklärung heraus, in der er seine Entrüstung über diese Taufe zum Ausdruck brachte. »Es muss ihm [Pfarrer Klingenberg] bekannt sein, dass Tage zuvor das deutsche Volk in unmissverständlicher Weise angesichts des Judenmordes in Paris seine grundsätzliche Einstellung zu den Juden zum Ausdruck gebracht hat. Wir verlangen von den Geistlichen unserer Gemeinde, Judentaufen abzulehnen.« Desweiteren solle Herrn Schöneberg mitgeteilt werden, dass seine Taufe »als nicht rechtlich vollzogen für ungültig anzusehen ist.« Der Oberkirchenrat wies die Beschwerde

---

[1]   HANNELORE ERHART/ILSE MESEBURG-HAUBOLD/DIETGARD MEYER, Katharina Staritz 1903–1953. Dokumentation Band 1 1903–1942, Neukirchen-Vluyn ²2002, 160.

zurück. Schließlich hätte ein Kreisgericht der NSDAP 1937 geurteilt, dass gegen Pfarrer, die Nichtarier taufen, nichts einzuwenden sei, denn ein Pfarrer sei verpflichtet, »auch Judentaufen vorzunehmen, wenn er von der Ehrlichkeit der Täuflinge überzeugt ist.« Der Gemeindekirchenrat war damals also eifriger als die NS-Behörden selbst. Im Dezember 1941 wird dann von der Kirchenleitung der Beschluss gefasst, dass »rassejüdische Christen« in der Kirche keinen Raum mehr haben und jegliche »Gemeinschaft mit Judenchristen aufgehoben« ist. 1942 beschließt der Gemeindekirchenrat, »Träger des Judensterns vom Besuch des Gottesdienstes zurückzuweisen«. Im Juni des Jahres 1943 erklärte Joseph Goebbels Berlin für »judenfrei«.

Darum: Wer sich der Obrigkeit widersetzt, der widerstrebt Gottes Anordnung; die ihr aber widerstreben, werden ihr Urteil empfangen. So steht es in der Heiligen Schrift. Rechtfertigt das das Tun des eifrigen Gemeindekirchenrats? Ist der vorauseilende Gehorsam nicht auch eine Art, sich Gottes Anordnung zu fügen? Wenn wir den Bibeltext heute, am 9. November, lesen, müssen wir erkunden, was denn mit Gottes Anordnung gemeint ist.

Fürs Verstehen von Römer 13,1–2 finden wir einen Hinweis ein paar Verse weiter: Wer die anderen liebt, hat das Gesetz erfüllt, steht da in Vers 8. Deshalb erinnern wir an das, was dieser Liebe entgegensteht, an das Unrecht der Judenverfolgung am 9. November. So versuchen wir zu lieben, indem wir nicht falsch Zeugnis reden, die vor uns durch den Versuch wahrer Rede zu ehren, das Stehlen von Gut und Gedächtnis zu verhindern, nicht anderen Göttern zu dienen. Die Tora sammelt sich im Liebesgebot und entfaltet sich in allen anderen Geboten, die dem Leben und dem Lieben dienen. Das ist die Liebe, von der hier zu reden ist und der wir nachjagen. Solche Liebe geht Hand in Hand mit der frohen Botschaft, dass Friede und Gerechtigkeit werden sollen. Das Gesetz, die Tora, soll der Liebe dienen, und die Obrigkeit wird daran gemessen, ob sie sich an die Tora hält, so erzählen es viele Geschichten aus dem sogenannten Alten Testament. Tut sie es nicht, ist sie keine gute Obrigkeit. Müssen wir ihr dann noch dienen?

Paulus, der Verfasser des Römerbriefes, liebte die Obrigkeit sicher nicht. Aber er nimmt wahr: zu stark ist sie, um gegen sie anzutreten. Und außerdem: Bald hat diese Herrschaft ein Ende. Denn der Messias steht in der Tür. Die Tür zum Himmel, zum Reich Gottes, durch die Jesus Christus erneut treten wird, ist schon halb geöffnet. Wer soll da noch die Obrigkeit wichtig nehmen! Solange sie existiert, muss man mit ihr klarkommen – da ist es nötig, sie zu akzeptieren.

Obrigkeit war freilich für den deutschen Protestantismus immer das, was ihm recht war. Am 9. November 1918 stürzten revolutionäre Arbeiter und Soldaten die kaiserliche Regierung und beendeten den Krieg. Der neue Staat galt den meisten evangelischen Christen nicht als Obrigkeit, sondern als Judenrepublik – Demokraten und Sozialisten, Novemberverbrecher hatten dem deutschen Heer, im Felde unbesiegt, einen Dolchstoß versetzt, waren schuld an der Schmach von Versailles. Als am 9. November 1923 Hitler, Ludendorff und andere versuchten, diese Republik wieder abzuschaffen, haben evangelische Christen sie nicht verteidigt, sondern sie haben 1933 den zweiten, den gelungenen Versuch dankbar bejubelt: als große Wende, die nur von Gott sein konnte. Es war nicht so, dass die evangelische Kirche nur durch Römer 13 gerade noch am Widerstehen gehindert wurde. Es ist auch nicht wahr, dass sie geschwiegen hat. Der 9. November 1938 hätte ihr die Augen dafür öffnen können, wer die Novemberverbrecher waren – wie das einem Berliner Polizisten geschah:[2] Wilhelm Krützfeld hätte wahrscheinlich die Aufforderung in Römer 13 voll unterschrieben. Der Polizeioberleutnant leitete in Nazi-Deutschland ein Polizeirevier. Zu seinem Revier gehörte die große Synagoge an der Oranienburger Straße. 1932 beglückwünscht ihn der Berliner Polizeipräsident zu seiner Arbeit: gewissenhaft sei er, treu und fleißig. Als in der Nacht vom 9. auf den 10. November 1938 das Pogrom beginnt, klingelt in der Wohnung des Reviervorstehers Krützfeld das Telefon. Sein Sohn erinnert sich:

> »Ich wachte in meinem Jungesellenzimmer auf, hörte meinen Vater erregt sprechen. Als er kurz danach in Uniform die Wohnungstür hinter sich gelassen hatte, fragte ich meine Mutter, die bei dem Telefongespräch dabei gewesen war, was denn los sei, und sie sagte nur, mein Vater müsse wegen einer eiligen Sache in sein Revier kommen.«

Die eilige Sache: SA-Männer zertrümmerten jüdische Geschäfte, zündeten Synagogen an. Krützfeld war diszipliniert, versammelte seine Beamten um sich und ging zur Synagoge in der Oranienburger Straße. Hier hatten SA-Männer gerade Feuer gelegt. Die Synagoge stand seit Wilhelm I. unter Denkmalschutz. Krützfeld hat den Denkmalschutzordner dabei, zeigt ihn den Sturmmännern, forderte sie auf, zu gehen. Die SA-Männer wollten nicht gehen, sie wollten die Synagoge brennen sehen. Da zog Wilhelm Krützfeld seine Dienstpistole. Die Männer verschwanden, Krützfeld orderte die Feuerwehr zur Synagoge und diese löschte den Brand auf seinen Befehl.

Die SA beschwerte sich beim Polizeipräsidenten von Berlin über den Reviervorsteher. Der Präsident – ein bekennender Nazi – zitiert Krützfeld in sein Büro. Wie er es wagen könne, sich der Empörung des deutschen Volkes entgegenzustellen! Warum er den gesunden Volkswillen behindert habe!

Der Sohn von Wilhelm Krützfeld berichtet:

> »Ich habe meinen Vater, als er am Nachmittag nach Hause kam, noch nie so grau und weiß im Gesicht gesehen, so innerlich erregt über einen Vorgesetzten. Es war nicht Angst, sondern Wut, auch schämte er sich für einen Polizeipräsidenten, der die gesetzliche Pflicht der Polizei leugnete, für Ruhe, Ordnung und Recht zu sorgen. [...] Ich kann mir gut vorstellen, in welchen Gewissenskonflikt mein Vater seit 1933 immer

---

[2] HEINZ KNOBLOCH, Der beherzte Reviervorsteher, Berlin 1993.

mehr hineingetrieben wurde: strenge Erziehung, dann sieben Jahre bei der Kaiser-lichen Garde in Spandau, und seitdem königlich-preußischer Polizeibeamter, ge-wohnt, an sich selbst die höchsten Ansprüche in Bezug auf Pflichterfüllung, Fleiß, Gehorsam seinen Vorgesetzten gegenüber zu stellen. Und nun plötzlich ein Staat, der – über meines Vaters Vorgesetzte – von ihm verlangte, die Prinzipien von Ordnung und Rechtsstaatlichkeit zu verlassen. Er hat sich aber in diesem inneren Konflikt für sein Gewissen entschieden, d. h. sich polizeilich korrekt verhalten, aber innerlich von den Nazis völlig gelöst.«

Wilhelm Krützfeld – ein Vertreter der Obrigkeit, der die Dienstpistole nicht umsonst trug, aber in arger Fehde lag mit seinem Vorgesetzten. Er wurde für seine Rettung der Synagoge nicht bestraft. Er starb 1953.

Was ist das Gute und was das Böse? Wann sollen wir auf unser Gewissen hören – und wann auf die Obrigkeit? Heute: Wie ist es mit der Liebe als Erfüllung der Tora, wenn täglich Menschen im Mittelmeer ertrinken? Wie können wir zulassen, dass Angehörige religiöser oder ethnischer Minderheiten mitten aus unserer Gesellschaft heraus angegriffen werden? Tun wir genug, um das Böse mit Gutem zu überwinden?

Darum noch einmal mit Katharina Staritz gefragt: »Wie aber, wenn man selber gar nicht Unrecht leidet, sondern andre leiden sieht?«

Lass dich nicht vom Bösen überwinden, sondern überwinde das Böse mit Gutem. Die Liebe tut dem Nächsten nichts Böses. So ist nun die Liebe des Gesetzes Erfüllung.

9. November 2019
Französische Friedrichstadtkirche
Predigt zu Sprüche 24,10–14

Angelika Obert, Thomas Heldt

Wenn du in der schlechten Zeit nachlässig bist, dann wird es um deine Kraft schlecht bestellt sein.
Befreie die, die zu Tode geschleppt werden, und die zur Schlachtbank wanken – rette sie!
Willst du etwa sagen: »Wir haben das nicht gewusst«? Wird es nicht wissen, wer die Herzen prüft, es erkennen, wer auf dein Leben aufpasst, und die Taten der Menschen auf sie selbst zurückfallen lässt?
Iss Honig, mein Sohn, meine Tochter, denn er ist gut; und flüssigen Honig, süß an deinem Gaumen;
genauso erkenne auch die Weisheit – hast du sie gefunden, dann hat dein Leben eine Zukunft, und deine Hoffnung wird nicht zugrunde gehen.

Willst du etwa sagen: »Wir haben das nicht gewusst«?
Als vor dreißig Jahren, am 9. November 1989, die Mauer aufging, war ich glücklich. Endlich durfte ich meine Freund*innen im Westen besuchen. Endlich durfte ich raus aus der bedrückenden Spießigkeit der DDR. Bis zu diesem Zeitpunkt fühlte sich die Welt wie eine Scheibe an – und plötzlich wurde sie rund. Bis zu diesem Zeitpunkt wusste ich nicht – war mir nicht bewusst –, dass die Teilung Deutschlands eine Konsequenz der verbrecherischen deutschen Überheblichkeit während des Nationalsozialismus war. *Wir haben das nicht gewusst.* Ich fühlte mich als Opfer und Gefangener eines ängstlich-repressiven Regimes. Mein Selbstbild als Opfer aber verstellte mir den Blick auf das ganz andere Leiden und die Not derer, die im Nationalsozialismus verfolgt und ermordet wurden. Die fehlende Selbstkritik und das Selbstverständnis der DDR als antifaschistischer Staat trugen dazu bei. Die Täter waren ja nicht bei uns. So wurden die, die zu Tode geschleppt wurden und die zur Schlachtbank wankten, im Nicht-Erinnern von uns ein zweites Mal verraten – und nicht gerettet.

* * *

Im Nachhinein wird's immer klar. Im Nachhinein, da fallen die Taten, auch die Untaten und Nicht-Taten auf die Menschen zurück: Niemals hätten wir zulassen, zuschauen, mittun dürfen, wo so viele Menschen erst verteufelt, dann entrechtet, verfolgt, schließlich zu Tode geschleppt wurden.

Wir hätten sie retten müssen, befreien ... Im Nachhinein liegt sie offen zu Tage, die Ungeheuerlichkeit, die geschehen konnte, weil so viele nachlässig waren in der gefährlichen Zeit, so lasch im Herzen, so entsetzlich träge angesichts des maßlosen Unrechts.

Im Nachhinein ist es klar: Das Mitläuferherz, das Herz, das sich verschanzt, wo Mitmenschen verteufelt, entrechtet, verfolgt, zu Tode geschleppt werden – das ist ein würdeloses, ein unmenschliches Herz.

Muss sich da nicht ein Abgrund bodenloser Scham auftun? Aber wer hält die aus? Nein, da ist es genauso, wie es die Weisheit Israels schon weiß: Dann will ich sagen: Wir haben's nicht gewusst.

Es gab in der Bundesrepublik viele Arten, das zu sagen in den Jahren nach 1945. Eine Art war, so zu tun, als sei nur Hitler an allem schuld – ein Verhängnis, für das man nichts konnte. Die Nazis – das waren immer die andern. Eine andere, etwas feinere Art war es, die Helden des Widerstands zu feiern. Die Wenigen mit dem festen Herzen, und sich in ihrem weiten Heiligenmantel zu verkriechen.

Aber wer hat gesagt: »Ich – hab's gewusst, ich war dabei, ich hab's sogar bejaht ...?«

Ein alter Mann. In einer Kneipe trifft er am Tresen auf einen Jungen, dem alles in der großen Stadt Berlin irgendwie unwirklich vorkommt. Der Alte will etwas loswerden: »Ich war dabei«, sagt er. »Am 9. November damals – ich war auf der Straße, ein Kind noch, aber ... ich schäme mich.« »Wieso?«, fragt der Junge, der es nicht gewohnt ist, dass alte Männer sich schämen. »Ich fand es toll«, sagt der Alte, »das splitternde Glas, den Lärm, die Feuer, die Grausamkeit, ich fand es toll in dieser Nacht.« Und dann bricht dieser alte Mann zusammen. Endlich hat er's gesagt. Und der Junge hat auf einmal ein Gefühl von Wirklichkeit.

Aber in welcher Kneipe hat es diese Begegnung jemals gegeben? Es ist eine Szene aus einem Film.

> »Nur dem Geschichtsschreiber wohnt die Gabe bei, im Vergangenen den Funken der Hoffnung anzufachen, der davon durchdrungen ist: auch die Toten werden vor dem Feind, wenn er siegt, nicht sicher sein. Und dieser Feind hat zu siegen nicht aufgehört« (Walter Benjamin).[1]

Einen Onkel hatte ich allerdings – einen – und er lebte in der DDR, der saß eines Tages bekümmert in seinem Sessel und traute sich zu erzählen: »Auch ich. Auch ich war doch froh, als die jüdischen Jungen aus meiner Klasse verschwanden.

---

[1]   WALTER BENJAMIN, Über den Begriff der Geschichte, These VI, im Internet zu greifen unter https://signaturen-magazin.de/walter-benjamin-ueber-den-begriff-der-geschichte.html [Zugriff: 01.08.2023].

Danach war ich der Klassenbeste.« Und da ging es mir wie dem Jungen in dem Film: Dieses Ich-Sagen des Onkels war ein Moment von größerer Wirklichkeit als alle Erinnerungen an die Nazi-Gegner in der Familie …

Wie sähe es aus in unserm Land, wenn es viele gegeben hätte, die sich die Scham hätten nah kommen lassen? Haben wir Nachgeborenen sie uns nah kommen lassen? Wir gehörten ja dann zu denen, die es wissen wollten. Im Nachhinein. Wollten wir's wirklich gut wissen? Wollten wir das große Unheil uns nahekommen lassen, das die vielen nachlässigen Herzen anrichten, die uns so unähnlich nicht sind? Oder wollten wir uns nicht oft auch bloß entlasten in der Anklage? Das Unerträgliche von uns wegrücken? Schuldlos sein?

* * *

Meine Freude über die nach 1989 gewonnen Freiheiten hält bis heute an. Und doch bedaure ich auch etwas: Wir hatten damals Visionen, Ideen, wollten ein anderes, gerechteres, ökologisches Land, die bessere Welt. Doch der Kapitalismus gab uns keine Zeit zum Experimentieren – oder wir wollten sie uns nicht nehmen?

Mit der Rundung der Welt verschoben sich für mich Horizonte und Perspektiven, wurden mir Zusammenhänge deutlicher.

Ich erinnere mich an Demonstrationen 1989 und 1990 in Rostock: Plötzlich veränderte sich etwas: Aus »Wir sind das Volk« wurde »Wir sind ein Volk«. Der Ton wurde nationalistischer. Es kam zu verbalen und körperlichen Attacken gegen Pol*innen und Vietnames*innen. Meine Großmutter seufzte damals angesichts des kleinen Chaos im Lande: »Jetzt kommen die Juden wieder an die Macht«. Es war, als ob ein Deckel vom Topf genommen wurde, in dem die braune Suppe vierzig Jahren vor sich hin köchelte.

In den Jahren nach 1989 kam es zu Pogromen gegen Zugewanderte in Ost und West. Es entwickelte sich ein Nationalsozialistischer Untergrund. Aus der grauen DDR wurden blühende Landschaften. In vielen Menschen aber wuchs Verlustangst, schlug Wut aus, erblühte Opfermythos, und der blüht bis heute und verhindert Solidarität und Mitgefühl mit denen, die heute zu Tode geschleppt werden.

Wird es nicht wissen, wer die Herzen prüft, es erkennen, wer auf dein Leben aufpasst, und die Taten der Menschen auf sie selbst zurückfallen lässt?

Nach allem Schrecken, den auch meine Großeltern mitzuverantworten hatten, geht es uns doch verdammt gut. Und unsere Welt scheint doch ganz anders gestrickt als in diesem Weisheitsspruch: Die meisten Verbrecher wurden schnell amnestiert, die Verfolgten mussten jahrzehntelang um Anerkennung und symbolische Entschädigung kämpfen. *Wird es nicht wissen, wer die Herzen prüft … und die Taten der Menschen auf sie selbst zurückfallen lässt?* Das Sprichwort klingt mir nicht nach Weisheit. Vielmehr nach Hoffnung. Eine Hoffnung, die zu hoffen ich kaum wage und vor der ich mich auch fürchte.

* * *

»Menschen sind Mitläufer. Die allermeisten können nicht anders.« – Ich erinnere mich – auch das muss ungefähr vor dreißig Jahren gewesen sein –, wie ein nachdenklicher Journalist mit gequältem Blick das im Fernsehen sagte.

Ich erinnere mich, weil ich erschrak und dachte: Vielleicht hat er Recht. Zu viele sind es, die sich doch gern anstecken lassen von der Verlustangst, die es erlaubt, die eigenen Sorgen groß zu machen und die Not der andern nicht zu sehen. Zu viele, die dann doch Verständnis zeigen: Die Leute werden schon gute Gründe haben für ihre Wut.

Die Weisheit warnt: *Wenn du in der schlechten Zeit nachlässig bist, dann wird es um deine Kraft schlecht bestellt sein.*

Wie ist es um unsere Kraft bestellt in dieser Zeit? Sind wir nachlässig? Wird es einmal heißen – im Nachhinein: Ihr hättet doch wissen müssen – ihr hättet doch retten müssen – ihr hättet doch widerstehen müssen?

Wir sind dagegen, natürlich, – gegen die neuen Rechten, die braune Suppe, die wieder aufkocht. Wir sind gegen den unsäglichen Terror, der durch die Straßen zieht und sich selbst dabei filmt, wie er versucht, Juden zu ermorden. Nur zu gern würden wir das los sein. Wir sind dagegen. Aber: Hilft unser innerer Widerstand? Unsere öffentlich geäußerte Abscheu? Helfen unsere Solidaritätsadressen an die jüdischen Nachbar*innen nach dem, was in Halle versucht wurde zu vollstrecken?

Der Terror ängstigt auch uns. Schnell ziehen wir uns zurück, nachdem wir einmal bekundet haben, dass wir dagegen sind. Schlecht bestellt ist es um unsere Kraft, wenn wir so nachlässig sind. Was können, was müssen wir tun, um dem Feind, der zu siegen nicht aufhört, entgegenzutreten?

Das feste Herz hat nicht Verständnis für die Angst. Das feste Herz ist nicht bloß gegen die rechte Gewalt. Das feste Herz schaut auf die Bedrohten. Es fragt: Was ist zu tun – für sie?

Hoffnung setzt die Weisheit Israels auf uns. Hoffnung setzt sie darauf, dass es nicht wahr ist, dass wir nicht anders können als Mitläufer zu sein, nicht anders können als abwehren, was uns persönlich herausfordert.

Hoffnung setzt sie darauf, dass ein festes Herz möglich ist.

Als Christ*innen folgen wir dem Juden Jesus nach. Mit Jesus haben wir erfahren, wie der Tod seine Macht über das Leben verliert. So sollte uns doch die Gabe beiwohnen, Funken der Hoffnung anzufachen! So sollte uns doch die Gabe beiwohnen, uns von Gott anfachen und durchdringen lassen von der Hoffnung, dass der Feind zu siegen aufhört!

* * *

Iss Honig, mein Sohn, meine Tochter, denn er ist gut, süß an deinem Gaumen! Sorge für dein festes Herz! Nimm es wahr, das gute Leben, das Gute, das dir zukommt. Nimm es auf, lass es dir nah kommen. Dann wirst du so schnell nicht jammern, was dir alles entgeht. Nicht immer um das kreisen, was dir angeblich fehlt. Iss Honig – und genauso erkenne auch die Weisheit, denn sie ist gut, süß an deinem Gaumen.

Bitter aber ist die schreckliche Torheit, die es nicht wissen will, was mit denen geschieht, die ausgesondert, abgeschoben – zum Verschwinden gebracht werden.

Stellen wir uns vor, unsere Söhne, unsere Töchter – sie müssten nicht Erben von Bitterkeit sein.

Nicht Erben unserer Nachlässigkeit.

9. November 2020
St. Matthäus-Kirche
Predigt zu 1. Petrus 5,8f.

Marie Hecke, Robert Kluth, Angelika Obert, Christian Staffa

Seid nüchtern, seid wach! Euer Rechtsgegner, der Teufel – wie ein brüllender Löwe geht er umher und sucht, wen er verschlinge.
Ihm widersteht, gefestigt durch Glauben, da ihr wisst, dass eure Geschwister in der Welt durch dieselben Leiden vollendet werden.

Ich blicke in die Kirche meiner Kindheit: Im Chorraum der gotischen, sonst eher schlichten Kirche steht eine steinerne Löwenskulptur. Der Löwe brüllt, hat das Maul mit den spitzen Zähnen weit aufgerissen und blickt in Richtung Kirchenschiff. In seinem Maul ein Mensch, den er gerade verschlingt. Zu seinen Füßen eine Schlange. Als Kind hat mich diese Darstellung fasziniert. Ich bin mit den Fingern die spitzen Zähne langgefahren, habe in das entsetzte Gesicht des Menschen im Löwenmaul geschaut und das Fauchen, Zischen und Brüllen des Löwen gehört. Schaudernd und fasziniert. Beängstigt und beunruhigt: Der Löwe sitzt unter einer Säule und kann sich dementsprechend nicht bewegen. Geht er weg, bricht die ganze Kirche über ihm zusammen. Er hat einen prominenten Platz direkt vor dem Altar und ist doch von der dicken Steinsäule, die das gotische Gewölbe hält, gefangen. Das Böse ist gebannt und doch präsent und sichtbar. *Der Feind geht umher wie ein brüllender Löwe und versucht, Menschen zu verschlingen.* Die Worte aus dem Petrusbrief sind in der Kirche meiner Kindheit in Stein gemeißelt, bebildert. Der Text verführt uns am 9. November dazu, uns von der Seite der Täter zu den Opfern hinüberzumogeln. *All dieses Leid erleben auch eure Geschwister in aller Welt.* Meine Verwandten, meine Großeltern mussten keine Angst vor dem brüllenden Löwen haben. Sie haben keine Leiden in aller Welt erlebt. Sie waren nicht die Beute des Löwen, sondern sie waren selbst brüllende Löwen mit SS-Stiefeln, und in meinem Fall haben sie leider auch eher laut als leise gebrüllt. Meine Familie – eine Löwengrube. Das mir einzugestehen und auszuhalten, fällt mir heute immer noch und immer wieder neu schwer. In der Kirche meiner Kindheit war der Löwe unter der Säule gebannt. Hat die ganze Kirche stabilisiert. Wenn er, wenn das Böse nicht gebannt ist, bricht alles zusammen. In der Zeit des

Nationalsozialismus war das Böse nicht mehr unter einer Säule gebannt. Deutschland – eine Löwengrube.

Der Verfasser oder die Verfasserin des Petrusbriefes fordert von uns standhaften Glauben und Vertrauen im Angesicht des brüllenden Löwen – auch im Angesicht der Taten meiner Großeltern. Wie kann ich das so übersetzen, dass das nicht leere Worthülsen bleiben?

Der Text selbst gibt Antwort: *Lebe ohne Illusionen und halte die Augen offen.* Schau dem brüllenden Löwen ins Gesicht. Hilft mir mein Glaube, hinter dem Vorhang hervorzutreten und die nackte Realität, ohne den Schutz des Vorhangs, auszuhalten? Das vermag ich nicht allein. Ich bin angewiesen auf Gottes Gnade. »Bitte, Allmächtige«, stammle ich hinter dem Vorhang, »gib mir den Mut, den Vorhang zu zerreißen.« Mein Stoßgebet lässt mich an ein Gedicht von Hilde Domin denken. Sie musste am 9. November 1938 schon im Exil leben. Darf ich sie zu meinen Geschwistern zählen, die in der ganzen Welt leiden mussten? Mir Worte von ihr leihen? Ich flüstere zaghaft ihr Gedicht:[1]

Bitte

Wir werden eingetaucht
und mit den Wassern der Sintflut gewaschen
Wir werden durchnässt
bis auf die Herzhaut
[...]
der Wunsch verschont zu bleiben
taugt nicht
Es taugt die Bitte
[...]
dass wir aus der Flut
dass wir aus der Löwengrube und dem feurigen Ofen
immer versehrter und immer heiler
stets von neuem
zu uns selbst
entlassen werden.

* * *

Herbst, eine Nacht wie die heutige. Plötzlich schreien auf der Straße Männer. Mit Eisenstangen in der Hand rennen sie auf ein Geschäft zu. Es klirrt, das Schaufenster ist kaputt. Überall Scherben. Mit ihren schwarzen Mänteln steigen sie durch das neu entstandene Loch ins Haus. Kurz darauf dringen Schmerzensschreie aus der Wohnung. Eine Frau schreit um ihr Leben. Weiter hinten wird es

---

[1]   HILDE DOMIN, Bitte, in: MARCEL REICH-RANICKI (Hrsg.), 1000 Deutsche Gedichte und ihre Interpretationen, Bd. 8, Frankfurt am Main/Leipzig 1994, 191.

hell. Es brennt. Jemand brüllt: »Weiter, weiter!«, jemand anderes: »Juda verrecke!« Die Männer ziehen weiter, ihre Eisenstangen kratzen über das Pflaster.

Der 9. November 1938. So wird es gewesen sein, so kann ich bei Zeitzeug*innen nachlesen. Ich stelle mir vor, ich schrecke auf und verstecke mich hinterm Vorhang. Warum auch nicht, denn wer legt sich freiwillig mit solchen Menschen an? *Euer Feind, der Teufel, streift umher wie ein brüllender Löwe, auf der Suche nach einem Opfer.* Diese Worte lassen mich die Stiefel auf dem Pflaster hören, die Angst in der Magengrube fühlen. Draußen geht etwas zu Bruch. »Hoffentlich kommen die nicht zu mir!«, geht mir durch den Kopf. »Sieht mich ja auch niemand?«

Hinter meinem Vorhang blicke ich auf das, was mir Angst macht. Heute rotten sie sich im Internet zusammen. Diejenigen, die einen Umsturz wollen, die, die darauf hoffen, dass sich durch die Corona-Seuche mehr Menschen gegenseitig hassen. Trolle, stolze Weiße, gewiefte Strategen. Sie machen andere Leute fertig, wenn ihnen eine Position nicht passt, veröffentlichen den Wohnort, Details aus dem Privatleben, schießen die Person ab. Andere verbreiten Unsinn, behaupten Verschwörungen, reden wirr. Sie zerstören Vertrauen, werfen vor, streuen Zweifel. Am Ende steht die Überzeugung, dass es nun mal keine Wahrheit gebe und dass jeder nun mal seine Meinung habe. Ich stehe hinter meinem Social-Media-Account, gucke zu und denke: Hoffentlich kommen die nicht zu mir!

Die Heilige Schrift fordert das Gegenteil von mir: *Besonnen und wachsam* soll ich sein.

* * *

Unbesonnen und nicht wach - das bin ich hinter dem Vorhang, den nicht nur meine Angst gewebt hat. Es ist die Sprache, in der ich zu Hause bin - die mein Bewusstsein, mein Denken und Urteilen prägt. Das Gerede, das ich mir zu eigen mache, ohne zu merken, welche teuflischen Phantasien sich da in mir einnisten. Und auch: welch teuflische Phantasielosigkeit.

Ich kann so sicher nicht sein, dass ich immer schon auf der richtigen Seite bin - besonnen und wach, denn ich erinnere mich mit Schaudern: »Bis zur Vergasung« - das wurde noch lange gesagt, besinnungslos - bis zur Vergasung haben wir gefeiert oder geübt oder geputzt. Wie war das nur möglich?

Bevor die Gewalttäter kamen mit Stiefeln und Stöcken - gab es da nicht eine lange Kette von Generationen, für die das Wort »Jude« mit Makel behaftet war? Sie wurden Andere - und als andere irgendwie Unmenschen. Die klügsten Leute waren nicht nüchtern und wachsam genug, um dem entgegenzutreten. Es ging so tief, es währte so lang, dass viele Jüdinnen und Juden ja schon selbst lieber nicht jüdisch sein wollten. Es ging so tief, es währte so lange, dass auch heute noch Viele meinen: Jude - das sei ein Schimpfwort. Es geht so tief, dass »Jude« ein Schimpfwort auf dem Schulhof ist.

Trotz aller Bemühungen um eine nichtdiskriminierende Sprache: So leicht lässt sich der Teufel, der in der Sprache steckt, nicht besiegen. Immer aufs Neue wird sie mit Affekten aufgeladen, aggressiv, ausgrenzend – verführerisch – ein Vorhang, der es mir erspart, die andere Seite zu sehen.

Ich bin nicht so sicher. Es quält mich die Frage, ob und wie wir als Menschen der Kirche teilhaben an einer unwahrhaftigen Sprache, die dem Teufel die Türchen öffnet. Ist unsere Sprache das denn: nüchtern und wachsam?

* * *

Wenn ich die umhergehenden Teufel erblicke, habe ich Angst. Ich verstecke mich, um mich in Sicherheit zu bringen. Doch tief drinnen weiß ich, das wird nicht gehen, und der erste Petrusbrief wusste, das wird nicht gehen: Denn mein Verlangen nach Sicherheit treibt mich dem brüllenden Löwen in die Arme. Ich spiele dann das Spiel mit, das die Angstmacher gerne spielen wollen: Alle schweigen, sie brüllen. Die Hochmütigen demütigen die Anderen, das Andere und behaupten dabei, sie wären die eigentlichen Opfer.

Trotz meiner Angst besonnen bleiben und unbeirrt am Glauben festhalten. Widerstehen im Vertrauen auf Gott. Mutige Worte. Der Bibeltext spricht von Vertrauen, nicht von Sicherheit. Vertrauen ist das Gegenteil von meinem, von unserem Verlangen nach Sicherheit. In die Sicherheit flüchte ich mich vor der Welt. Bibbernd träume ich dann auf kleinen wackeligen Flößen von Stabilität.

Ich bin hinter meinem Vorhang den Dämonen begegnet. Ich weiß, dass Widerstandleisten auch Widerstand gegen mich bedeutet, gegen mein Verlangen nach Sicherheit, gegen meine Angst vor dem Brüllen. Damals brüllten auch nicht wenige Christen und viele Gemeinden mit den Löwen; von Widerstand kaum eine Spur. Am Ende hieß es, die Dämonen, die Teufel waren so mächtig, wir konnten nicht anders. Aber es waren nicht nur die Dämonen im Außen, auch die Dämonen im Innen, die sich Sicherheit erkaufen wollten durch das Elend der anderen.

Die Bitte um Verschonung taugt nicht.

Wenn ich hingegen vertraue, lasse ich mich auf dem Meer der Unsicherheit treiben. Ich lasse meine Bedürfnisse, meinen Hochmut los. Ich akzeptiere, dass ich Angst habe, und will sie nicht »wegmachen«. Demut, Vertrauen und Widerstand zeigt sich nicht darin, dass ich keine Angst vor dem Brüllen habe. Jene Dämonen in uns, die Angst zu spüren, ist Voraussetzung dafür, sie loszulassen und dann zu verjagen. Jene, die so tun, als hätten sie keine Ängste, haben vielleicht noch nie Löwen gehört oder glauben, dass Angst Schwäche heißt.

Wären nicht Gemeinden die Orte, an denen wir unsere Ängste sehen und gemeinsam fortjagen lernen? Nicht im Sinn von Exorzismus, sondern im gemeinsamen demütigen Tun? Doch Gottes Kraft ist in den Schwachen mächtig. Diese Kraft sollten wir einsetzen für die Angegriffenen, für die Opfer unserer geschönten Selbstbilder und unserer Privilegien. Wachsam sollen und wollen wir sein nicht nur nach außen, auch nach innen. Dann können wir dem treu werden, der größer ist, als unser kleiner Kopf es wahrhaben will. Durch das Loslassen entsteht Stärke für Konflikte, für Solidarität und für Schmerz, durch Vertrauen geschenkte Stärke, mit der Widerstand möglich wird.

Die Bitte um Verschonung taugt nicht.

Die Eisenstangen sind jetzt einen Häuserblock weitergezogen. Ich höre es wieder klirren, Menschen schreien. Ich ziehe meinen inneren Vorhang zurück und gehe in Richtung Wohnungstür. Nur zuschauen hilft nicht.

9. November 2021
Französische Friedrichstadtkirche
Predigt zu Psalm 74

Juni Hoppe, Karoline Ritter

Warum, Gott, hast du verstoßen für immer,
  raucht dein Zorn gegen die Schafe deiner Weide?
Gedenke deiner Gemeinde, die du ureinst erworben,
  die du ausgelöst hast als Stamm deines Eigentums,
  des Berges Zion hier, auf dem du wohnst.
Erhebe deine Schritte zu den ewigen Trümmern,
  alles hat der Feind verwüstet im Heiligtum.
Deine Widersacher brüllten mitten auf deiner Versammlungsstätte,
  sie haben dort ihre Zeichen als Siegeszeichen aufgestellt.
Es sah aus, wie wenn man emporhebt
  im Dickicht des Waldes die Äxte.
Und nun – ihre Holzschnitzereien allesamt
  mit Hammer und Beil zerschlugen sie.
Sie habe Feuer in dein Heiligtum geworfen,
  bis zur Erde haben sie die Wohnung deines Namens entweiht.
Sie haben in ihrem Herzen gesagt: »Wir wollen sie unterjochen allesamt.«
  Sie verbrennen alle Gotteshäuser im Land.
Zeichen für uns haben wir nicht mehr gesehen, einen Propheten gibt es nicht mehr,
  und keiner ist mehr bei uns, der wüsste: Wie lange noch?
Wie lange, Gott, wird höhnen der Widersacher,
  wird der Feind deinen Namen lästern für immer?
Warum ziehst du deine Hand zurück?
  zieh deine Rechte aus deinem Gewand heraus, mach ein Ende!
Doch ist Gott mein König von ureinst her,
  der Befreiung wirkt mitten auf der Erde.
Du – du hast zerspalten mit deiner Macht das Meer,
  du hast zerschmettert die Häupter der Schlangen über dem Wasser.
Du – du hast zerschlagen die Häupter Leviatans,
  du hast ihn zum Fraß gegeben dem Volk der Wüstentiere.
Du – du hast gespalten Quelle und Bach,
  du – du hast austrocknen lassen die immer fließenden Ströme.
Dein ist der Tag und ebenso ist dein die Nacht.

Du – du hast zugerüstet Mondleuchte und Sonne.
Du – du hast festgesetzt alle Grenzen der Erde.
   Sommer und Winter, du – du hast sie gebildet.
Gedenke doch: Der Feind höhnt dich, Adonai,
   und ein Toren-Volk lästert deinen Namen.
Nicht gib den wilden Tieren das Leben deiner Taube preis,
   das Leben deiner Armen vergiss nicht für immer!
Schau auf den Bund,
   denn voll sind die Schlupfwinkel des Landes von Gewalt.
Nicht bleiben sollen die Bedrückten in Schande,
   Arme und Elende sollen deinen Namen lobpreisen.
Steh auf, Gott, streite deinen Streit,
   gedenke deiner Verhöhnung, die von den Toren ausgeht den ganzen Tag.
Vergiss nicht das Geschrei deiner Widersacher,
   den Lärm deiner Gegner, der ständig aufsteigt.

Es ist eine lange Tradition, den Psalm 74 im Gedenkgottesdienst zum 9. November zu beten. Die Bildsprache dieses Psalms, etwa die der brennenden Gotteshäuser, erinnert uns an die Schrecken der Novemberpogrome. Neben diesen Vers schrieb Dietrich Bonhoeffer das Datum: 9. November 1938. So erschreckend naheliegend scheint der Bezug zwischen den Versammlungsstätten Gottes, deren Zerstörung der Psalm beklagt, und den in Brand gesteckten deutschen Synagogen vor 83 Jahren.

Heute, im Jahr 2021: Welches Datum würden Sie an den Rand dieses Psalms schreiben? Die Aktualität dieser Zeilen liegt nicht nur in der Vergangenheit. Der Anschlag in Halle, die Konjunktur von Verschwörungsdenken in der Pandemie, Demonstrationen vor Synagogen nach dem Angriffskrieg auf Israel, ansteigende antisemitische Gewalttaten in vielen deutschen Städten und – nicht wegdenkbar – der dauerhafte Polizeischutz vor Synagogen, jüdischen Schulen und Einrichtungen. Antisemitismus ist kein Problem der Vergangenheit, er ist eine gesellschaftliche Signatur jeder Zeit.

Deine Widersacher brüllten mitten auf deiner Versammlungsstätte, sie haben dort ihre Zeichen als Zeichen aufgestellt.

Ich könnte auch lesen:

Deine Widersacher brüllen auch heute auf deiner Versammlungsstätte,
sie stellen dort wieder ihre Zeichen als Zeichen auf.

Es gab Kontinuitäten, es gab Zeichen, die deutlich sichtbar waren, hörbar, unverhohlen ausgesprochen wurden. Welche Zeichen lassen uns wachsam werden? Der 9. November dient nicht nur einer Erinnerung an die Vergangenheit, sondern ist auch ein Tag, der daran erinnert, heute wachsam zu sein.

Der Psalm spricht von Zeichen der Widersacher und von brennenden Gotteshäusern. Wovon handelt der Psalm aber noch? Neben den Versen, die uns an die November-Pogrome erinnern, gibt es Verse im selben Psalm, die von der

Schöpfungs- und Handlungsmacht Gottes sprechen. Diese führen weit weg vom Jahr 1938. Erinnern wollen wir uns nicht nur an brennende Synagogen, sondern uns ins Bewusstsein rufen, an wen wir erinnern.

Warum ziehst du deine Hand zurück?

Zieh deine Rechte aus deinem Gewand heraus, mach ein Ende!

Es sind Imperative, die im Psalm 74 immer wieder an Gott gerichtet sind: *Gedenke deiner Gemeinde, erhebe deine Schritte, schau auf den Bund! Steh auf, streite deinen Streit, gedenke deiner Verhöhnung und vergiss nicht das Geschrei deiner Widersacher.* In diesem Psalm wird das enge Vertrauensverhältnis zu Gott deutlich: »Wir sind doch dein! Deine Gemeinde, Stamm deines Eigentums!« Vertrauen wird vorausgesetzt, wenn die Aufforderung erklingt: *Erhebe deine Schritte zu den ewigen Trümmern!*

Gott hat gehandelt und er wird wieder handeln. Gott hat aus der Hand der Feinde errettet und er soll es wieder tun. Nur wen ich kenne, fordere ich konkret auf, adressiere ich in der Befehlsform. In einer Notsituation, wenn es brenzlig wird und jede Sekunde zählt, wird die Befehlsform benutzt; jetzt ist es *imperativ*, dass gehandelt wird, dass Gott handelt. *Steh auf Gott, streite deinen Streit!* Es ist dein Streit, weil es hier um deine Gemeinde, den Stamm deines Eigentums geht!

Steh auf, Gott, streite deinen Streit. Rise, o God, champion your cause; zeig dich als der Champion, sagt die Stimme des Psalms.

Die Stimme des Psalms fragt laut und fordernd nach Gott. Der Blick zurück auf den 9. November lässt *uns* aber verstummen. Lesen wir den Psalm auf dieses Datum hin, sind wir es dann nicht auch, gegen die sich der Streit Gottes richtet?

Sieben Tage nach dem 9. November 1938 fragte Helmut Gollwitzer, wer denn heute noch predigen soll, wer von Buße predigen soll und ob nicht allen der Mund gestopft sei an diesem Tag. Ein verständlicher Impuls: Schweigen zu wollen. Demut zeigen zu wollen im Schweigen vor dem Geschehenen. In der Stille nach Gott fragen, wo warst du, wo bist du? Wie konntest du das zulassen? Die Frage nach Schuld kommt auf. Aber diese Frage stellen wir nicht Gott, diese Frage richtet sich direkt an uns.

Diese vielen Stränge von Mit-Schuld, Tat-Schuld, deutscher Familienschuld, Generationenschuld. Auch den Kirchen war der Antisemitismus näher als der Widerstand gegen ihn. Düster Deutschland Kaltland.

Allzu oft werden Nazis als Schablone des Bösen schlechthin verwendet. Eine solche Charakterisierung der Täter*innen als unmenschliche Monster kommt mir nicht nur falsch vor, sondern auch bequem und gefährlich. Das Böse kommt manchmal als Banalität daher.

Erschütternd, wenn Freunde, Nachbarn und Kolleginnen plötzlich als Feinde wahrgenommen werden. Und ebenso alarmierend diejenigen, die mitgelaufen sind und profitiert haben. Die das Rückgrat des Regimes bildeten, obwohl sie selbst keins hatten.

Sowohl im Menschsein der Täter liegt die wahre Dramatik als auch in den manchmal übersehenen Grauzonen der Geschichte: in der schleichenden Radikalisierung einer toleranten Gesellschaft; im Übersehen von Zeichen; welche Streitigkeiten hätten da alle gestritten werden müssen?

Wir fordern einen Streit ein im Gebet. Streite deinen Streit mit mir, mit meinem Wunsch, mich abzuwenden und den vermeintlich nur schönen, leichten Dingen zuzuwenden. Wie zynisch wäre es, Hoffnung, Solidarität und Nächstenliebe zu feiern, ohne zu bedenken, wie nah Teilnahmslosigkeit, nichts damit zu tun haben wollen, Zusehen auch in mir ist. Diese Potenzialität wachzuhalten, statt sich über andere zu empören, ist wertvoll.

Der Impuls zu schweigen liegt nahe, aber wir sind beauftragt zu sprechen. Zu nah ist das Schweigen an der Unfähigkeit zu trauern und der Unfähigkeit, sich mit Schuld zu konfrontieren – in der ersten, der zweiten, der dritten Generation. Zu nah wäre das Schweigen an einem Kreisen um sich selbst, an einer Melancholie, die nicht weiß, um *wen* es heute geht. Immer neu wollen wir lernen, um *wen* wir trauern: Heute geht es nicht um uns, sondern es geht um die Opfer der Jahre 1933 bis 1945 und um die Betroffenen von Antisemitismus zu *jeder* Zeit. Der 9. November steht wie ein Sockel im Ereignisstrang der Schoah wie ein Kulminationspunkt von kollektivem Antisemitismus, der in Taten, rohe Gewalt umschlägt. Wir entscheiden uns zu erinnern, um den individuellen Opfern zu gedenken.

An unterschiedlichen Orten in Berlin findet heute Gedenken statt, an ehemaligen oder aktuellen Synagogen. Es gibt Spaziergänge, die an Stolpersteinen vorbeiführen und an jüdische Menschen mit je eigenen Lebensträumen und Lebensgeschichten erinnern, deren Würde nicht im Ansatz geachtet wurde. Ebenso erinnern wir an *alle* Verfolgten des Naziregimes. Denen ihr Zuhause, ihre Familie, ihr eigenes Leben genommen wurde.

Die Realität der Vergangenheit wird erst bewusst, indem man sie erinnert, indem man sie ins Gedächtnis ruft und ihr einen Platz in der Gegenwart einräumt. Und dies um der Menschen willen, die in dieser Vergangenheit Opfer wurden von Menschenfeindlichkeit. Erinnerung heißt Widerstand gegen das Vergessen.

Woran erinnern?

An deine mächtige Hand, sagt der Psalm. *Warum ziehst du deine Hand zurück? Zieh deine Rechte aus deinem Gewand heraus, mach ein Ende!* Wenn deine Hand da wäre, würde sie zuschlagen. Deine Hand hat Sommer und Winter gebildet und die Grenzen der Erde festgesetzt. Deine Hand manifestiert deine Macht über diese Welt. Dein ist der Tag und ebenso ist dein die Nacht. Im Psalm wird an seine Stärke erinnert: Die von Adonai, der beim Namen gerufen wird. In Erinnerung liegt Stärke. Starkes Gedenken. Gott gedenkt.

Gott soll gedenken, זְכֹר, (*zᵉchor*) an seine Gemeinde. Dreimal der Wunsch im Psalm: Gedenke, Gott! Erinnere dich. »Mein König«, sagt der Psalmist, seit jeher, bist du. Seit jeher. Wir erinnern uns. Erinnere du dich, Gott, auch daran. Gedenke!

*Gedenke deiner Gemeinde, die du <u>ureinst</u> erworben hast; die du ausgelöst hast
als Stamm deines Eigentums!*

Der Psalm wehrt sich dagegen, bei einer Perspektive zu bleiben. Er erzählt
nicht von *einem* Datum *deutscher* Geschichte. Dieser Text darf nicht nur an die
Novemberpogrome erinnern, obwohl er in einem ganz anderen Kontext entstanden ist. Psalm 74 handelt nicht von uns, er zeugt von einem Gottesverhältnis,
über das *wir* nicht bestimmen. Dem Psalm wohnt eine Gegenbewegung inne: Hin
zur Erinnerung an die Schöpfungsmacht Gottes. Eine kollektive Erinnerung des
Volkes Israel, über die *wir* nicht verfügen.

Und: Der Psalm richtet sich auch nach *vorn*, auf die Zukunft aus. Für uns ein
Hinweis, dass jüdisches Leben fortlaufend, wie schon immer, lebendig ist.

9. November 2022
Französische Friedrichstadtkirche
Predigt zu Lukas 22,31–34

Ilse Junkermann

Simon, Simon, siehe, der Satan hat begehrt, euch zu sieben wie den Weizen. Ich aber habe für dich gebetet, dass dein Glaube nicht aufhöre. Und wenn du dann umkehrst, so stärke deine Brüder.
Er aber sprach zu ihm: Herr, ich bin bereit, mit dir ins Gefängnis und in den Tod zu gehen. Er aber sprach: Petrus, ich sage dir: Der Hahn wird heute nicht krähen, ehe du dreimal geleugnet hast, dass du mich kennst.

Ob die Erinnerung an Jesu Worte immer zu spät kommt? Erst dann, wenn das eingetroffen ist, was er angekündigt hatte? Bei Petrus war es so. Und oft, ja fast immer, war es so bei allen, die wie Petrus und die anderen Jünger und Jüngerinnen Jesus nachfolgten – besser gesagt: nachfolgen wollten. So oft haben sie sich an Jesu Worte zu spät erinnert; fast immer erst dann, als geschehen war, was Jesus angekündigt hatte.

Da sitzt er, Petrus. Und schaut zu, wie sie ihn, Jesus, verspotten, verhöhnen und bespucken. Er sitzt in der Nähe – und doch weit genug weg. Hat sich unter die gemischt, die im Hof beim Feuer sitzen. Wollen sie zuschauen? Oder warten sie nur, bis dieses Verhör vorbei ist, warten, wie es weiter geht? Und sie wieder gefragt sind als Handlanger und Dienerinnen der Mächtigen? Besser auf deren Seite zu sein, als unter die Räder ihrer Macht zu kommen.

Dort, unter diesen sitzt er. Und will unerkannt bleiben. Anonym. Nicht in Verbindung gebracht werden. Nicht das gleiche erleiden wie Jesus. Ob sein Herz zittert, als die Magd ihn direkt ansieht? Als sie ihn gegenüber den anderen identifiziert: *Dieser war auch mit ihm* (Lk 22,56). Er leugnet. Und erinnert sich nicht an Jesu Worte. Auch als ihn wenig später ein anderer genau mustert und direkt anspricht: Er leugnet. Und erinnert sich nicht an Jesu Worte. Und fast eine Stunde später, da bekräftigt es ein Dritter – und *er* bekräftigt zum dritten Mal: *Mensch, ich weiß nicht, was du sagst.* Er leugnet. Und erinnert sich nicht an Jesu Worte.

Da kräht der Hahn. Und Jesus schaut ihn an. Und Petrus erinnert sich. Und geht hinaus. Und weint bitterlich.

Ob die Erinnerung an Jesu Worte immer zu spät kommt?

Wer damals nachts aufgeschreckt ist vom Splittern des Glases, von den Schreien derjenigen, die aus ihren Wohnungen gezerrt wurden, von den Schmährufen der Handlanger, heute vor 84 Jahren – kaum einer sprang dem Nachbarn bei, kaum eine versuchte, die Nachbarin zu schützen. Oder gar das Gotteshaus der jüdischen Gemeinde. Lieber sich raushalten. Sich bedeckt halten. Nicht unter die Räder der Macht kommen. Jesu Worte? Spielen sie hier eine Rolle? Hatten diese Juden nicht eben das gleiche mit Jesus getan? »Schuld sind die Juden«, dieses Narrativ hatte Jesu Worte längst verdrängt. Nie hatte, nie hat Jesus aufgehört, Jude zu sein. Doch schon bald und selbstmächtig hatten die Christen Jesus von seinem Volk getrennt. Und auch seine Worte zu Barmherzigkeit, zu Nächstenliebe und Feindesliebe, seine Warnung vor Gewalt – schon lange hatten sie gar nicht mehr verstanden, dass sie zum Handeln jetzt, in der konkreten Gegenwart je und je, anweisen; zum Handeln gegenüber allen, unterschiedslos allen Mitmenschen.

Sie waren ersetzt durch die Worte: »Die Juden sind schuld«, ein Nährboden für Verfolgung und Ermordung, immer wieder durch die Jahrhunderte in Pogromen. Die Verfolgung und Ermordung im 20. Jahrhundert war die schlimmste, unfassbar schrecklich, in unvorstellbarem Ausmaß, genau geplant, minutiös umgesetzt, industriell organisiert – die systematische Ausbeutung und Ermordung von Millionen jüdischen Menschen in ganz Europa, Brüder und Schwestern Jesu.

Wie konnte das geschehen? In Jesu Worten an Simon finde ich einen wichtigen Hinweis: *Der Satan hat begehrt, euch zu sieben wie den Weizen.* Der Satan, ein böser Geist, treibt sein Unwesen, auch und gerade unter Jesu Anhänger*innen. Und: Sein Werkzeug ist das Sieb. Mit ihm kann man aussieben und aussondern. Das hatten Christen über die Jahrhunderte in Verfolgungen und Ermordungen getan. Das war der Boden, auf dem die Nationalsozialisten mit ihrem Sieben begannen. Gesiebt wurde nach und nach. Nicht alle auf einmal. Nach und nach nahmen die neuen Machthaber ihre Siebe in die Hand. Erst einmal ein allgemeiner Boykott:[1] von Läden, Geschäften und Warenhäusern, von Arztpraxen und Rechtsanwaltskanzleien. Das war das Signal: Diese wollen wir aussieben, ausgrenzen.

Nur eine Woche später das nächste Sieb: Der sogenannte Arierparagraph.[2] Zuerst betraf er die Beamten »nicht arischer Abstammung«, wie es hieß. Sie wurden in den Ruhestand versetzt, zwangsweise. Bald galt dieses Berufsverbot auch für Mitglieder anderer Berufsgruppen.

Nach den Menschen kamen die Bücher ins Sieb. Alle, die durch das Sieb des Judenhasses fielen, wurden verbrannt.[3]

---

[1]   Am 1. April 1933.

[2]   Vom 7. April 1933: »Gesetz zur Wiederherstellung des Berufsbeamtentums«.

[3]   Am 10. Mai 1933.

Und im Herbst dann das nächste Sieben, wieder im Kulturbereich, nun als Gesetz,[4] diesmal in Kultureinrichtungen wie Theatern und Orchestern. Auch hier: Berufsverbot. Gesiebt und ausgesiebt und ausgeschlossen.

Schon in den ersten neun Monaten der nationalsozialistischen Diktatur war das Muster erkennbar: Erst die Aktion – das Sieben und Ausgrenzen. Und dann das Gesetz, das die Aktion auf Dauer setzte und als Regel fest in der Gesellschaft verankerte.

Nach zwei Jahren Berufsverbot für einzelne Berufsgruppen, nach zwei Jahren Gewöhnung, dass diese Mitbürgerinnen und Mitbürger ›andere‹ sind, Ausgesiebte, nach zwei Jahren wurde dieses Sieben und Aussieben für *alle* gesetzlich geregelt: Die Nürnberger Gesetze[5] machten jüdische Menschen grundsätzlich zu Bürgern und Bürgerinnen zweiter Klasse. In den folgenden Durchführungsverordnungen wurden alle aus den weiteren öffentlichen Bereichen ausgesondert, insbesondere auch aus dem Wirtschaftsleben.

Ein Sieben nach und nach. Ein Aussieben, an dessen Ende klar ist: Die sind anders. Die sind bedrohlich. Die müssen bekämpft werden, sie bedrohen uns. Es ist besser, auf Distanz zu ihnen zu gehen. Die Familie nebenan, das sind nicht mehr freundliche Nachbarn, sondern Juden. Er ist nicht mehr ein guter und kompetenter Arzt oder geschickter Rechtsanwalt, sondern Jude. Sie ist nicht mehr eine begabte Lehrerin, der die Herzen der Kinder zufliegen, sondern Jüdin. Damit man diese ›anderen‹ sofort erkennen konnte, musste dies nun auch im Namen sofort erkennbar sein: Seit dem 17. August 1938 mussten alle jüdischen Bürger und Bürgerinnen den zusätzlichen Vornamen »Israel« oder »Sara« führen. So war es amtlich. So war es rechtens. Das sind die anderen, die Ausgesonderten, die durchs Sieb Gefallenen. Sie alle sind ›Israel‹ oder ›Sara‹. Und all die, die in den Sieben zurückblieben, fühlten sich mit jedem Siebegang besser; je länger je mehr: überlegen, »Herrenmenschen«, die Größten.

»Gut« (in Anführungszeichen!) vorbereitet war das Pogrom am 9. November 1938. Nach den neuen Gesetzen jetzt die nächste Aktion. Warum sollte man helfen? Warum sich in Gefahr bringen?

Nach und nach, mit jedem Siebevorgang mehr und mehr, wurde es Alltag: Die Ausgesiebten sind Menschen zweiter Klasse. Wir sind die Überlegenen.

Erinnerung an Jesu Worte? Nur wenige unserer Mütter und Väter, unserer Großmütter und -väter erinnerten Jesu Worte. Nur wenige erkannten in solchem Sieben und Aussieben und Aussondern das Werkzeug des Satans. Satan, das ist ein Name für den bösen Geist, in dem Menschen handeln; für den bösen Geist, mit dem sie zu Handlangern und Handlangerinnen von Niedertracht und Bosheit, Machtgier und Mordlust werden; und sich für die Besseren halten, die Größeren;

---

[4]   22. September 1933: »Gesetz zur Reichskulturkammer«.

[5]   Vom 15. September 1935.

die auf der richtigen Seite, die im Sieb bleiben. Die meisten Christ*innen wähnten sich dort – und wähnen sich dort bis heute.

Selbstüberschätzung und Selbsttäuschung. Wie Petrus. Als Jesus ankündigt, dass er und die Jünger von Satan gesiebt werden wie Weizen, irritiert ihn das gar nicht. Er ist sich sicher, *er* wird wie guter Weizen im Sieb bleiben, treu und fest an Jesu Seite in Gefängnis und Tod gehen. *Er* ist der Größte, so ist er sich sicher. Eben noch hatten die Jünger genau darüber gestritten. Diesen Platz behauptet er, Petrus, der Fels. Jesu treuester Gefährte. Er wird Jesus beistehen. Und scheitert schmählich.

Hat die Kirche, haben die Christ*innen realisiert, wie sehr sie Jesus verleugnet und verraten haben? Gerade dann, als sie wähnten, treue Kämpfer für ihn und seine Sache zu sein. Sie erkannten ihn nicht in ihnen, in ihren jüdischen Mitbürgerinnen und Mitbürgern, die zu geringsten Brüdern und Schwestern gemacht wurden, ausgesondert, verfolgt, geschlagen, ausgebeutet, ermordet.

Haben wir alles verwirkt?

Stehen wir heute an Petrus' Seite und weinen mit ihm? Nicht allein über die überhebliche Selbsteinschätzung, vielmehr auch über die millionenfache Mittäterschaft beim Sieben und Aussondern; nicht allein bei der Bereicherung an Hab und Gut der Verfolgten, der Ermordeten, auch beim Zu-, nein beim Wegsehen und Schweigen? Das Hab und Gut der Ermordeten wurde nach jener Nacht heute vor 84 Jahren und in den späteren Jahren an Tausenden von Orten versteigert. Millionen haben ein Schnäppchen gemacht. Erst vor wenigen Monaten habe ich erfahren, dass auch meine Oma mit ihren zwei Töchtern zu einer solchen Versteigerung zu Fuß in das Nachbardorf gegangen war. Als sie ankam, war das meiste schon verkauft. Nur zwei Figuren aus Marmor konnte sie noch erwerben. Eine ist verschollen, die andere hat mir meine Mutter kürzlich gegeben und ihre Geschichte dazu erzählt. Jetzt steht sie bei mir. Ein Mahnzeichen: Auch meine Familie hat sich gütlich getan am Aussondern und Sieben.

Haben wir alles verwirkt? Jesus weiß um Petrus' Versagen und das der Jünger. Und sucht es nicht zu verhindern. Er ermahnt sie auch nicht. Nur eines: Er setzt sein »Ich« gegen die Kraft des bösen Geistes; des bösen Geistes des Besser-Sein-Wollens, des Siebens und Sortierens. *Ich aber habe für dich gebeten, dass dein Glaube nicht aufhöre. Und wenn du dann umkehrst, so stärke deine Geschwister.* Jesus sagt Petrus seine Fürbitte zu. Jesus bittet um Gottes *gute* Geistkraft für Petrus. Sie lässt ihn nüchtern und realistisch erkennen, wie wenig er sich auf sich verlassen kann. Sie wird ihn aus Selbstgewissheit umkehren lassen und auf Jesu Weg an der Seite der Ausgesonderten führen. Und so soll er die Geschwister stärken: Dass sie, dass wir unsere Gewissheiten nüchtern erkennen und hinter uns lassen; erkennen, dass *wir* alles verwirkt haben. Dass wir umkehren und neu auf Jesus und seine Worte hören. Und ihn endlich verstehen als ganz beheimatet in seinem, in Gottes erwähltem Volk. Und uns endlich verstehen als die aus den Völkern, die er »auch erwählet«[6] hat, *auch!*

Davon lebt die Kirche, davon leben wir: Von Jesu Fürbitte um Gottes gute Geistkraft für uns. Und das ist sein Auftrag an uns: die Geschwister im Glauben zu stärken: Zum Widerstand gegen alles Sieben und Aussondern, denn das ist vom Teufel. Ja, Jesus, bitte für uns! Amen.

---

[6]   Vgl. EG 293,1.

III. Predigten zum 27. Januar

27. Januar 2002
Französische Friedrichstadtkirche
Predigt zu Römer 9,14–25a

Christian Staffa

Ich grüße Sie zum 27. Januar, an dem wir zusammengekommen sind, um dem Schmerz nachzugehen, nicht nur dem der »Anderen«, der Opfer, sondern auch dem unseren über das Versagen der Kirche. Wenn man nach einem passenden Text zu diesem Tag sucht, kommt jeder biblische Text in Frage, weil jeder Text der Bibel mit der Frage nach der Menschlichkeit der Christen, mit der Frage nach ihrer Beziehung zum jüdischen Volk verbunden ist. Besonders gilt das sicher für Paulus. Einerseits Kronzeuge der Judenverächter und andererseits Quelle des Aufbruchs nach 1945. Insbesondere Römer 9–11. Deshalb passt der Predigttext für den heutigen Sonntag, Röm 9,14–24, in besonderer Weise. Ich lese bis Vers 25a:

Was sollen wir nun sagen?
    Gibt es etwa Ungerechtigkeit bei Gott?
    Nicht doch!
Zu Mose spricht er nämlich:
    Ich werde mich erbarmen, wessen ich mich erbarmen will,
    und werde Gnade erweisen, wem ich Gnade erweisen will (Ex 33,19).
Also liegt es nicht an dem, der will oder der läuft,
    sondern am sich erbarmenden Gott.
Die Schrift spricht nämlich zum Pharao:
    Eben dazu habe ich dich erweckt, damit ich an dir meine Macht aufzeige
    und damit mein Name verkündigt werde auf der ganzen Erde (Ex 9,16).
Bei wem er also will, erbarmt er sich,
    und bei wem er will, verhärtet er.
Du magst mir nun sagen:
    Was also tadelt er noch?
    Seinem Willen, wer kann sich (ihm) entgegenstellen?
O Mensch, wer bist du denn, dass du mit Gott rechten willst?
    Wird doch nicht das Gebilde zum Bildner sprechen:
    Warum hast du mich so gemacht?
Oder hat etwa ein Töpfer nicht Macht über den Ton, aus demselben Klumpen ein Gefäß

zur Ehre, ein anderes aber zur Unehre zu machen?
Wenn aber Gott – im Willen, seinen Zorn zu erzeigen und seine Macht kundzutun –
> *die Gefäße des Zorns, zum Verderben bestimmt, in großer Langmut ertragen hat –*
auch damit er kundtue den Reichtum seiner Herrlichkeit an den Gefäßen des Erbarmens,
die er zuvor bereitet hat zur Herrlichkeit –
der auch uns berufen hat nicht allein aus den Juden, sondern auch aus den Heiden,
wie er auch bei Hosea sagt:
> *Ich werde, was nicht mein Volk war, »mein Volk« rufen,*
> *und die Ungeliebte »Geliebte« (Hos 2,25).*

Ein theologisch hoch aufgeladener Text. Ein Lehrstück. Sofort hören wir Anklänge der Vernichtung: Gefäß zur Unehre zum Verderben bestimmt, wie schaurig nah an der Realität, wie nah an den Wünschen Luthers, die Tora zu verbrennen, die Synagogen zu zerstören, der Realität von Auschwitz, Gefäße zum Verderben bestimmt. Hören auf den Text ist nach Auschwitz ein anderes Hören. Aber trotzdem versuche ich zunächst eine Annäherung an Paulus:

Paulus ist Jude wie Jesus. Er hat den auferweckten Jesus gesehen auf dem Weg nach Damaskus und ist überzeugt, dass nun die Zeit gekommen ist, dass die Völker, also die Nichtjuden, die Heiden, eingeladen sind, zum Zion zu kommen. Aber was ist nun mit den Juden, die nicht zu den Gemeinden gehören wollen, weil sie an Jesus Christus nicht glauben können? Jene, die sich für Paulus überraschend nicht taufen lassen? Sie sind seine Brüder und vermutlich auch Schwestern nach dem Fleisch, wie er zum Eingang in dieses spannungsgeladene Kapitel 9 sagt. Es sind seine Geschwister, um die es ihm leidtut, dass sie seinen Weg nicht mitgehen können. Im Verhältnis zum Volk Israels steht für Paulus, wie wir sehen werden, mehr auf dem Spiel als diese Trauer.

Zunächst: Was ist los in Rom, dass er in dem Brief an die römische Gemeinde so ausführlich sich diesem Thema widmet? Es scheint zu einer Verfolgung von Juden in Rom gekommen zu sein, die sich entweder zu der messianischen Gemeinde aus Juden und Heiden zusammengefunden hatten – für die Römer selbstverständlich, viel selbstverständlicher als für uns heute: eine jüdische Sekte –, oder sich der judäischen Opposition gegen Rom gleichsam in der Höhle des Löwen angeschlossen hatten. »Was tun?«, wird sich die Gruppe aus getauften Juden und Heiden gefragt haben, die ja noch Teil der Synagogengemeinde war. Paulus hört davon und sieht hier die Bewährungsprobe für *die Gemeinde Jesu Christi.* Schon diese eher harmlose Situation fordert Paulus heraus, das Verhältnis zum Volk Israel grundlegend zu klären.

Und welch eine unverbrüchliche theologische Solidarität kommt hier zum Vorschein. *Sie haben die Erstlingsschaft, die Ehre, den Bund, die Gabe der Tora (nicht das Joch des Gesetzes – sondern die Gabe, das Geschenk des Gesetzes), sie haben die Verheißungen der Väter und die des Messias Christus Jesus.* So heißt es in den ersten Versen des Kapitels. Das ist Israel, wohlgemerkt, das *ungetaufte* Israel.

Also das Israel, das von vielen neutestamentlichen Exegeten, Systematikern, von Martin Luther und Augustin als verworfen, unter dem Joch des Gesetzes stehend beschrieben und damit real verworfen, den jeweils herrschenden, oft den eigenen Kräften ausgeliefert wird.

Nun drängt sich natürlich die Frage auf: Was haben dann wir, die Gojim, die Heiden oder Griechen und Barbaren hier verloren, wenn Israel dies alles hat? Ja, was ist mit uns? Mit uns Hinzugekommenen? Mit dieser Frage haben sich die Alte Kirche, die Reformation und die Christenmenschen der folgenden Jahrhunderte gnadenlos beschäftigt. Israel, die ungetauften, also die Mehrheit der Juden, blieben ein Stachel in der Glaubensgewissheit. Ein Stachel, den man ziehen zu müssen glaubte. Ach, hätten die alten und neuen Christen nur auf Paulus gehört. Nicht gesprochen, nicht geschwiegen, sondern gehört!

Das war und ist sicherlich keine leichte Aufgabe, weil schon Paulus ringt, mit der Frage ringt, wie es denn sein kann, dass es Juden gibt, die seinen Weg nicht gehen können. Doch so sehr er manchmal verzweifelt und sogar seine jüdischen Zeitgenossen unflätig beschimpft, eines ist für ihn unaufgebbar: die Wahrhaftigkeit, die Gerechtigkeit Gottes, die sich an der bleibenden Erwählung Israels zeigt. Er erinnert an Mose, der auch verzweifelt vor Gott stand, bittend um ein Zeichen, angesichts des um das Goldene Kalb sich abtrünnig versammelnden Volks. Bittend um ein Zeichen, das ihm die Vermittlung leichter machen würde, ein Beweis für das Volk, dass sich der Weg in die Freiheit lohnt. *Ich werde mich erbarmen, wessen ich mich erbarmen will.* Diese schon etwas herrisch anmutende Antwort Gottes wird von Paulus noch gesteigert. *Hat etwa ein Töpfer nicht die Macht über den Ton, kann er nicht aus ein und demselben Ton Gefäße der Ehre und Gefäße zur Unehre machen. Kann er nicht die Gefäße des Zorns, zum Verderben bestimmt, in Langmut tragen? Um die anderen erst Recht zur Herrlichkeit zu bereiten.* Fast scheint es, als erschrecke Paulus hier vor seiner eigenen Logik, vor dem Zu-Ende-Denken, was denn nun nach der Langmut Gottes mit den Gefäßen der Unehre passieren soll, denn er bricht ab und wechselt wieder auf die Seite des Gnadenhandeln Gottes: *So sind wir berufen aus Juden und Heiden.* Aus Nicht-mein-Volk wird Mein-Volk und aus der Ungeliebten wird die Geliebte. Aus Verstockten werden Hörende, aus Gelangweilten Engagierte, aus Ungerechten werden Gerechte, im Hören und Tun. Paulus setzt nach Vers 25 erneut an und nimmt das Thema des Verhältnisses Israels zu der Christus-Gemeinde aus Juden und Heiden immer wieder auf, bis er im elften Kapitel sagt: *Ganz Israel wird errettet werden. Denn unwiderrufen sind Gottes Gnade und Berufung.*

Was würde denn geschehen, wenn die Berufung, der Bund und die Verheißungen widerrufen würden? Dann wäre auch die Berufung der Gojim, der Barbaren und Griechen, unsere und auch Paulus' eigene Berufung zum Apostel nichtig. Ohne Israel kein Christentum, ohne Sarah, Abraham, Jakob, Lea, Rebecca kein Jesus. Die Verheißung vom Frieden Gottes, die mit diesen Namen verbunden ist, bis hin zu der, dass die Herrschaft des Todes durch die Auferweckung Jesu gebrochen ist, wäre hinfällig. Zeigte sich doch dann, dass Gott sich von den anderen Göttern und Götzen nicht unterscheidet. Willkür wäre das, echter Despotismus, der auch das Christusgeschehen, das Hinzukommen der Völker nichtig machen könnte, wenn's jenem Gott gerade beliebte. Deshalb: Ohne Israel kein Christentum! Das ist Paulus' Botschaft, im Verhältnis zu Israel steht alles auf dem Spiel. Aus Alt mach Neu, alt zum Verderben, neu zum Leben, das ist nicht der Gott, der sich freiwillig gebunden hat an Israel.

Diese Erwählung wiederum, diese Geschichte Gottes mit seinem Volk war und ist nicht ziellos, nicht willkürlich, sondern will Gerechtigkeit schaffen, Leben ermöglichen ohne Herrschaft: *Nicht weil euer ein Mehr wäre gegen alle Völker, hat der Ewige sich an euch gehangen, denn ihr seid ein Minder gegen alle Völker* (Dtn 7,7). Ein Minder, das ist eben das Sklavenvolk, das nach Freiheit und Gerechtigkeit dürstet, das sich auf Gottes Gerechtigkeit einlässt, seinen Geboten, seiner Weisung folgt. Auch wenn es dieser Weisung nicht in allen, sondern nur als Rest folgt, lässt Gott es nicht los. Das ist das Wesen der Gnade, die für Paulus und in seiner Folge für den Protestantismus so zentral ist. Die Gnade eines Despoten kann kommen und gehen, die Gnade dieses Gottes Israels bleibt. Deshalb wäre der Verlust Israels auch der Verlust des Christentums. Der Verlust der Verheißung des wahren Menschseins auch für die Christen.

Warum haben sie nicht gehört, die Christen, warum musste diese bleibende Erwählung sie so kränken, dass sie hasserfüllt oder verunsichert selbstsicher den Juden nur Verachtung entgegenbringen konnten?

Jeder Bibeltext musste – und muss leider noch oft genug – in diese Richtung gepresst werden: Siehe, das Alte ist vergangen, das Neue ist nah herbeigekommen. Die Arbeiter im Weinberg: Natürlich sind die Murrenden die Juden, die noch in fortschrittlichen Interpretationen vielleicht gar für Verwertungszwang und materielle Logik stehen. Der Sohn, der beim Vater bleibt, und über die freudige Aufnahme des »verlorenen« Sohns durch den Vater verbiestert ist: ein Jude; die Gefäße der Verachtung oder Unehre zum Verderben bestimmt: die Juden.

Paulus' Frage hat sich schon vor Auschwitz, lange vorher, für uns verändert. Nicht mehr: Wie kann es sein, dass den Juden die Verheißung bleibt und wir eine Gemeinde aus Christen und Juden bilden? Sondern: Wie kann es sein, dass die christlichen Kirchen so wenig Selbstbewusstsein, so viel kranke Herrschsucht entwickeln konnten, dass sie die Juden taufen, umbringen oder drangsalieren mussten? Die Christen, die doch das Gebot der Nächstenliebe als ihr Ureigenes und nicht das der Juden verkauften. Für die Juden ist bis heute in Predigten und Zeitungsartikeln die Rache reserviert, der Rachegott und das berühmte fatale Auge um Auge: Das Alte gegenüber dem liebenden Neuen, dem Christentum, der Religion der Feindesliebe. Wie kommt es dann, dass diese christliche Liebe sich auch vor dem Letzten nicht scheute, der Beteiligung am Mord am jüdischen Volk?

Hier beginnt unser Stammeln, unser Abbruch der Rede aus völlig anderen Gründen als bei Paulus. »Was hat nun uns und unserem Volk und unserer Kirche all das Predigen und Predigthören genützt die ganzen Jahre und Jahrhunderte lang ... Was muten wir Gott zu, wenn wir jetzt zu ihm kommen und singen und Bibel lesen, beten, unsere Sünden bekennen, so als sei damit zu rechnen, dass er noch da ist ...« So stammelte Helmut Gollwitzer am 16. November nach der Pogromnacht 1938. Schweigen sollten wir und doch sollen wir sprechen. Sprechen von dem Versagen der Kirche, von denen, die es schon in der Kirchengeschichte bis heute besser verstanden haben, die es zu unserem Glück gibt, aber auch von jenen, die diese bleibende Erwählung Israels und damit die eigene radikal infrage gestellt haben. Das ist ein schmerzhafter Prozess, die eigenen Ikonen zu entthronen. Auch jene modernen Theologien, die sich politisch fortschrittlich verstehen und ohne Gnade nur vor der Folie des veralteten patriarchalen, machtbeflissenen Judentums ihren revolutionären Christus entfalten können.

Eine Revision ist billig nicht zu haben:»Das Verbrechen ist das Gelächter des Teufels über all die netten christlichen Forderungen, die andere Wange hinzuhalten und die Feinde zu lieben«. Dieser Satz von Eliezer Berkovits, einem jüdischen Überlebenden und Theologen, markiert die Anforderung, vor der wir noch immer stehen. Können wir es erklären? Können wir erklären, warum Luther die Synagogen abreißen wollte, die Tora verbrennen; warum ein Herr Fichte glaubte, den Juden nur den Kopf abschlagen zu können, selbst wenn man sie taufte, um ordentliche Menschen aus ihnen zu machen? Können wir Herrn Dibelius verstehen, damals Generalsuperintendent der Kurmark, der glaubte, sich als guten Antisemiten verstehen zu müssen? Können wir verstehen, warum im Stuttgarter Schuldbekenntnis kein Wort von den Juden ist, wie auch im ersten Darmstädter Wort der Bruderräte?

Nein, das ist alles noch nicht lange her, es ist gestern und heute und hoffentlich nicht morgen. Können wir es erklären, können wir es ändern? Woher kommt das Gewaltförmige des Christentums? Woher kommt das fehlende Ringen mit der Tiefe des Reichtums von Gottes Gnade, stattdessen ein Niederringen des vermuteten Feindes? Der Versuch, die Wurzel abzuschneiden, die uns trägt? Da hilft kein: Die anderen sind ja auch nicht besser. Ein Identitätsproblem? »Dein Auto ein Japaner, dein Restaurant ein Italiener, dein Christus ein Jude«. Eine Verunsicherung, bleibend, dem eigenen Glauben nicht wirklich trauen?

Diese Fragen zu hören, Berkovits' Blick auf das Leben der Holocaust-Überlebenden auszuhalten und Gedenken als Ruf zu hören. Die Fragen nicht abzuwehren, sondern an uns herankommen zu lassen, an die Wurzeln unseres Glaubens. Antwortversuche auch stammelnd zu wagen. Dabei sind wir nicht allein. Die Namen von Lothar Kreyssig und Franz von Hammerstein, die nicht nur Aktion Sühnezeichen gegründet haben, Marga Neusel, die verzweifelt an die Kirchentüren klopfte für ihre jüdischen Brüder und Schwestern, und viele andere mehr von den zu wenigen sind Zeugen, dass dieser Weg gegen die Ängstlichkeit gangbar ist. Sich erschüttern lassen für ein neues Leben. Das ist die Verheißung. wenn wir mit diesen Zeuginnen und Zeugen uns radikal anrühren lassen; wenn wir wirklich hören, werden wir erfahren, was Gnade ist, und ein Stück neuen Lebens auf Gerechtigkeit hin gewinnen

27. Januar 2003
Jerusalemskirche
Predigt zu Matthäus 8,5–13

Matthias Loerbroks

Als er nach Kapernaum hineingegangen war, kam ein Hauptmann auf ihn zu und sagte: Herr, mein Bursche liegt zu Hause gelähmt und sehr gequält.

Sagt er zu ihm: Ich komme selbst, um ihn zu heilen.

Der Hauptmann antwortete: Herr, ich bin es nicht wert, dass du unter mein Dach kommst. Aber sprich nur ein Wort, und mein Bursche wird geheilt.

Denn auch ich bin ein Mensch unter Vollmacht, und ich habe Soldaten unter mir. Sage ich zu einem: Geh!, so geht er; und zu einem anderen: Komm!, so kommt er; und zu meinem Knecht: Tu das!, so tut er es.

Als Jesus das hörte, staunte er und sprach zu den Nachfolgenden: Amen, ich sage euch, bei niemandem in Israel habe ich so großes Vertrauen gefunden.

Ich sage euch aber: Viele werden vom Osten und vom Westen kommen und mit Abraham, Isaak und Jakob zu Tisch liegen im Reich der Himmel.

Die Söhne und Töchter des Reichs aber werden hinausgeworfen in die Finsternis draußen. Dort wird sein Heulen und Zähneknirschen.

Und zum Hauptmann sprach Jesus: Geh! Wie du vertraut hast, so geschehe dir. Und geheilt wurde sein Bursche zu jener Stunde.

Kapernaum, *Kfar Nachum* – das Wort hat nicht nur geographische Bedeutung, sondern auch programmatische: das Dorf des Trostes. Der Ort, an dem die frohe und heilsame Botschaft in Wort und Tat aufleuchtet. Der Ort nun auch, an dem es um die Bedeutung Jesu im Verhältnis zwischen Israel und den Völkern geht. Ein Offizier der römischen Besatzungsmacht tritt an Jesus heran, weil sein Bursche krank darniederliegt und weil Jesus bereits ein Ruf als Krankenheiler vorausgeht; und dieser Ruf ist nun auch in nichtjüdische Kreise vorgedrungen. Jesus erklärt sofort seine Bereitschaft zu kommen, und das ist überraschend, denn an anderer Stelle weist er eine ähnliche Bitte aus der Völkerwelt schroff ab, besteht darauf, nur zu den verlorenen Schafen des Hauses Israel gesandt zu sein. Hier aber ist es der Hauptmann selbst, der das Problem der Beziehungen zwischen Juden und Gojim aufwirft: *Ich bin es nicht wert, dass du unter mein Dach eingehst* – er weiß, das wäre nicht koscher, Jesus soll sich nicht unrein machen – und braucht das auch nicht: *Sprich nur ein Wort.* Als Begründung dafür, dass ein befehlendes Wort

Jesu genüge, zieht der Hauptmann einen kühnen Vergleich zu seiner eigenen Stellung innerhalb der römischen militärischen Hierarchie: *Ich bin ein Mensch unter einer Macht, habe aber meinerseits Soldaten unter mir, die meinen Befehlen gehorchen.* So ist das, soll das heißen, auch mit Jesus: Er ist Gott unterworfen und verpflichtet, selbst aber fähig und berechtigt, andere (Streit-)Kräfte zu kommandieren, die ihm unterworfen sind: Krankheiten, lähmende und quälende, lebensfeindliche und lebensgefährliche Mächte.

Jesus staunt, und mit dieser Formulierung macht der Erzähler deutlich, dass Jesus, ehe er hier ein Wunder bewirkt, erst einmal eines erlebt hat, denn zur Form, zum Schema der Wundergeschichten gehört dieses Staunen wie auch die Verherrlichung Gottes durch die Zeugen. Als ein solches Gotteslob ist hier die Aussage zu verstehen, ein so großes Vertrauen bei keinem in Israel gefunden zu haben: Vertrauen in seine Person, seine Sendung, Bevollmächtigung, Befehlsgewalt. Jesus preist Gott für das Wunder, das er in der Völkerwelt getan hat, ähnlich wie er ihn etwas später – nicht zum Thema Israel und die Völker, sondern in innerjüdischen Gegensätzen – dafür preist, dass er »dies« vor Weisen und Klugen verborgen, Unmündigen aber enthüllt hat.

Doch der staunende Lobpreis nimmt eine polemische Wende: Zunächst wird die eine Erfahrung mit dem römischen Hauptmann ausgeweitet zu einer Vision von einer Art Völkerwallfahrt: Viele kommen aus Ost und West und liegen mit Abraham, Isaak und Jakob zu Tisch. Doch dann: Die Söhne (und Töchter) des Reiches (Gottes bzw. der Himmel) werden rausgeworfen, Finsternis, Heulen und Zähneknirschen. Nun ist zwar nicht sicher, ob mit den Kindern des Reiches tatsächlich Israel gemeint ist, aber jedenfalls der erste Eindruck ist: Die Völker kommen hinzu, haben Tischgemeinschaft mit Abraham, Isaak und Jakob=Israel – ein häufiges und sprechendes biblisches Bild für das Hinzukommen der Völker –, deren Söhne und Töchter aber werden verstoßen. Und das entspricht nun leider nur allzu genau jener Theologie, die zur theologischen Abschaffung Israels führte und so auch seiner physischen Ermordung den Weg bahnte.

Haben wir es hier mit einem allerersten Schritt in die Richtung einer Verwerfungs- und Ersetzungs-, Ent- und Beerbungstheologie zu tun? Wird bereits hier aus einer Jubelgeschichte über das Hinzukommen der Völker die düster unfrohe Botschaft von der Verwerfung und Verstoßung Israels? Ein erster Schritt also auf dem Weg, der nach Auschwitz führte, zum Massenmord an den Kindern Abrahams, Isaaks und Jakobs und so auch zu einem Mordanschlag auf den Gott Abrahams, Isaaks und Jakobs? Den Zusammenhang zwischen christlich-theologisch-theoretischer Abschaffung Israels und dem Massenmord mit dem nicht zufällig eschatologischen Namen »Endlösung« zeigt eine kurze Geschichte, die Helmut Gollwitzer erzählt:

»Ein namhafter deutscher Neutestamentler, der sich während des Kirchenkampfes in der Hitlerzeit ordentlich verhalten hat, nicht im Traume ein Nazi und Antisemit, erklärte mir einmal: Ich sage jedem Juden, mit dem ich über diese

Dinge spreche: Dich dürfte es als Juden gar nicht mehr geben; denn wärest du mit der Gottesgeschichte weitergegangen, die das Judentum überholt hat, dann wärest du Christ, und es gäbe kein Judentum mehr. Ich antwortete ihm zu seinem Schrecken: Dann gilt für die nazistische Form der Endlösung Heines Wort: Ich bin die Tat von Deinen Gedanken. Zu seinem Schrecken; denn er war sich natürlich nicht bewusst gewesen, dass er mit seiner Einstellung auf dem Wege stand, den die traditionelle christliche Judentumstheorie für die Endlösung gebahnt hat.«

Nun hat ja in der Tat Jesus in Israel wenig Vertrauen gefunden und nur wenige Anhänger. Was hier mit dem Hauptmann noch wundersame Ausnahme ist, wurde bald nach Ostern zur Regel: Die allermeisten Christen sind keine Juden, die allermeisten Juden keine Christen. Der Apostel Paulus, der über dieses ihn sehr quälende Rätsel lange nachgedacht hat, sieht gerade in dieser historischen Tatsache einen meisterhaften Plan Gottes, um so die Völker zu erreichen, dass sie nicht mehr aussätzig, getrennt von den Bundesschlüssen, ohne Hoffnung und ohne Gott seien. Doch statt sich darüber zu freuen, »dass er euch auch erwählet hat« (EG 293,1), und so in jeder Hinsicht zu Bundesgenossen Israels zu werden, waren diese heidnischen Christen durch das jüdische Nein zu Jesus so irritiert, dass sie kurzerhand den Spieß umdrehten und die Kinder Abrahams, Isaaks und Jakobs, die Kinder des Himmelreichs für von ihrem Gott verworfen und verstoßen erklärten und sich eifrig dranmachten, dieses angebliche Urteil auch gleich selbst zu vollstrecken. So gerieten die Juden überall in Europa in Finsternis und heulendes Elend, und so kamen die Christen ihnen auch nicht zu Hilfe, als es ihnen ans Leben ging, im Gegenteil. Denn die Christen aus den Völkern betrachteten sich selbst nun als neues Israel, als einzig legitime Kinder Abrahams, Isaaks und Jakobs. Heute wissen wir, wohin dieser Irrweg führte, versuchen darum umzukehren zu Wegen des Lebens.

Und darum sehen wir nun auch genauer hin, wer denn die sind, die hier in die Finsternis hinausgestoßen werden, wer sind die Kinder des Reichs? Kurz vor unserem Text steht die Bergpredigt, die lange Grundsatzrede, mit der Jesus sein öffentliches Auftreten beginnt. An ihrem Anfang stehen Seligpreisungen, deren erste und letzte in der Verheißung besteht: *Ihrer ist das Reich der Himmel:* Den geistig Armen wird das verheißen und den um der Gerechtigkeit willen Verfolgten. Die vorletzte Seligpreisung verheißt den Friedenstätern: *Sie werden Söhne und Töchter Gottes genannt werden.* Die Kinder des Reichs also nicht die Juden, sondern Jesusjünger, Christen?

Januar 1945. Da kommen sie von Osten und vom Westen. Im Osten erreicht die Rote Armee Auschwitz, Majdanek, Sobibor, Treblinka, im Westen die Briten Bergen-Belsen, die Amerikaner Dachau. Nur wenige Abrahams, Isaaks, Jakobs, Israels finden sie lebend vor und auch nur wenige Saras, Rivkas, Rachels und Leas. Essen und Trinken, das wird ihnen erst langsam wieder möglich sein, die meisten aber können in der Tat nur noch liegen. Die Kinder des Reichs aber, jenes Reichs, das sich seltsam apokalyptisch das Dritte oder das Tausendjährige nannte, gerieten sie angesichts dieser Aufdeckung eines organisierten Massenmords wirklich in seelische Finsternisse oder nur angesichts ihrer Niederlage und der beschämenden Einsicht, begeistert einer Mörderbande gefolgt zu sein? Wer war wirklich zerknirscht und wem war nicht aus Selbstmitleid, sondern aus Leid um die Ermordeten zum Heulen? Und was war mit den Christen? Auch die Minderheit, die unter ihnen die Bekennende Kirche bildete und die in diesen Jahren trutzig tapfer die doppelsinnige Lutherzeile »Das Reich muss uns doch bleiben!« (EG 362,4) gesungen hatte, hatte ja für die jüdischen Juden wenig getan. Und wie ging es weiter, als es den Deutschen, im Westen zuerst, aber dann auch im Osten, jedenfalls materiell nicht mehr finster ging, sondern glänzend, als sie aus dem, was man inzwischen Weltgemeinschaft oder internationale Gemeinschaft nennt, keineswegs mehr verstoßen waren, sondern angesehen und begehrt?

Noch einmal 1945: Viele tausend Juden und Jüdinnen aus Ost und West, traumatisierte überlebende aschkenasische aus den DP-Lagern Europas, sephardische, aus arabischen Ländern geflohen, gründen 1948 den Staat Israel und widerlegen so faktisch und handgreiflich die Jahrhunderte alte christliche Irrlehre vom Ende Israels. Nur wenigen Christen fällt das auf, gibt das zu denken. Sie, die zuvor meinten, ihrer sei das Himmelreich, und: das Reich müsse ihnen doch bleiben, entdecken nun, dass ihre kirchliche Lehre und Praxis den Massenmördern den Weg gebahnt hatte. Langsam und mühsam lernen sie, dass sie nicht mit dem Gott Abrahams, Isaaks und Jakobs zu tun haben können, ohne mit dessen Volk zu tun zu kriegen. In finsteren Momenten fürchten sie, sie seien nun das, was sie so lange von den Juden gelehrt hatten: ausgestoßen, verworfen. Und in noch viel finstereren Finsternissen halten sie es für möglich, dass auch der Gott Israels, dass auch der Jude Jesus ermordet wurden, als es ihrem Volk ans Leben ging, sie also nun nicht nur getrennt von den Bundesschlüssen der Verheißung, sondern auch ohne Gott, ohne Messias, ohne Hoffnung leben müssen. Einige von ihnen, von uns aber erleben immer wieder, trotz und in aller echten Verzweiflung und Zerknirschung, dass ihnen, dass uns doch auch im Finstern, im Land und im Schatten des Todes ein Licht aufgeht und aufstrahlt, weil wir wundersamerweise nach allem, was geschah, wieder mit Israel, dem Licht der Völker, ins Gespräch kamen. *Herr, wir sind es nicht wert, dass du unter unser Dach kommst, aber sprich nur ein Wort, so wird dein Knecht gesund.*

27. Januar 2004
Jerusalemskirche
Predigt zu Römer 1,16–17

Christian Staffa

Ich schäme mich nämlich des Evangeliums nicht, denn es ist Gottes Kraft zur Rettung für jeden, der glaubt, sowohl für den Juden als auch für den Griechen.
Denn Gottes Gerechtigkeit wird darin mitgeteilt aus Glauben zum Glauben, wie geschrieben steht (Hab 2,4): »Der Gerechte aber, aus Glauben wird er leben.«

Diese Worte von Paulus drängen uns geradezu ins Heute. Nicht nur ins allgemeine Heute mit seinem Stolz oder Evangelisch-aus-gutem-Grund oder vielen anderen Varianten der bemühten Positivschau. Sondern eher genau in dieses Heute, in den 27. Januar, in den Tag, an dem für viel zu wenige das Licht verspätet in die Finsternis fiel. Es leuchtete kaum, es glimmte nur noch und ging aus von den viel geschmähten gottlosen Kommunisten. Sie selbst kamen aus ihrem Tal der Tränen in das Tal, das das Leben verschluckte, das dem Leben sein grundsätzliches Recht bestritt. Sie kamen, um der Gottlosigkeit der Gläubigen und Ungläubigen ein Ende zu machen, nein, vielleicht ist das nicht richtig, sie kamen, um sich zu verteidigen und machten dabei dem Regiment des Todes ein Ende, ohne dem Tod ein Ende machen zu können. So hörte der Tod nicht auf.

Der Gerechte aber, aus Glauben wird er leben – Nein, hier lebte der Gerechte aus Glauben nicht, nicht aus Glauben, nicht aus irgendeinem Buchstaben, es lebte nur der Tod.

Wer aber wurde getötet? Jene, denen Paulus im Römerbrief das biblisch verbriefte Recht der Erstlingsschaft zusprach. Ihnen galt die Herrschaft des Todes zuerst und dann den Polen, den Sinti und Roma, den Russen, den Behinderten. Zuerst die Juden.

Und sollten wir uns also nicht schämen? Schämen, dass die Botschaft des Paulus, die Botschaft der Heiligen Schrift, die des Juden Jesus umgekehrt wurde. Dass dieser Glaube, der von den Juden kommt, sich gegen sie kehrte und mit ihnen zuerst den Mensch zur Verfügungsmasse der Herrschaft des Totenkopfes machte. Keine Scham?

Sollten wir nun wieder, wie schon viele seit 1945, sagen können, dass das Christentum recht eigentlich und ganz ungebrochen die Werte der Bewahrung des Menschen verkörpere, dass der Verfall der Werte vom Säkularismus, Liberalismus, der Gottlosigkeit komme?

Das Tal der Finsternis, das Tal der Gottlosen ...

»Ich habe mich trotz des bösen Klanges, den das Wort vielfach angenommen hat, immer als Antisemiten gewusst. Man kann nicht verkennen, dass bei allen zersetzenden Erscheinungen der modernen Zivilisation das Judentum eine führende Rolle spielt ... Gott segne uns Ostern und unsere Osterverkündigung!« So schreibt 1928 Otto Dibelius, damals Generalsuperintendent, nach dem Krieg Bischof von Berlin und Ratsvorsitzender der EKD, an seine lieben Brüder. Leider können wir mit diesen Zitaten von Christen Bücher füllen. Da könnte einem jüdischen Zeitgenossen schon einfallen, Gott nicht dafür zu loben, dass er die Heiden erwählt hat, ja, es könnte ihm oder einer zeitgenössischen Jüdin nahe liegen, Paulus zu verfluchen, dass er der sichtbare Initiator dieser Gemeinde aus Heiden und Juden war. Und dieser Fluch könnte uns schon länger in den Ohren klingen, nicht erst seit Auschwitz. Keine Scham?

Dieses antisemitische Bekenntnis, das damals der prägende Charakter der deutschen Christenheit und des deutschen Bürgertums war, wurde selten in Beziehung gesetzt zu der Vernichtung der Juden; ja die Vernichtung der Juden wurde überhaupt selten in Beziehung gesetzt zum Glauben, zur Theologie, zum je Glaubenden – jedenfalls nicht als Störung.

»... dass Gott nicht mit sich spotten lässt, ist die stumme Predigt des jüdischen Schicksals, uns zur Warnung, den Juden zur Mahnung, ob sie sich nicht bekehren möchten zu dem, bei dem allein auch ihr Heil steht«, so schrieben die vielgerühmten und auch an anderen Stellen zu rühmenden Bruderschaftschristen im Jahr 1948 in ihrem nun leider so unrühmlichen zweiten Darmstädter Wort, dem zur »Judenfrage«.

Vielleicht haben wir uns für solche Worte zu wenig geschämt. Vielleicht waren wir, und sind es manches Mal noch immer, ein bisschen gleichgültig gegenüber den Formen, die christlicher Glaube annehmen kann. Vielleicht schämen wir uns auch zu wenig aufgrund der Worte des Christen Martin Hohmann, der die Juden als Tätervolk bezeichnete in jener Rede, die so schön endete mit der Bitte um Gottes Segen für Deutschland.[1]

»We are not afraid of your God, we are not afraid of your Jesus, we are afraid of you.« Wir fürchten uns nicht vor eurem Gott, wir fürchten uns nicht vor eurem Jesus, aber wir fürchten uns vor euch. So singen Holly Near und die Klezmatics, eine jüdisch-amerikanische Gruppe.

Das sind ja nicht wir, wieso sollten wir uns also schämen?

Wieso überhaupt schämen, wo Paulus doch sagt, er schämt sich des Evangeliums nicht?

---

[1]   Vgl. zu dieser Rede Martin Hohmanns am 3. Oktober 2003 (Tag der Deutschen Einheit): https://de.wikipedia.org/wiki/Hohmann-Aff%C3%A4re [Zugriff: 29. 07. 2023].

Er schämt sich nicht des geschenkten Glaubens, der ihn leitet, ja treibt. Er schämt sich nicht der Rettung, die als Hoffnung im Glauben ihn beflügelt. Er schämt sich nicht wie die Korinther, dass Jesus kein weiser Grieche war, sondern ein Jude, ein auch damals von den Griechen nicht wirklich geachteter Tatbestand. Jungfrauengeburt lächerlich, unehelicher Sohn eines Handwerkers, gekreuzigt, wie ein Verbrecher, ein Jude. Nein, auch dessen schämt sich Paulus nicht. Dieses kleine randständige Völkchen, von den Griechen belächelt, von den Römern verachtet. Bei ihnen soll die Rettung der Menschheit angesagt, begonnen worden sein? Eine Rettung, die verspricht, dass die Verkehrung von Geschöpf und Schöpfer und damit der Tod ein Ende hat? Ein Ende, das auch die Angst der Kinder vor dem Stiefel auf dem Pflaster beendet. Die Tatsache, dass von diesem Frieden nicht viel sichtbar war, wird bei Paulus im Glauben hoffnungsvoll überschritten. Es wird sein, weil es begonnen hat, vom Zion her, im Glauben des Abraham, in der Auferweckung Jesu Christi.

Und deshalb schämt er sich der Kleinheit und Unscheinbarkeit Israels und auch des Evangeliums nicht, weil sie das Versprechen in sich bergen auf Rettung, genau durch das Kleine und Unscheinbare. Also doch keine Scham.

Stolz vielleicht? *Me genoito:* Das sei ferne, sagt Paulus. Sein Gegenbegriff zu Scham ist also allemal nicht Stolz, das mag für manche Debatte zur Beziehung der Deutschen zu Deutschland inspirierend sein.

Also keine Scham. Und fast scheint es, als hörte unsere Zeit die Worte von Paulus ganz ungebrochen. Haben doch wieder alte, sogenannte christliche, ja bürgerlich-christliche Werte Konjunktur. Die abendländisch christliche Kultur wird wieder en vogue, hat Oberwasser gegenüber den vielen Deformationen des Atheismus und Islamismus. Die Feindschaft gegenüber diesen Werten wird inzwischen als großer Fehler der 68er gewertet – mancher derer wertet es selbst so. Der Sieg über den Kommunismus wird zumindest in Deutschland christlich verbucht, und da ist ja auch viel dran und der DDR-Kommunismus sicher wenig verteidigenswert. Und doch ist die sich auch auf diese bürgerrechtlich orientierten Christen der DDR gründende Renaissance christlich-bürgerlicher Tugenden noch nicht das Evangelium.

Diese Renaissance hätte sich immer noch mit den Worten von Robert Raphael Geis, einem überlebenden Juden und Mitbegründer des jüdisch-christlichen Dialogs in Deutschland, zu beschäftigen und sich von ihnen bewegen zu lassen, die er einem gänzlich unbürgerlichen Denker, nämlich Helmut Gollwitzer, entgegenhielt. Helmut Gollwitzer hatte vom Zeugnischarakter des Evangeliums im Gespräch mit den Juden nicht lassen wollen. Natürlich ist das etwas anderes als das Beschwören christlicher Kardinaltugenden, die oft ununterscheidbar sind von den berühmten preußischen. Und doch war Rabbiner Geis verletzt und klagte vor dem Zeugnis die Scham ein.

Rebbe Geis schrieb Gollwitzer 1964: »Einmal hatte die Kirche die Chance des Christusbekenntnisses gegenüber uns Juden: im Dritten Reich. Diese Chance ist nicht wahrgenommen worden, sonst hätten Tausende und Abertausende von Christen für uns und mit uns in den Tod gehen müssen. [...] Menschliche Scham sollte eine Benutzung des Ausdrucks vom Zeugnischarakter des Christentums gegenüber dem Judentum in dem von ihnen gebrauchten Sinne verbieten.«

Menschliche Scham! Nun kommt also noch etwas auf uns zu: nämlich der Gedanke, dass gerade die Tatsache, dass wir uns nicht des Evangeliums schämen, uns in die menschliche Scham treibt.

Denn gerade die Tatsache, dass Christen sich Israels und des Evangeliums geschämt haben, also die ganz andere Gerechtigkeit Gottes dem völkischen Begriff von Recht anheimgegeben haben, diese Scham hat sie zu Zuschauern oder Bundesgenossen des Mordens gemacht. Der Druck war ja enorm, diesen so unvernünftigen und den Verhältnissen so widerstreitenden Glauben für belanglos, ja für schädlich zu erklären. Wer wollte da schon sich zeigen und unverschämt auf die Wertlosigkeit eines Evangeliums ohne Israel verweisen? Wer wollte sich dem großen nationalen Konsens entgegenstellen? Wer wollte gegen die Macht der Nazis als gottgewolltem Donnergrollen kenntlich machen das Säuseln und die Sanftheit des Gottes Israels; wer wollte gegen den Messias Hitler den jüdischen Messias Jesus setzen?

Und auch umgekehrt: Wer sich nicht menschlich dieses Versagens schämt, schämt sich des Evangeliums. Setzt doch die Befreiung durch das Gesetz zum Leben erst in den Stand, sich diesem Versagen zu stellen. Gerade, aber nicht nur, gilt dies für uns Nachgeborene, die die menschliche Scham nur empfinden können, wenn sie mit Paulus sich des Evangeliums nicht schämen.

Aber sind das alles die anderen? Reden wir da mal wieder nur von der Kirche oder dem Kulturchristentum, aber auf keinen Fall von uns?

Könnte es sein, dass ich als kritischer christlicher Zeitgenosse, dem der Schrecken über die Kälte der Theologie gegenüber dem eigenen Versagen in die Glieder und in den Glauben gefahren ist, mich auch für das Evangelium geschämt habe und nicht nur für die christlich-bürgerliche Kultur, die so ungerührt von Auschwitz einher lebte und lebt? Habe ich nicht lange genug bei der Frage, ob ich Christ sei, im Freundeskreis, auf der Baustelle oder in politischen Zusammenhängen, mit einem leisen »Ja«, und einem kräftigen »aber« geantwortet? Habe ich mich nicht eingerichtet in der wunderbaren, auch noch von vielen Atheisten bemühten – tendenziell unverstandenen – Metapher von der Theologie, die ja bekanntlich klein und hässlich ist, die Walter Benjamin an den Anfang seiner geschichtsphilosophischen Thesen stellt? Und habe ich mich andererseits im Fortgang der These nicht darüber gefreut – heimlich natürlich –, dass dieser hässlichen kleinen Theologie die Rolle des großen Lenkers des Schachautomaten zukommt? Unsichtbar und doch bestimmend, zumindest teilweise, was für ein passendes Bild, das noch vor Auschwitz geprägt wurde von einem Juden, der sich auf der Flucht vor den Nazis umgebracht hat.

Fast zerreißt diese Spannung zwischen Paulus, Auschwitz, den verschiedenen kalten Abwehrversuchen und dem eigenen Verschämtsein, das wiederum schwankt zwischen geschichtlicher und theologischer Berechtigung und Unsicherheit, vielleicht aber auch Angepasstheit an ein wenig glaubensfreudiges Umfeld.

Ein Ende der schamvollen Abwehrversuche nicht im Christlichen, aber im Säkularen – aber vielleicht gerade deshalb für uns wichtig –, versucht Anja Meulenbelt zu beschreiben und zu leben. Die feministische Autorin schreibt 1978 ein Buch mit einem Titel, der sicher auch bei manchen beim Hören des Textes hochgekommen ist: »Die Scham ist vorbei«. Damit meint sie das Verletzbar-Werden, das Sich-Aussetzen und Nicht-Verstecken des Schmerzes, des eigenen wie des fremden: »Lasst uns Geduld miteinander haben und uns ehrlich die Dinge eingestehen, die wir noch nicht können. Aber wir sollten uns nicht schämen. [...] Ich verstecke meine Verletzbarkeit manchmal hinter einer dünnen Schicht Zynismus. Überempfindlich, zu emotional, vielleicht sogar paranoid. Ich sehe wie in grellem Scheinwerferlicht, zehnfach vergrößert, die täglichen Details des Schmerzes anderer Frauen. Ich habe keine Abwehr mehr dagegen, keine Scheuklappen, ich sitze mittendrin wie ein Muscheltier ohne Schale. Die Scham ist vorbei.«

Ist vielleicht die Schale, sind die Scheuklappen bei uns dem Mechanismus jener anderen gar nicht so unähnlich, von denen es sich so leicht und mit Recht distanzieren lässt: Jene, die Israel opfern, wenn die öffentliche Meinung umkippt oder die Regierung dort nicht mehr wirklich den Ansprüchen eines demokratisch gesinnten, in friedlicher Umgebung lebenden deutschen Christenmenschen entspricht.

Paulus hält bis zur eigenen Verzweiflung und Ratlosigkeit an der unbedingten Solidarität mit Israel fest, obwohl er am Ende seiner Versuche zu verstehen, warum sich Israel dem auferweckten Jesus Christus nicht zuwendet, nur sagen kann: Es bleibt bei ihnen das Heil. Welch ein Geheimnis, welch *Mysterion*, welch Sakrament, welch eine Tiefe des Reichtums, so spricht Paulus. Wie anders doch als im Darmstädter Wort: »Den Juden zur Mahnung, dass sie zu dem kommen, bei dem allein ihr Heil ist.«

Wie viel mehr birgt der Titel von Friedrich-Wilhelm Marquardts Aufsatz »Mich befreit der Gott Israels« von diesem Geheimnis. Und wir ahnen das befremdliche Stirnrunzeln seiner akademischen Umwelt.

Um diese Kraft bitten wir an diesem 27. Januar, der uns die Folgen der Scham, die vollmundig das Evangelium der Kraft Gottes entzieht, schmerzhaft vor Augen führt – um diese Kraft bitten wir: uns Israels und der Gerechtigkeit Gottes, also unseres Glaubens, dessen Kriterien Befreiung vom Gleichschritt mit der Welt, das gelungene Leben und Lob Gottes sind, nicht zu schämen.

26. Januar 2005
Jerusalemskirche
Predigt zu Deuteronomium 6,20–25

Christian Staffa

Ihr möchtet wissen
Fragen stellen
und ihr wisst nicht, welche Fragen
und ihr wisst nicht, wie die Fragen stellen
deswegen fragt ihr
einfache Dinge
der Hunger
die Angst
der Tod
und wir wissen nicht zu antworten
wir wissen nicht, mit euren Wörtern zu antworten
und unsere Wörter
versteht ihr nicht
darum fragt ihr einfache Dinge:
Sagt uns beispielsweise
wie ein Tag verlief!
das ist so lang, ein Tag
ihr hättet die Geduld nicht
und wenn wir antworten
ihr wisst nicht, wie ein Tag war
glaubt ihr, wir können nicht antworten.[1]

Der Predigttext für diesen Gottesdienst zum Gedenktag an die Opfer des Nationalsozialismus, den morgigen Tag der Befreiung des Konzentrations- und Vernichtungslagers Auschwitz, steht im 5. Buch Mose, dem Deuteronomium, oder hebräisch im letzten Buch der Tora mit dem Titel »Reden«, *devarim*, im 6. Kapitel die Verse 20–25:

---

[1] CHARLOTTE DELBO, Trilogie. Auschwitz und danach, Frankfurt/Main 1993, 383.

Wenn dich nun dein Kind morgen fragen wird: Was sind das für Vermahnungen, Gebote und Rechte, die euch der HERR, unser Gott, geboten hat?,
so sollst du deinem Kind sagen: Wir waren Knechte des Pharao in Ägypten,
und der HERR führte uns aus Ägypten mit mächtiger Hand;
und der HERR tat große und furchtbare Zeichen und Wunder an Ägypten und am Pharao und an seinem ganzen Hause vor unsern Augen
und führte uns von dort weg, um uns hineinzubringen und uns das Land zu geben, wie er unsern Vätern geschworen hatte.
Und der HERR hat uns geboten, nach all diesen Rechten zu tun, dass wir den HERRN, unsern Gott, fürchten, auf dass es uns wohl gehe unser Leben lang, so wie es heute ist.
Und das wird unsere Gerechtigkeit sein, dass wir alle diese Gebote tun und halten vor dem HERRN, unserm Gott, wie er uns geboten hat.

Einen solchen Text an diesem Tag? *Dass es uns wohl gehe unser Leben lang.* Da stockt uns der Atem. Wir können diesen Text nicht hören, ohne die Bilder des Elends, wie Menschen dieses Wohlgehen in das totale Gegenteil verkehrt haben für Juden, Sinti und Roma und die Völker, die Deutschland überfallen hat. Können wir antworten, wenn unsere Kinder uns heute oder morgen fragen? Wie können wir fragen, wie könnten wir antworten?

Dieser Text ist der Leittext des Deutschen Evangelischen Kirchentages in diesem Jahr, das ja ganz von dem 60. Jahrestag der Befreiung von Auschwitz, der Befreiung oder Niederlage der Deutschen gezeichnet ist. Wir wollen diese Wahl des Kirchentages ernstnehmen und uns etwas für dieses Jahr sagen lassen.

Als wir in der Arbeitsgemeinschaft Juden und Christen beim Kirchentag, die es seit 1961 gibt, zusammensaßen und hörten, dass dieser Text: *Wenn dein Kind dich morgen fragt* das Leitwort des Kirchentages und Bibelarbeitstext werden sollte, war ich begeistert. Endlich ein Kerntext der jüdischen Tradition, ein Text, der das Ineinander von Geschichte und Gegenwart, das Überspannen von Zeit und Raum deutlich macht, ein Text, der von Befreiung spricht, Befreiung von der Sklaverei; ein Text über Freiheit und Gerechtigkeit; ein Text, der nach dem Tun, nach einer gottgefälligen Praxis fragt; ein Text, der uns Christen dazu bringen könnte, dieses biblische Lehrstück in ein produktives Verhältnis zur Geschichte von Kirche und Christen zu bringen. Was für eine kühne, aber doch enorm wichtige Entscheidung!

Die jüdischen Mitglieder der AG waren demgegenüber mehr als reserviert. Ja, sie waren zum Teil empört und in großer Sorge. »Wie könnt ihr diesen Kerntext unserer Glaubenspraxis einfach, ohne uns zu *fragen*, für solch ein Massenereignis wie den Kirchentag benutzen? Ohne *uns* zu fragen!« Im selben Kapitel, das nun als Ganzes Bibelarbeitstext des Kirchentags wird, steht in den Versen 4 und 5 das *Shema Jisrael:* Der HERR unser Gott ist *ein* HERR und du sollst den HERRN, deinen Gott, lieben von ganzem Herzen, von ganzer Seele und mit all deiner Kraft.

»Das wollt ihr Christen auslegen! Was kann dabei herauskommen, wenn nicht wieder und wieder Verzerrung! Das *Shema Jisrael* war der Ausruf, mit dem auf den Lippen oder im Herzen vor Auschwitz und vielleicht in Auschwitz viele Juden ermordet wurden. Es ist der Text, den viele von uns morgens und abends beten. Und ihr wollt euch diesen Text auf einem Kirchentag aneignen?«

Nach vierzig Jahren gemeinsamer Arbeit am jüdisch-christlichen Gespräch solch ein Misstrauen – ich war einigermaßen perplex. Unsere jüdischen Gesprächspartner und Freunde trauen uns nicht zu, diesen Text gegen Missbrauch zu sichern? Sie kritisieren eine so mutige Entscheidung, den Kirchentagsbesuchern diesen Text angemessen auszulegen, sie fühlen sich übergangen?

Zwei Dinge sind mir aufgegangen.

Erstens: In dieser Skepsis, in diesem Misstrauen liegt die Gegenwart des Mordens von Auschwitz und der jahrhundertlangen antijüdischen Gewalt meiner Kirche.

Zweitens: Auch ich, der ich seit zwanzig Jahren im jüdisch-christlichen Dialog arbeite, bin nicht gefeit davor, »ohne zu fragen« von einer solchen Entscheidung des Kirchentagspräsidiums begeistert zu sein. Noch immer habe auch ich nicht die Tragweite des Bruchs, die Tiefe des Grabens so präsent, mindestens zu überlegen: Könnte diese Entscheidung für unsere jüdischen Partner schwieriger sein als für uns? Das bedeutet nicht gleich, dem Einspruch zu folgen. Aber die Spannung sollte doch gegenwärtig sein. Der Wunsch, den Graben zu überspringen, ist groß, der Sprung kann aber nicht ohne dieses Fragen – wenn überhaupt – gelingen. »Ohne zu fragen« wird es keine Brücke geben.

Zu fragen ist von uns: Wie wirkt es auf euch, wenn wir »eure« Texte, die auch unsere sind, lesen? Welche Bilder habt ihr im Kopf? Wir müssen uns fragen: Wie wollen wir diese Texte lesen, nach Auschwitz?

Wohl doch nur so, dass wir sie hören, nicht als ureigenen, sondern als Text, der unser eigen ist nur darüber, dass wir hier dem Gott Israels und dem Vater Jesu Christi zuhören, dass wir Israel zuhören, wie es diesen Antwortversuch unternimmt. Ohne Israel kein Christentum, und deshalb ist das Hören auf diese Antwort für uns existentiell wichtig.

So lernen wir, wie Israel die Befreiung aus Ägypten über die Zeiten als gegenwärtig versteht. Jede Generation wird von der nachfolgenden Generation befragt und antwortet mit: *Wir waren Sklaven ...* Der zeitliche Abstand wird größer, und doch soll sich jede Generation als aus Ägypten befreit verstehen. Die Gebote, Vermahnungen und Rechte erfüllen die Aufgabe, Freiheit und Gerechtigkeit, die Ziel dieser Befreiung aus Ägypten waren, zu erhalten. Sie dienen dazu, die Herrschaft Gottes zu erhalten und damit die Herrschaft von Menschen über Menschen auszuschließen oder zu bekämpfen, mindestens aber einzudämmen.

Freiheit und Gerechtigkeit Gottes, darum geht es in jeder Generation, die Sklaverei, also die Ungerechtigkeit vor Augen. Jede Generation geht diesen Weg mit, um nicht in den so verführerischen und gewaltförmigen Konkurrenzkampf um Reichtum, Liebe, Macht, um das »ich bin besser als du« zu verfallen. Um sich nicht abzufinden damit, dass der Fremde drangsaliert wird, der Nachbar zum Feind wird, das Recht zum Unrecht für die Armen, Witwen und Waisen. So gedenkt Israel praktisch der eigenen Befreiung, indem es Freiheit und Gerechtigkeit zum Schutz jeden Lebens für sich und die Fremden als Richtlinie der Weisungen und Satzungen umzusetzen versucht. Wir wissen, dass Israel dabei auch Mühe hatte, abfiel von den Geboten. Aber wir wissen auch, dass diese unbedingte Verpflichtung zum Schutz des Lebens einer der Gründe wurde, warum der Nationalsozialismus mit seiner Lebensfeindlichkeit das Judentum auszurotten versuchte. Dass die Kirchen dies nicht gesehen haben, ja dass sie nicht der eigenen Botschaft, sondern dieser Religion des Todes folgten, gehört zu den schmerzhaftesten Erfahrungen des christlichen Glaubens, die abzuwehren so sinnlos wie üblich ist.

Umso eher ist es ein Wunder, dass wir diesen Text noch hören können – können wir ihn hören? Wir dürfen ihn hören, obwohl der Tod nicht zuletzt ein christlicher Meister aus Deutschland war, der Shulamits Haar und ihr Leben genommen hat.[2] Es wäre ja viel vorstellbar gewesen an möglichen Strafen für die Beteiligung am Morden, für das frohe Begrüßen des Nationalsozialismus als endlich neuem Geist, für den nun kräftiger gebetet werden muss, dessen Boykott jüdischer Geschäfte am 1. April 1933 vor dem Ausland als berechtigtes deutsches Interesse gegen das Überhandnehmen der Juden im Handel vom damaligen Generalsuperintendenten Dibelius verteidigt wurde. Viel an biblischen Strafen wäre möglich gewesen, bis hin zum Tod. Und tatsächlich hatten ja viele Deutsche weniger die Judenvernichtung, aber doch die deutsche Kriegspolitik mit dem Leben bezahlt. Aber gerade wir Christen, die gegen die eigenen Grundlagen, gegen die biblische Orientierung so eklatant verstoßen haben, hätten ja auch enterbt werden können: Gott hätte doch nach einer geraumen Zeit Geduld mit den Kirchen zu der Einsicht kommen können, dass wir das Evangelium, die befreiende Botschaft doch nur gegen andere, offenkundig allzumal gegen das jüdische Volk verwenden können. Dass wir heute diese Texte aus der Hebräischen Bibel und dem Neuen Testament noch lesen dürfen, ist also gar nicht selbstverständlich. Und das wäre wohl das erste, was zu sagen wäre, wenn unsere Kinder uns heute oder morgen fragen: Was sollen denn Gottesdienste, was die Gedenktage, was soll das Holocaust-Mahnmal, was ist der Israel-Sonntag, wo sind die Orientierungspunkte christlicher Existenz?

Von dieser Schuld zu erzählen, ist nicht so einfach in einer Zeit, die von Schuld nur in monströser Form vergangenheitsbezogen – Auschwitz ist das Böse – oder eben nicht zu reden weiß. Wenn aber nicht von Schuld zu reden ist, dann ist das Reden von der Gnade, dem Leben-Dürfen auch nicht zu verstehen. Stumpfheit

---

[2]   Anspielungen auf PAUL CELANS »Todesfuge«, die im Internet vielfach zu greifen ist.

gegenüber Schuld und Verfehlung lässt Gnade und Bedürftigkeit, lässt das Leben verschwinden.

Wenn uns die Kinder fragen, werden wir also Geschichten erzählen müssen, Geschichten von Paulus, der die Jesus-Gemeinde öffnete für die Nicht-Juden, von der frühen Kirche, die es als großen Angriff erlebte, dass es Juden überhaupt noch gab. Und die Geschichten der Verfolgungen der Juden durch die Jahrhunderte. Auch die Begeisterung so vieler Christen in Deutschland und der meisten kirchenleitenden Menschen für den Nationalsozialismus sollte in dieser Geschichte beschrieben sein. Es tut weh, diese Geschichten zu erzählen. Und nicht um den Schmerz zu umgehen, sondern um die Geschichte nicht halb zu erzählen, muss dann auch von den anderen Christenmenschen erzählt werden, die dem nicht folgten. Sei es im 18. Jahrhundert Philipp Spener, ein wahrhaft frommer Mann, der sagte: Wie könnten wir diesem Gott vertrauen, wenn er seine Zusage an das Volk Israel nicht einhalten würde, wenn sie nicht sein Volk wären, wie er versprochen hat? Könnten wir Christen dann noch auf Gott vertrauen, dass er seine Zusage an uns aufrechterhält? Ohne Juden kein Christentum!

Es wäre zu erzählen von Marga Neusel, die immer und immer wieder die Kirchenleitung der Deutschen Evangelischen Kirche dazu drängte, etwas für die Rettung der Juden im NS-Deutschland zu tun. Es wäre zu erzählen von Wilm Hosenfeld, dem Offizier, dem Roman Polanski ein Denkmal in seinem Film »Der Pianist« gesetzt hat. Jener Offizier, der aus christlichen Motiven Wladyslaw Spylman rettete im zerstörten Warschau. Es wäre zu erzählen von Martin Niemöller und von Lothar Kreyssig, dem Gründer von Aktion Sühnezeichen Friedensdienste, der die Euthanasieverantwortlichen anklagte, dafür aus dem Dienst entlassen wurde und weiter für die Bekennende Kirche arbeitete. Es wäre zu erzählen von Gertrud Kurz, die Juden in die Schweiz zu holen vermochte und so rettete, oder von Helge Kohlbrügge, die Ähnliches in den Niederlanden tat.

Es wäre aber wiederum zu erzählen, wie schwer es den Kirchen fiel, nach dem Krieg, nach dem Völkermord an den Juden, den Roma und Sinti und dem millionenfachen Morden an den slawischen Völkern darüber zu sprechen. Wie wenig und wie wenigen es wirklich gelungen ist, das Gespräch mit den Überlebenden und ihren Kindern zu suchen, wirklich hören zu wollen und das Gehörte dann auch auszuhalten und in eine Praxis der Antwort, eine Antwort in kirchlicher und gesellschaftlicher Praxis umzusetzen zu versuchen. Das wäre dann Ver-Antwort-ung, von der heute so gerne gesprochen wird. Es ist eben auch eine Verantwortung für die Vergangenheit, wie sie sich im Gegenüber zeigt. Das Rettende an diesen Geschichten ist, dass es Menschen gegeben hat, die sich von der Menschenliebe Jesu Christi haben anstecken lassen, dass Kirchen – spät zwar, aber doch – sich diesen Fragen mit Antwortversuchen gestellt haben. Rettend ist nicht zuletzt, dass es Überlebende gab und gibt, die das Gespräch mit uns suchen, Fragen und Ver-Antwort-ung von uns erwarten. Schwer auszuhalten ist, dass wir hier bleibend auf der Suche sind, weil es kaum eine angemessene

Antwort auf das Geschehen der Vernichtung der Juden, der Roma und Sinti und Millionen von anderen Menschen gibt. Es bleibt eine Erzählung mit gebrochener Stimme, die verweist auf die Hilflosigkeit von Gedenktagen und Mahnmalen, die nötig, aber nicht alles sind.

Aber den Kindern zu sagen, bleibt doch, dass wir die Freiheit zu fragen als Geschenk erhalten haben, zu fragen nach der Verwicklung unserer Kirche, unserer Gesellschaft und eben die Freiheit und Kraft, diese gebrochene Erzählung, den Schmerz des eigenen Versagens auszuhalten. Zu fragen, ohne Verweis auf eigenes Leid, das in den Wettkampf des Leidens geführt werden soll. Wir sind von Rechtfertigungszwängen befreit durch die Gnade Gottes, wir können offen aus- und ansprechen, was geschehen ist, auch dass wir den Abgrund, jenen Graben nicht überschreiten können. Dies anzuerkennen, davon sollten wir den Kindern erzählen.

Nach weltlicher Art ist dies den Menschen ein Gräuel, offenkundig schlecht für ein kollektiv oder gar national verstandenes, vollmundig patriotisch daherkommendes Selbstbewusstsein. Ungebrochen von der eigenen Identität sprechen zu wollen, das ist nicht Gegenstand unserer Erzählung. Gerade in dem Gebrochenen und Suchenden, das Eigene wie das Fremde verstehen wollend, im Wissen darum, dass manche Antworten die Fragen nicht treffen können und es immer neu zu versuchen, im Wissen darum, dass unsere Sprache nicht an das Geschehen Auschwitz heranreicht und wir doch davon erzählen müssen. Darin liegt doch die Freiheit, die in der Solidarität mit den Gebrochenen sich findet, die Jesus gelebt hat und in der er gestorben ist.

Das wären dann Geschichten, die zur Zärtlichkeit ermuntern, zur Achtung der Unversehrtheit des Anderen an Leib und Seele, also zu einer auch christlichen Möglichkeit zu antworten, zur Ver-Antwort-ung.

27. Januar 2006, *Mozarts 250. Geburtstag*
Jerusalemskirche
Predigt zu Markus 4,35–41

Matthias Loerbroks

Er sagte zu ihnen an jenem Tag, als es Abend geworden war: Lasst uns zur anderen Seite fahren.

Und sie verlassen die Menge und nehmen ihn mit im Boot, so wie er war, und andere Boote waren mit ihm.

Und es entstand ein großer Wirbelwind und warf die Wellen ins Boot, so dass das Boot schon volllief.

Und er selbst war im Heck und schlief auf einem Kopfkissen. Und sie weckten ihn auf und sagten zu ihm: Lehrer, kümmert es dich nicht, dass wir zugrunde gehen?

Und er richtete sich auf und herrschte den Wind an und sprach zum Meer: Schweig, verstumme! Und der Wind legte sich und es geschah: eine große Stille.

Und er sprach zu ihnen: Was seid ihr so feige? Habt ihr keinen Glauben?

Und sie fürchteten sich in großer Furcht und sprachen zueinander: Wer also ist dieser, dass auch der Wind und das Meer ihm gehorchen?

Kein erleichtertes Aufatmen, kein: Wir sind noch einmal davongekommen, auch kein Gotteslob, wie es bei anderen wundersamen Rettungen zu hören ist, sondern Furcht und Schrecken: Sie fürchteten sich in großer Furcht. Genau so endet auch das ganze Markusevangelium: Frauen, denen die Osterbotschaft von der Auferstehung verkündet wird, sind außer sich vor Entsetzen, zittern vor Furcht.

Markus schreibt sein Buch über Jesus während und darum auch vor dem Hintergrund einer furchtbaren Katastrophe in der katastrophenreichen jüdischen Geschichte, nämlich des jüdisch-römischen Kriegs zwischen 66 und 70, also 30, 40 Jahre nach den Ereignissen, von denen er berichtet. Und so zeichnet er seine gegenwärtige Katastrophenerfahrung in seine Version der Jesusgeschichte ein, orientiert sich bei der langen Wanderung Jesu vom Galil im Norden nach Jerusalem am Verlauf jenes Krieges, der mit der Zerstörung Jerusalems endete und der Errichtung vieler, selbst für römische Verhältnisse vieler Kreuze dort, sieht und zieht also eine Parallele zwischen dem Weg und dem Schicksal Jesu und dem seines Volkes: erzählte Solidarität.

Waren alle die Hoffnungen, die Jesus geweckt hatte, die sich mit ihm verbanden, an ihm sich entzündet hatten, durch die Gewalt der Unterdrücker widerlegt? Dass der Christus ein Diener der Beschneidung, ein Judenknecht geworden ist, um die Verheißungen an die Väter zu bekräftigen, zu befestigen, wie wir es vorhin von Paulus hörten – war das, was Paulus vor den Massakern am jüdischen Volk geschrieben hatte, noch zu sagen und zu glauben nach der Katastrophe? Oder war Jesus, war vielleicht Gott selbst eingeschlafen, womöglich entschlafen? Kümmerte es ihn nicht, dass Israel zugrunde ging?

Markus versucht nun beides: an den Jesushoffnungen festzuhalten – er selbst nennt ja sein Buch Evangelium, also frohe Botschaft von Jesus Christus – und doch die Augen und Ohren, das Herz nicht zu verschließen vor dem, was ihr so schreiend widerspricht.

Das gilt auch für den Ort, an dem diese Geschichte spielt: den Kinneret, den See Genezareth. Josephus berichtet von einem Massaker dort. Juden waren auf Booten vor den Römern geflohen, wollten auf die andere Seite, wurden aber eingeholt und umgebracht, 6.700 Menschen fanden den Tod, färbten das Wasser mit ihrem Blut. Das ist der Hintergrund auch dieser Geschichte, färbt auch die Rettung so düster ein, wie wir es hörten.

Markus nennt diesen See ein Meer, und das Meer ist in der Bibel oft ein Bild für das Chaos, das für Israel lebensgefährliche Chaos der Völkerwelt. Die zwölf Jünger auf dem wildgewordenen Meer, das ist, in zweierlei Hinsicht in einer Nussschale, das Zwölf-Stämme-Volk Israel unter den Völkern.

Das wird noch deutlicher an der Art, wie Jesus hier den Wind anherrscht und dem Meer Schweigen gebietet. Gleich im ersten Kapitel des Markusevangeliums wird von einer Begegnung Jesu mit einem Besessenen berichtet, dessen Dämon Jesus nicht zu Unrecht vorwirft, ihn zugrunde richten zu wollen. Auch diesen Dämon – bei Markus heißen die Dämonen unreine Geister – herrscht Jesus an und gebietet ihm zu schweigen, auch da erschaudern alle und sagen: Sogar die unreinen Geister gehorchen ihm. Die Parallele ist gewollt: Nur an diesen beiden Stellen fällt in diesem Buch das Wort gehorchen. Und gleich nach der Überfahrt trifft Jesus auf einen Dämon, der die Frage nach seinem Namen mit »Legion« beantwortet, und diese Truppenbezeichnung aus dem römischen Militär, dieses lateinische Fremdwort im griechischen Text zeigt, dass Markus bei den Dämonen wie beim Meer nicht nur an unheimliche Abgründe in der Natur, auch unserer Menschennatur denkt, sondern an geschichtliche, politische Kräfte und Lebensvernichter.

Allem Grauen entgegen hält Markus nicht nur am Evangelium von Jesus Christus fest, sondern spezifischer noch an dem, was in unserer Geschichte erzählt wird: Jesus will übergesetzt werden zur anderen Seite, zur Gegenseite, zum Gegenüber. Und genau das ist es, was Markus und die anderen Autoren des Neuen Testaments unternehmen: Sie versuchen, die hebräische Jesusgeschichte und damit auch die Israelgeschichte zu übersetzen in die Sprache und die Welt der Völker, schreiben Griechisch, nicht nur um Diasporajuden, sondern auch um Nichtjuden zu erreichen und hoffen darauf, Jesus könnte auf der Gegenseite

Versöhnung bewirken nicht nur mit Gott, sondern auch mit seinem Volk und könnte so zum Frieden und zum Überleben dieses Volkes beitragen, wenn sie, seine Übersetzer, ihn so mitnehmen, wie er gerade war. Mindestens könnten in den Völkern Fraktionen entstehen, die sich vom Evangelium erreichen und bewegen lassen und ihrerseits wieder zu Dolmetschern, Hermeneuten Israels in ihren Völkern werden. Der Anlass des heutigen Gottesdienstes zeigt, dass diese Übersetzungsarbeit nicht gelungen ist. Die Jesusjünger unter den Völkern wurden entweder zu Feinden seines Volkes, zu Mittätern bei seiner Ermordung, oder sie ließen es mindestens im Stich, verleugneten jede Verbindung: *Ich kenne den Menschen nicht* (Mk 14,71). Der Vorwurf der Feigheit, den Jesus an seine Jünger richtet, bekommt so einen ganz anderen Klang und neue Schärfe. Das hebräische Wort Schoah, Verwüstung, bedeutet an einigen Stellen Sturm.

Das Markusevangelium endet mit dem Entsetzen der Frauen am Grab, berichtet von keinen Erscheinungen des Auferstandenen. Doch hier, mitten im Chaos des Völkermeers, deutet Markus seine Osterbotschaft an: Wenn Jesus von seinen Jüngern geweckt wird und sich aufrichtet, benutzt er dieselben Worte, die auch für die Nachricht von seiner Auferweckung, seiner Auferstehung stehen. Seine Kollegen, die von Erscheinungen des Auferstandenen berichten, legen Wert darauf, dass Jesus auch in seinem neuen Leben nicht wie neugeboren ist, sondern die Male des Gekreuzigten behalten hat. Und wer überhaupt damit rechnet, dass der Auferstandene lebt und überlebt hat – so Gott will und er lebt, so hat Friedrich-Wilhelm Marquardt die conditio Jacobaea variiert –, wird nicht nur die römischen Nagelwunden, sondern auch eine eingebrannte Nummer auf seinem Unterarm zu seinen Kennzeichen zählen.

Für Markus geht es um das Festhalten der Jesushoffnung angesichts der Katastrophe und so auch um ein Weiterleben trotz bleibenden Schreckens. Leider waren die Jesusjünger aus den Völkern auch nach der Befreiung keine große Hilfe. Ich denke an die vielen der Überlebenden, die die Kälte der anderen nicht ausgehalten haben und ihrem Weiterleben freiwillig unfreiwillig ein Ende setzten: Paul Celan und wohl auch sein Freund Peter Szondi, Primo Levi, Thaddäus Borowski, Joseph Wulf, Jean Amery, Bruno Bettelheim, die auch selbst die Kälte nicht aufbrachten, die das Weiterleben von ihnen forderte, die Kälte, die doch, wie Adorno beobachtete, Auschwitz vielleicht nicht verursacht, aber ermöglicht hat.

An Jesus festzuhalten, ihn immer wieder in die Völkerwelt zu übersetzen, ohne dabei das Grauen zu ignorieren, zu verdrängen, zu überspielen, aber auch ohne den dämonischen Mächten der Zerstörung schon den Sieg zuzusprechen, das könnte uns befreien vom Bann dieser Kälte, bewahren vor der Resignation, die auch Verrat sein kann, angesichts der Situation im Nahen Osten (der Iran und sein Uran; der Wahlsieg der Chamas) und angesichts der zähen Judenfeindschaft hier. Und wer Ohren hat zu hören, kann das, worauf das Evangelium setzt, schon hören in der Musik Wolfgang Amadeus Mozarts. Alle Versuche, sie durch Legenden über seine Person oder auch durch verflachende Aufführungspraxis seiner Werke zu verniedlichen und zu versüßen, sind ja Gott sei Dank immer wieder gescheitert, wie auf die Dauer auch alle Versuche gescheitert sind, das Evangelium oder Jesus selbst zu verkitschen. Mozarts Musik ist nicht naiv. In ihr wird das Grauen, das Unheimliche, auch das Leid und das unsagbar Traurige nicht verdrängt, nicht überspielt, aber es bekommt auch nicht die Oberhand, siegt auch nicht etwa durch die Faszination des Dämonischen. Weil diese Musik vor der Wirklichkeit nicht die Augen und Ohren verschließt, darum ist sie wirklich und wirksam tröstlich. In ihr ist etwas zu hören, was wir bisher nicht sehen können: der Friede Gottes, der alle unsere Vernunft übersteigt, die zynische technisch instrumentelle Vernunft der Herrschaftssicherung wie auch die listig subversive emanzipatorische Vernunft der Aufklärung, der Befreiung. Dieser Friede bewacht unsere Herzen und unseren Verstand im Christus Jesus.

Letzter Sonntag nach Epiphanias, 28. Januar 2007 Französische Friedrichstadtkirche

Predigt zu Johannes 12,34–36

Matthias Loerbroks

Die Menge antwortete ihm: Wir haben gehört aus dem Gesetz, dass der Christus auf ewig bleibt – wie sagst du dann, dass der Menschensohn erhöht werden muss? Wer ist dieser Menschensohn?
Jesus sprach zu ihnen: Noch eine kleine Zeit ist das Licht unter euch. Wandelt, solange ihr das Licht habt, auf dass die Finsternis euch nicht fasse. Wer in der Finsternis umhergeht, weiß nicht, wohin er geht.
Solange ihr das Licht habt, glaubt an das Licht, auf dass ihr Söhne des Lichts werdet. Das sagte Jesus und ging weg und verbarg sich vor ihnen.

Wieder einmal verstehen Jesus und seine Zuhörer einander nicht, reden aneinander vorbei. Man könnte das ganze Johannesevangelium als das große Buch vom Missverständnis bezeichnen: Immer wieder missverstehen seine Jünger das, was Jesus sagt, und die anderen Gesprächspartner erst Recht. Wieso sagst du, des Menschen Sohn muss erhöht werden? Wer ist dieser Menschensohn? Das sind ja berechtigte Fragen. Und man kann nicht sagen, dass es eine befriedigende Antwort ist, wenn Jesus erwidert: *Nur noch eine kleine Zeit ist das Licht unter euch.* Überhaupt drückt sich Jesus in diesem Buch höchst missverständlich, mindestens doppeldeutig aus, besonders wenn er von seiner Erhöhung oder Verherrlichung spricht oder von der des Menschensohns. Er weist damit offenbar auf seinen bevorstehenden Tod am Kreuz hin. Das haben seine Zuhörer wohl auch rausgehört, und das hat sie irritiert. Diesen absoluten Tiefpunkt, diese Erniedrigung bezeichnet er als Erhöhung; diesen Tod in Spott und Schanden als Verherrlichung. Er nimmt mit dieser Redeweise einerseits die Kreuzigung ganz räumlich wörtlich, als Erhöhung ans Kreuz, hoch über die Köpfe der Zuschauer; andererseits schwingt in dem Wort Erhöhung auch schon die Auferweckung, schon die Erhöhung zur Rechten Gottes mit. Ähnlich steht es mit den Worten Herrlichkeit und Verherrlichung, die mit Ehre und Glanz zu tun haben. In unserem Land ist die Verherrlichung von Gewalt aus gutem, vielmehr bösem Grund unter Strafe gestellt. Doch wie ist es, wenn das Erleiden von Gewalt verherrlicht wird? Dass im Johannesevangelium immer wieder davon die Rede ist, Jesus habe mit seinem Tod den Namen Gottes verherrlicht, wie auch umgekehrt Gott in diesem Tod Jesus verherrlicht habe, zeigt zum einen die völlige Umkehrung unserer Rang- und Wertordnung: Jesus sucht und findet seine Ehre nicht darin, glänzend dazustehen, von den Massen vergöttert zu werden, sondern darin, dass er sich mit Verbrechern und Sündern, mit Mühseligen und Beladenen, Erniedrigten und Beleidigten solidarisiert. Zum andern aber schwingt auch in diesem Wort die Hoffnung mit, dieser Tod könne und werde dazu beitragen, dazu führen, die Ehre Gottes, seine Herrlichkeit auf Erden aufleuchten zu lassen. Angesichts dieser doppeldeutigen Art sich auszudrücken können wir verstehen, dass Jesus in diesem Buch immer wieder missverstanden wird.

Doch das Johannesevangelium ist nun auch das große Buch vom Licht. In keinem anderen Evangelium ist so häufig und nachdrücklich vom Licht die Rede. Und Licht ist das Symbol aller Aufklärung: Durchleuchtung aller Finsternisse, Ende aller Missverständnisse und allen Tappens im Dunkel. Schon im Vorwort heißt es vom Wort Gottes: *In ihm war Leben, und das Leben war das Licht der Menschen; und das Licht scheint in der Finsternis, und die Finsternis hat es nicht ergriffen* – wieder doppeldeutig: nicht begriffen – das zeigen die vielen Missverständnisse –, aber auch nicht zum Erlöschen gebracht. Jesus bezeichnet sich selbst als Licht der Welt und verheißt seinen Nachfolgern, dass sie nicht im Finstern einhergehen, sondern das Licht des Lebens haben werden. Johannes greift mit diesem Bild auf, was im Buch des Propheten Jesaja dem Volk Israel verheißen wird: dass es Licht der Völker, Licht der Welt sein wird. Doch die Völkerwelt hat dieses Licht nicht begriffen, hat sich von der wundersamen Geschichte Israels nicht aufklären lassen über den Weg des Lebens, den Weg des Friedens und der Gerechtigkeit. Johannes und die anderen Evangelisten sehen die Rolle und Aufgabe Jesu im Zusammenhang mit der seines Volkes. Jesus soll das Licht, das Israel ist, weder in den Schatten stellen noch gar auslöschen, sondern weltweit zum Leuchten bringen. Auch unser Wochenspruch aus dem Jesajabuch handelt von diesem Licht im Finstern, wenn wir ihn im Zusammenhang hören: *Mache dich auf, werde licht, denn dein Licht kommt, und die Herrlichkeit des HERRN geht auf über dir. Denn siehe, Finsternis bedeckt das Erdreich und Dunkel die Völker; aber über dir geht auf der HERR, und seine Herrlichkeit erscheint über dir* (Jes 60,1–3).

Auch im Johannesevangelium ist vom Licht im Kontrast zur noch herrschenden Finsternis die Rede. Jesus scheint sogar mit absoluten Finsternissen zu rechnen, gegen die auch er machtlos ist. *Wir müssen die Werke dessen wirken, der mich ausgesandt hat, solange es Tag ist. Es kommt die Nacht, da niemand wirken kann. Solange ich in der Welt bin, bin ich das Licht der Welt*, sagt er im neunten Kapitel. Und im elften: *Hat nicht der Tag zwölf Stunden? Wenn einer am Tag umhergeht, stößt er nicht an, weil er das Licht dieser Welt erblickt; wenn aber einer in der Nacht umhergeht, stößt er an, weil das Licht nicht in ihm ist.* Das Jesuswort: *Ich bin das Licht der Welt* ist uns wichtig und tröstlich. Die Einschränkung: *Solange ich in der Welt bin, bin ich das Licht der Welt,* ist darum höchst beunruhigend. Es ist nicht sicher, dass dieses Licht immer da ist. Es kann ausgelöscht werden. Auch in unserem Text heißt es zweimal: solange. *Geht umher, solange ihr das Licht habt, dass die Finsternis euch nicht fasse.* Und: *Glaubt an das Licht, solange ihr das Licht habt, dass ihr Söhne und Töchter des Lichts werdet.* Und auch hier rechnet er mit bevorstehender Finsternis: Wer in der Finsternis umhergeht, weiß nicht, wohin er geht, tappt im Dunkeln.

Vor 62 Jahren, am 27. Januar 1945, befreite die Rote Armee die wenigen Überlebenden des Konzentrationslagers Auschwitz, der Anfang vom Ende eines schrecklichen Reichs der völligen Finsternis. Die damalige deutsche Regierung hatte in einem sorgfältig geplanten und perfekt organisierten Massenmord versucht, das gesamte jüdische Volk zu ermorden, das Licht der Völker auszulöschen. *Die Menschen liebten die Finsternis mehr als das Licht, denn ihre Werke waren böse,* heißt es im Johannesevangelium, und: *Jeder, der Böses tut, hasst das Licht.* Die damals regierende Mörderbande waren keine Christen, im Gegenteil: Sie kannten genauer als die Christen die enge Verwandtschaft des Christentums mit dem Judentum und lehnten es darum offen oder heimlich ab. Sie sahen schärfer, dass Jesus Jude ist, als die beflissenen Nazitheologen, die aus ihm einen Arier machen wollten. Und doch stützen sie sich auf die Jahrhunderte christlicher Judenfeindschaft in ganz Europa und darüber hinaus, waren selbst davon geprägt. Lange schon hatte christliche Theologie vom Ende Israels, seiner Ablösung durch die Kirche gesprochen. Die Nazis nahmen diese Rede vom Ende wörtlich, setzten sie um, nannten ihr Mordprogramm Endlösung. *Siehe, Finsternis bedeckt das Erdreich und Dunkel die Völker.* War Auschwitz *die Nacht, da niemand wirken kann,* auch Jesus nicht? Die Nacht, da er verraten ward und verleugnet? *Solange ich in der Welt bin, bin ich das Licht der Welt.*

Im Blick auf die bevorstehende Finsternis rät Jesus dazu, sich rechtzeitig vorzubereiten, wobei Glaube und Tun zusammengehören, das Tun, also unser Gehen, unser Lebenswandel, aber Vorrang hat: *Wandelt, solange ihr das Licht habt, dass die Finsternis euch nicht erfasse; glaubt an das Licht, solange ihr das Licht habt, dass ihr Söhne und Töchter des Lichts werdet.* Rechtzeitig soll eine Praxis eingeübt werden, die der Finsternis standhält und widersteht. Die Christenheit hat diesen Rat nicht befolgt. Im Evangelium (Mt 17,1–9), haben wir gehört, wie Jesus hell aufleuchtete im Gespräch mit Mose und Elia, also mit der Tora und den Propheten, der Bibel Alten Testaments. Die Christen haben an dieser Vision nicht festgehalten, sondern Jesus immer wieder im Gegensatz zum Alten Testament gehört und gelehrt, sind so selbst immer wieder aus dem Licht in die Finsternis geraten und haben auch mehr Finsternis als Licht verbreitet. Und als es dann dem jüdischen Volk ans Leben ging, verhielten sich nicht alle, aber die meisten Christen so, wie es von Petrus im Hof des Hohenpriesters erzählt wird: Er leugnete jede Verbindung: »*Ich kenne den Menschen nicht.*« Es hat darum tiefen selbstkritischen Sinn, dass die römische Kirche in Petrus den ersten Papst, den ersten Stellvertreter Christi sieht; dass auf vielen Kirchtürmen der Hahn an Verrat und Verleugnung erinnert.

Doch auch mit der evangelischen Kirche steht es nicht besser. Der Wiederentdeckung der frohen Botschaft zum Trotz hat auch sie Jesus meist im Gegensatz zu Mose, das Evangelium im Gegensatz zum Gesetz gelehrt. Und die Propheten wurden vor allem als Vorschau auf Christus verstanden, mit dem Kommen Jesu also erfüllt, damit aber auch erledigt. So fehlte ihr kritischer, kirchenkritischer und gesellschaftskritischer Einspruch. In Wittenberg, von wo vor 490 Jahren die Reformation ausging, haben in den letzten Tagen führende Menschen der Evangelischen Kirche in Deutschland sich mit der Zukunft der Kirche und auch mit der Kirche der Zukunft beschäftigt. Doch unsere Kirche wird erst dann froh und frei der Zukunft sich zuwenden können, wird erst dann ihre gegenwärtige Unsicherheit und Unschlüssigkeit, ihre Langweiligkeit, Beliebigkeit und Irrelevanz überwinden, wenn sie sich ihrer Vergangenheit gestellt, sie ernsthaft bearbeitet hat; wenn sie sich nicht länger als Ersetzung Israels versteht, sondern als solidarische Bundesgenossin dieses Volkes – Genossin desselben Bundes –, als seine Dolmetscherin in der Völkerwelt und, wenn es nötig ist, als seine Schutzmacht, jedenfalls verantwortlich für den Frieden Israels inmitten der Völker und damit für den Frieden der Welt.

Jesus antwortet mit seiner Rede von Licht und Finsternis auf den Einwand seiner Gesprächspartner, dass der Christus, der Messias, wenn er kommt, ewig bleibt. Jesus ist sich da nicht so sicher. Und auch wir können nicht wissen, ob Gott und Jesus den Massenmord an ihrem Volk überlebt haben. Nach allem, was wir aus der Bibel wissen können über die enge Bindung Gottes an das jüdische Volk, die Identifizierung Jesu mit diesem Volk, müssen wir jedenfalls befürchten, dass beide Schaden genommen haben. Doch wir sehen im Überleben Israels ein Zeichen der Gegenwart und der Treue seines Gottes und hoffen darauf, dass er auch mit uns Jesusjüngern aus den Völkern weiter unterwegs ist. Als Zeichen dafür nehmen wir dankbar wahr, dass Jüdinnen und Juden nach und trotz der Katastrophe bereit sind, uns dabei zu helfen, Jesus nicht länger im Gegensatz zu seinem Volk zu sehen und zu hören, sondern als Stimme und Sprecher Israels unter den Völkern, im Gespräch mit Mose und Elia, im Zusammenhang und Zusammenklang mit der Schrift und gerade so als Licht der Welt, als Licht auch unseres Lebens.

Sexagesimae, 27. Januar 2008
Französische Friedrichstadtkirche
Predigt zu Hebräer 3,15–4,13

Matthias Loerbroks

»Heute, wenn ihr seine Stimme hört, so verstockt eure Herzen nicht, wie es bei der Verbitterung geschah.« (Ps 95,7–8)

Denn als sie das hörten, wurden einige verbittert, aber nicht alle, die von Ägypten auszogen unter Mose.

Und wem zürnte Gott vierzig Jahre lang? Waren's nicht die, die sündigten und deren Leiber in der Wüste zerfielen?

Wem aber schwor er, dass sie nicht in seine Ruhe eingehen sollten, wenn nicht den Ungehorsamen?

Und wir sehen, dass sie nicht hineinkommen konnten wegen des Unglaubens.

So lasst uns nun mit Furcht darauf achten, dass keiner von euch zurückbleibe, solange die Verheißung noch besteht, dass wir in seine Ruhe eingehen.

Denn es ist auch uns verkündigt wie jenen. Aber das Wort, das sie hörten, half jenen nichts, weil sie nicht im Glauben vereint waren mit denen, die es hörten.

Denn wir, die wir glauben, gehen ein in die Ruhe, wie er gesprochen hat (Ps 95,11): »Ich schwor in meinem Zorn: Sie sollen nicht in meine Ruhe eingehen.« Nun waren ja die Werke von Anbeginn der Welt gemacht;

denn so hat er an einer andern Stelle gesprochen vom siebenten Tag (Gen 2,2): »Und Gott ruhte am siebenten Tag von allen seinen Werken.«

Doch an dieser Stelle wiederum (Ps 95,11): »Sie sollen nicht in meine Ruhe eingehen.«

Da es nun bestehen bleibt, dass einige in sie eingehen sollen, und die, denen es zuerst verkündigt ist, nicht hineingekommen sind wegen des Ungehorsams,

bestimmt er abermals einen Tag, ein »Heute«, und spricht nach so langer Zeit durch David, wie eben gesagt (Ps 95,7–8): »Heute, wenn ihr seine Stimme hört, so verstockt eure Herzen nicht.«

Denn wenn Josua sie zur Ruhe gebracht hätte, wäre hernach nicht von einem andern Tag die Rede.

Es ist also noch eine Ruhe vorhanden für das Volk Gottes.

Denn wer in seine Ruhe eingegangen ist, der ruht auch von seinen Werken so wie Gott von den seinen.

So lasst uns nun bemüht sein, in diese Ruhe einzugehen, damit nicht jemand zu Fall komme wie in diesem Beispiel des Ungehorsams.

Denn das Wort Gottes ist lebendig und kräftig und schärfer als jedes zweischneidige

*Schwert und dringt durch, bis es scheidet Seele und Geist, auch Mark und Bein, und ist
ein Richter der Gedanken und Sinne des Herzens.
Und kein Geschöpf ist vor ihm verborgen, sondern es ist alles bloß und aufgedeckt vor den
Augen dessen, dem wir Rechenschaft geben müssen.*

Heute, wenn ihr seine Stimme hört, verstockt eure Herzen nicht. Der Wochenspruch
aus dem Hebräerbrief paraphrasiert Psalm 95. Der Psalmdichter wie der Briefschreiber sind der Meinung, aus der Geschichte ließe sich lernen. Das Volk der
befreiten Sklaven hatte seinem Befreier nicht getraut, sondern ihn immer wieder
misstrauisch geprüft, auf die Probe gestellt. Der Gott Israels zog daraus die
Konsequenz: Sie sollen nicht zu meiner Ruhe eingehen, nicht ins verheißene
Land, ins Land der Freiheit kommen. Die erste Generation des befreiten Volks
erwies sich als ungeeignet für die Freiheit. So ging die Wanderung weiter, vierzig
Jahre lang, bis diese Generation fast ausgestorben war. Gott hatte zwar sein Volk
nicht verstoßen, seinen Bund mit ihm nicht aufgekündigt, aber eine Generation
ging verloren. Der Dichter des 95. Psalms möchte dazu beitragen, dass so etwas
nie wieder geschieht. Darum ist es ihm nicht genug, dass es die Bibel gibt, die man
schwarz auf weiß nach Hause tragen kann. Es geht ihm darum, dass im jeweils
aktuellen Heute die Stimme Gottes gehört und das Gehörte zu Herzen genommen
wird: Wenn ihr doch heute auf seine Stimme hören wolltet!

Der Verfasser des Hebräerbriefs greift das auf. Er hat es mit einer Generation
zu tun, in der das Feuer des Anfangs schon fast erloschen ist. Die Christenheit
trachtet nicht mehr nach dem Reich Gottes und seiner Gerechtigkeit, sondern hat
sich in den bestehenden Verhältnissen ganz gut eingerichtet, hat sich zur Ruhe
gesetzt, meint, schon am Ziel zu sein. Und so greift der Hebräerbriefschreiber
nicht nur den Appell des Psalmisten auf, die Herzen gegen die aktuelle heutige
lebendige Anrede Gottes nicht zu verhärten, sondern erinnert auch daran, dass
die Christenheit noch unterwegs ist, sich noch keine Ruhe gönnen kann, noch
nicht im Reich Gottes ist, im Reich der Freiheit, weil auch Gott noch nicht am Ziel
ist, noch nicht ruht von allen seinen Werken. Er macht damit deutlich, wie in der
christlichen Gemeinde über die vielen sehr israelkritischen Texte der Hebräischen Bibel gepredigt werden soll und wie nicht, nämlich nicht israelkritisch,
etwa: So sind sie, die Juden, und so waren sie immer: von Anfang an hartnäckig
widerspenstig gegen Gottes Wort und Gottes Willen, verstockt. Sondern kir-
chenkritisch: Die Gefahr, dass die Herzen sich gegen die lebendige Stimme Gottes
verhärten, sieht er bei den Christen.

Und es ist ja auch so gekommen. Für Paulus war der Gedanke der Verhär-
tung, der Verstockung noch ein buchstäblich theologischer. Im Nein der über-
wiegenden Mehrheit des jüdischen Volkes zum Evangelium erkannte er eine
Aktion Gottes: Er hatte seinem Volk die Augen verschlossen, die Ohren verstopft,
die Herzen verhärtet gegen das Evangelium, damit es und mit ihm der Segen
Abrahams unter die Völker käme. Doch bei seinen Nachfolgern wurde aus dem

Passivsatz: Die Juden sind von Gott verstockt worden, ein vorwurfsvolles, ein verächtliches Eigenschaftswort: Die Juden sind verstockt. Die Frage: *Hat denn Gott sein Volk verstoßen?*, die Paulus noch entsetzt verneint hatte – *das sei ferne!* –, wurde nun entschlossen bejaht. Die Christen aus den Völkern begnügten sich nicht damit, Miterben zu sein, wollten Alleinerben sein, und so erklärten sie sich zum neuen Israel, zum Israel nach dem Geist, das ein altes Israel, das Israel nach dem Fleisch, also die leiblichen Nachkommen Abrahams, Isaaks und Jakobs, als Gottesvolk abgelöst und ersetzt habe. Auch wenn die meisten Nazis sich nicht als Christen verstanden, ihren Hass auf die Juden nicht religiös, sondern pseudo-biologisch, dennoch in ihrer Sicht heilsgeschichtlich begründeten – die theologische Lehre vom Ende Israels hatte den Weg gebahnt zu dem Massenmord, den seine Planer eschatologisch Endlösung nannten.

Und heute? Hören wir heute seine Stimme? Lässt sich dem Grauen, dessen wir heute gedenken, eine Botschaft Gottes entnehmen, aus Auschwitz seine Stimme hören? Ist da nicht nur gähnende Leere, gellendes Schweigen? Können wir darauf trauen, dass Gott und Jesus noch leben, den Massenmord an ihrem Volk überlebt haben? Ist es nicht Frevel an den Toten, ihre erneute, nun posthume Instrumentalisierung, ihre Verdinglichung, wenn wir uns vornehmen, aus der Geschichte zu lernen? Versuchen wir damit, uns selbst zu trösten, uns über die völlige Sinnlosigkeit dieses Geschehens hinwegzutrösten – als seien die Toten nicht ganz so sinnlos, nicht völlig umsonst gestorben, wenn wir wenigstens Lehren und Konsequenzen daraus ziehen?

Der jüdische Philosoph Emil Fackenheim hat tatsächlich eine Stimme, ein Wort aus Auschwitz gehört, ein Gebot, ein elftes neben den zehn vom Sinai, die wir vorhin hörten, oder ein 614. nach der Tradition, dass die Hebräische Bibel 613 Gebote und Verbote enthält, nämlich das Gebot für Juden, nach und trotz Auschwitz nicht an Gott zu verzweifeln, sondern Juden zu bleiben, um Hitler nicht nachträglich noch zu helfen bei seinem Ziel, dass es keine Juden mehr gibt. Das ist für uns Christen nicht zu übernehmen, aber es ist an uns, es zu hören und ihm zu entsprechen: so zu leben, zu handeln und zu lehren, dass Israel leben kann und nicht sterben muss – und dass es Israel sein kann. Dazu gehört selbstverständlich die Abkehr von allen Versuchen, dafür zu arbeiten, dass Juden nicht mehr Juden sind, sondern Christen werden. Dazu gehört auch, gesellschaftlich die Kälte zu überwinden, die Auschwitz erst ermöglicht hat, und in Kirche und Theologie mit jener verhängnisvollen Tradition zu brechen, das Evangelium nicht positiv ausdrücken zu können, sondern nur in Abgrenzung vom Judentum. Viele Kirchen haben inzwischen erkannt und bekannt, das Überleben des jüdischen Volkes und auch die Gründung des Staates Israel vor 60 Jahren sei ein Zeichen der Treue Gottes. Und wir können in diesem Zeichen der Treue auch ein Lebenszeichen, ein Überlebenszeichen Gottes und Jesu erkennen.

Heute, wenn ihr seine Stimme hört, verstockt eure Herzen nicht. Heute, das ist nun 63 Jahre nach Auschwitz. Es ist auffällig und bedenkenswert, dass es tatsächlich etwa eine Generation, ungefähr 40 Jahre brauchte, bis Auschwitz unruhig machte. Der Generation der Nachgeborenen war zwar klar, dass sie keine Schuld hatte an diesem Menschheitsverbrechen, dass sie es aber dennoch nicht loswerden, nicht auf sich beruhen lassen konnte, sondern sich dazu verhalten musste, auch praktisch. Dabei folgt nicht immer das Tun dem Hören, oft ist es umgekehrt, auch in der Bibel. Am Sinai sagt das Volk Israel: *Alles, was der Ewige gesagt hat, wollen wir tun und darauf hören* (Ex 24,7). Viele Ausleger haben sich darüber gewundert: erst tun, dann hören? Ja, so ist es, und auch die 50 Jahre Aktion Sühnezeichen zeigen, dass oft erst praktisches Tun die Ohren öffnet, das Hören ermöglicht.

Ein Kapitel nach dem heutigen Wochenspruch sagt der Verfasser noch einmal in anderen Worten, was er mit dem Hören auf Gottes Stimme meint – es ist die Epistel für den heutigen Sonntag. *Das Wort Gottes*, heißt es da, *ist lebendig, energisch und schärfer als jedes zweischneidige Schwert; es dringt ein und durch bis zur Trennung von Seele und Geist, Mark und Bein, und ist ein Kritiker der Gedanken und Gesinnungen des Herzens.* Der bloße Wortlaut der Bibel ist darum noch nicht Wort Gottes, wird es erst, wenn diese Worte zur lebendigen Anrede werden und uns selbst lebendig machen. Solche Worte machen uns Arbeit, machen uns aber auch arbeitsfähig, reden energisch mit uns, geben uns aber auch Kraft. Und sie reden uns nicht nach dem Mund, sprechen uns nicht immer aus dem Herzen, sondern sind scharfe Kritiker gerade der Gedanken und Gesinnungen unseres Herzens. Und zur Kritik gehört genaues Unterscheiden – daher das beunruhigende Bild vom scharfen, zweischneidigen Schwert. Dieses kritische Wort nimmt uns Illusionen, hindert uns am Wunschdenken, klärt und deckt auf. Es ist uns gut, dieses kritische Wort nicht nur der Bibel zu entnehmen, sondern es auch zu hören in den Stimmen Israels, des jüdischen Volks, in jüdischer Kritik an Christentum und Kirchen. Wo und wann immer ihr da seine Stimme hört, verstockt eure Herzen nicht. Gott hat entschieden, sein Volk Israel nicht aufgehen zu lassen in einer großen Weltkirche, sondern es aufrechtzuerhalten neben der Kirche und gegen sie. Er fordert uns damit heraus. Denn die Frage, ob dem christlichen Bekenntnis zu Jesus als dem Christus, dem Messias Wahrheit zukommt, ist keine Frage der Theorie, sondern eine praktische Frage, eine Frage der Bewährung. In der Praxis erweist sich, ob das Christentum Gutes bewirkt für Israel oder Böses. Wir sollten uns darum dem kritischen, dem spannungsreichen und manchmal schmerzhaftem Gespräch mit Juden nicht entziehen, sondern dem Ewigen, dem Gott Israels, danken, dass es überhaupt jüdische Gesprächspartner gibt, nach allem und trotz allem, was geschehen ist.

27. Januar 2009
Französische Friedrichstadtkirche
Predigt zu Psalm 86

Christian Staffa

Neige, Ewiger, dein Ohr, antworte mir,
denn ich bin gebeugt und bedürftig.
Behüte meine Seele, denn dein Liebhaber bin ich,
befreie du, mein Gott, deinen Knecht, der sich sichert an dir!
Sei mir zugeneigt, mein Herr,
denn zu dir rufe ich den ganzen Tag.
Erfreue die Seele deines Knechts,
denn zu dir, mein Herr, hebe ich meine Seele.
Denn du, mein Herr, bist gut und verzeihend,
reich an Liebe allen, die dich rufen.
Lausche, Ewiger, meinem Gebet,
merke auf die Stimme meines Flehens!
Am Tag meiner Bedrängnis rufe ich dich,
denn du antwortest mir.
Keiner ist wie du unter den Göttern, mein Herr,
keine Taten sind wie deine.
Alle Völker, die du gemacht hast, werden kommen,
vor dein Antlitz sich werfen, mein Herr, und deinen Namen ehren.
Denn groß bist du und tust Wunder,
du, Gott, allein.
Weise mir, Ewiger, deinen Weg, gehen will ich in deiner Treue.
Einige mein Herz, deinen Namen zu fürchten!
Ich will dir danken, mein Herr, mein Gott, mit meinem ganzen Herzen,
auf immer ehren deinen Namen,
denn groß war über mir deine Liebe,
und du hast meine Seele gerettet aus der untersten Hölle.
Gott! Hochmütige stehen gegen mich auf,
eine Versammlung von Gewalttätern trachtet mir nach der Seele,
sie halten sich dich nicht entgegen.
Du aber, mein Herr, bist ein Gott, der erbarmend ist und gönnend,
langmütig, reich an Liebe und Treue.
Wende dich mir zu,

sei mir zugeneigt,
gib deine Kraft deinem Knecht,
befreie den Sohn deiner Magd!
Tu an mir ein Zeichen zum Guten,
meine Hasser sollen sehen und sich schämen,
dass du selbst, Ewiger, mir hilfst und mich tröstest.

Neige, Ewiger/Gott, dein Ohr zu mir! Antworte mir! Gedemütigt und arm bin ich,
behüte mein Leben, ich bin dir zugeneigt, befreie du, mein Gott, die zu dir gehören
und auf dich vertrauen, neige dich zu mir ..., zu dir schreie ich den ganzen Tag.

Liebe Gemeinde, liebe Freundinnen und Freunde von näher und ferner, die des 27. Januar, des Tages der Befreiung von Auschwitz, die der Opfer des Nationalsozialismus gedenken wollen.

Der 27. Januar lässt diesen Text, lässt diesen Psalm, dieses Gebet Israels in seiner Dringlichkeit, in seiner schreienden Not nah kommen. Uns stellen sich unwillkürlich Bilder ein. Es sind vermutlich nicht die aus dem Sklavenhaus Ägypten oder von der babylonischen Gefangenschaft. Es sind die Bilder vom Judenmord, der Vernichtung der sogenannten Zigeuner und Kranken, der Menschen mit Behinderung, die Menschenversuche, der Junge aus der Kanalisation im Warschauer Ghettoaufstand. Auch die Bilder der Befreiung, die so gar nicht nach Befreiung aussehen, sondern nach Schwäche, weiterem Tod und Schmerz. Diese Bilder kennen wir aus Kino und Fernsehen.

Und doch bleibt der Psalm erst einmal fern. Ist er doch ein Gebet Israels. Dieses Gebet spricht nicht von uns als Bedrängten, zumal nicht, wenn wir es auch als Stimme aus den Lagern hören. Was hören wir von den anderen, den Fernen, den Bedrängten? Wir hören einen Schrei, einen Schrei Israels, das nach Schutz und Befreiung ruft, nach Befreiung ... Dieser Schrei verlangt nach einer Antwort. Ja, das Gebet ist verzweifelt, *vernimm den Laut meiner verzweifelten Bitte*, aber es ist auch überraschend selbstbewusst: *Fülle mit Freude meine Kehle, ich gehöre zu dir, du bist reich an Freundlichkeit gegenüber allen, die zu dir schreien ... am Tag, da ich bedrängt werde, schreie ich zu dir. Antworte mir!*

Antworte mir: Das ist fast beschwörend, ja fordernd. Das hört sich recht unevangelisch an. Wie kann der Mensch von Gott etwas fordern? Die israelitische Gemeinde, die diesen Psalm betete, beruft sich auf den Bund Gottes mit Israel, auf Israels verlässliche Sinai-Beziehung und auf die Erfahrungen Israels mit Gott, mit seinem befreienden Handeln. War da nicht Ägypten, war nicht die Wanderung durch die Wüste, die Tora, das Land, das noch immer nicht sicher ist? *Befreie, mein Gott, die zu dir gehören und auf dich vertrauen.*

Dieses Vertrauen rechtfertigt das trotzige Beharren auf einer Antwort. Ein solcher Ton beharrt auf jenem letzten und wichtigsten: dem Leben. Dabei geht es nicht darum, Recht zu haben oder zu behalten. Der Psalmist klagt sein Recht ein, dass Gott seiner Beziehung zu ihm gedenkt, aber er rechtet nicht mit ihm. Sondern gibt Gott die Ehre.

Unter den Gottheiten ist keine wie du. Mein Herrscher über uns alle.
Keiner vermag zu tun, was du tust.
Alle Völker werden kommen, sich vor deinem Antlitz niederwerfen
und deinem Namen die Ehre geben.

Aber hat es denn etwas genützt, fragen wir etwas scheu? Denn wir kennen mindestens eine Antwort, die der Zahlen, die der vielen Millionen Ermordeten, der Juden, der Menschen mit Behinderungen, der sowjetischen Kriegsgefangenen, der Homosexuellen, der Roma und Sinti, der Opfer der überfallenen Länder und der vielen Unbekannten, die widerstanden oder mindestens nicht mitliefen. Also hat es nichts genützt? Ist die alte Frage, ob Gott gerecht ist, nicht an dieser Stelle durch die Geschichte beantwortet?

Es gab leider Christenmenschen, die versuchten, für Israel zu antworten. Die leidende Existenz der Juden wurde als Beweis beigeholt, dass die Juden gottverlassen sind. »Hörest du Jude, weißest du auch, dass Jerusalem und eure Herrschaft, samt dem Tempel und Priestertum, zerstört ist nun über 1460 Jahr? [...] [Denn] [s]olcher grausamer Zorn Gottes, zeigt allzu genug an, dass sie gewisslich müssen irren und unrecht fahren, solches mag ein Kind wohl greifen« (Martin Luther, Von den Jüden und ihren Lügen, Abschnitt 4 und 5). Martin Luther macht in seiner grausamen Schrift *Von den Jüden und ihren Lügen* diese Rechnung auf. Weil die Juden unterdrückt und verelendet sind, aus ihrem Land vertrieben wurden, haben sie Unrecht, ja mehr noch, sind die Verheißungen, die Gott ihnen einst zugesprochen, von ihnen genommen. Sie vertrauen also zu Unrecht, oder noch brutaler, ihr Schicksal sei von Gott gewollt. Auch so kann man die Frage nach Gottes Gerechtigkeit beantworten. Diese wenig christliche Tradition, die leider in der Kirche sehr heimisch geworden war, wurde anders auch auf andere Gruppen übertragen, so wurde Krankheit und nachhaltige Behinderung auch als Strafe gesehen, das »Umherziehen« der Roma und Sinti als Ausweis ihrer Verworfenheit.

Aber obwohl es Luther – hier über die Juden – sagt: Es ist Irrlehre! Denn wer sind wir, dass wir die Verheißungen Gottes für den Menschen, dass wir die Verheißungen für Israel außer Kraft setzen? Schon Paulus wehrt sich gegen diese Eigenmächtigkeit, die wohl schon unter den ersten Christen Einzug hielt: Das sei ferne! Gottes Verheißungen gelten, auch wenn wir sie nicht verstehen.

Trotzdem lässt uns die Frage nicht los. Sie lässt uns schaudern, und doch sitzt sie irgendwie in uns fest: Wie konnte Gott das zulassen? Wie konnte er zulassen, dass sein Antlitz, dass Juden, Sinti und Roma, Menschen mit Behinderungen und so viele andere, die uns die Nächsten sind, in denen wir ihm begegnen, dass so unfassbar viele von ihnen ermordet wurden? Wir konnte er den frevelhaften

Aufstand, wie der Gründer von Aktion Sühnezeichen, Lothar Kreyssig, diese Morde nennt, diese Gotteslästerung zulassen? Wie konnte Gott den Psalmbeter so tödlich enttäuschen?

Die Lesart Martin Luthers der jahrhundertelangen Verfolgung der Juden zeigt jenen geschichtswirksamen gewaltigen Irrweg einer Antwort, eine selbstgefällige Erhebung gegen Gott, weil sie sein Volk und dessen Leiden als Votum für sich selbst, für die christliche Kirche versteht. Nicht, dass die christliche Kirche, die christlichen Kirchen sich nicht selbst gefallen dürften, wie jeder Mensch sich auch selbst gefallen darf, ja sogar dieses Gefallen an sich auch braucht. Aber das ist etwas anderes als das, was im Psalm mit selbstgefällig angesprochen wird. Und es ist etwas anderes als das, was wir im Nationalsozialismus erlebten: nämlich, dass sich hier Menschen an die Stelle Gottes setzten, über Leben und Tod, über lebenswertes und lebensunwertes Leben selbst entschieden, dem Totenkopf als Symbol folgend, sich ihm ganz nahe wissend. Das Gegenbild zu dem »Gott die Ehre geben«.

Wir werden unsere Frage an Gott als Frage an uns, aber auch seine Schöpfung, nicht ganz zurückziehen, aber schon gar nicht beantworten können. Denn wollen wir uns anmaßen, über Gott zu urteilen oder gar beurteilen, ob es in Auschwitz oder Hadamar nicht doch eine Antwort Gottes gegeben hat, ein Beistehen Gottes, ein Mitleiden Gottes? Werden wir es entscheiden? Gott ist tot, sagten die einen, die anderen: Solange ein Jude gebetet hat, solange ein Verfolgter zu Gott geschrien und darin vielleicht Trost gefunden hat, solange werden wir nicht Gottes Abwesenheit behaupten. Und noch weniger irgendetwas andeuten, was in die Richtung gehen könnte, dass Gott für diese Katastrophe verantwortlich sei und nicht wir.

Alle Völker werden kommen, sich vor deinem Antlitz niederwerfen und deinem Namen Ehre geben. Das haben wir Christen in Europa im Großen und Ganzen nicht getan, und wieder müssen wir froh sein, dass es nicht nur den Blick auf das Große und Ganze gibt, sondern auch auf das kleine, unscheinbare und dann doch großartig Besondere, das eigentlich das Selbstverständliche hätte sein sollen, die vielen kleinen Widerstände auch von Christen, das Einstehen für die andern, das Gott-die-Ehre-Geben. Denn die Ehre geben wir nicht nur durch gregorianisches Singen, sondern durch das Einstehen für den oder die je andere; wir geben die Ehre damit, dass wir wie der Beter uns den Weg zeigen lassen und ihn nicht selbstgefällig wählen, ihn in Treue gehen und damit Seinem Namen Ehre geben für immer. Ja, der Mensch, der den Weg, den Gott ihm und ihr zeigt, in Treue geht, hilft, den anderen dem Totenreich zu entreißen.

Der Psalm hebt hier noch einmal an, dramatischer noch als zuvor. Nach Trost und Gotteslob, nach der Beschreibung der Erfahrung des Herausgerissenwerdens aus dem Totenreich nun der Aufstand derjenigen, die nur sich selbst im Blick haben, nur ihre eigenen Maßstäbe kennen: *Selbstgefällige erheben sich gegen mich. Eine Bande Gewalttätiger giert nach meiner Kehle. Dich haben sie nicht vor*

Augen. Hier ist es ganz deutlich: *Dich haben sie nicht vor Augen,* sondern nur sich selbst, ihre Gier nach Blut, nach dem Tod des Fremden und Anderen ist ungestört von der Irritation durch Worte wie Lebensfreundlichkeit, Ebenbild Gottes, Du sollst nicht töten.

Aber dann auch wieder gleich das Gegengewicht, die Hoffnung auf die Wirklichkeit der Verheißung des Lebens: *Du, mein Herrscher über uns alle, du bist mitfühlend und voll Zuneigung, du bist langsam im Zorn, reich an Freundlichkeit und Verlässlichkeit.*

Die Kraft und Dynamik dieser Sätze, die so direkt der sehr konkreten Klage folgen, ist auch ein wenig ungeheuerlich. Wird doch auch den Gewalttätigen mindestens langsamer Zorn und Freundlichkeit zugesagt. Selbst dem Bedränger gilt die Verheißung, dass er, dass sie dem Heiligen, gelobt sei sein Name, Ehre geben, also auf dem Weg der Treue einst wandeln dürfen.

Wie kommen sie auf diesen Weg? Der Psalm sieht sie irritiert dadurch, dass Gott an dem Beter, dem schreienden Israel, ein Zeichen zum Guten macht. Die Selbstgefälligen sollen dies wahrnehmen und sich schämen. Und dann: *Du bist Gott, Du hilfst mir und lässt mich aufatmen.* Die Bedränger geben durch den Blick auf den anderen, der ihre Scham hervorruft, Raum zum Atmen. Sie lassen Raum und Luft entstehen dadurch, dass sie nicht mehr auf sich selbst sehen, sondern am anderen etwas für sich zum Schämen entdecken. Vielleicht werden sie ein Zeichen zum Guten.

Ihr werdet euch nicht wundern, wenn mir bei dem Stichwort »Zeichen zum Guten« *Aktion Sühnezeichen Friedensdienste* einfällt. Aber zunächst tut Gott an den Bedrängten ein Zeichen zum Guten, er tut ihnen etwas Gutes. Kaum sagbar ist es, dass dieses Zeichen das Überleben der Vernichtung, die Niederlage der Bande der Gewalttätigen ist. Wie immer zaghaft uns dieser Gedanke auch kommen mag, er ist einleuchtend, wenn wir uns das Szenario eines Sieges dieser Bande vorstellen, der die völlige Vernichtung der Juden, der Sinti und Roma, jeden anderen Lebens bedeutet hätte.

Aber dann doch auch das Zeichen zum Guten, das aus den Völkern kam, neben der Befreiung der Bedrängten, dem Herausreißen aus dem Totenreich doch auch die Einsicht, dass der Nationalsozialismus nicht vom Himmel gefallen ist, dass wir etwas tun müssen, Menschenwürde als unantastbar zu verstehen und erfahrbar zu machen. Es sind dies dann doch die Freiwilligen von Aktion Sühnezeichen und andere Menschen in Kirche und Gesellschaft, die noch immer auf die verletzten Seelen zugehen und ihnen in Anerkennung und Neugier begegnen. Es sind sicher zu wenige, aber es sind Zeichen zum Guten.

Der Psalm zeigt uns, dass dieser Weg nie zu Ende ist und dass auch wir darum bitten dürfen: Mach aus uns ein Zeichen zum Guten.

24. Januar 2010
Stephanus-Stift, Weißensee
Predigt zu 2. Korinther 4,6–10

Christian Staffa

Liebe Gemeinde des heutigen Gottesdienstes zum letzten Sonntag nach Epiphanias, liebe Hörerinnen und Hörer in den Häusern, auch wenn es ein schweres Thema ist, das uns als Aktion Sühnezeichen Friedensdienste zu dieser Tradition eines Gottesdienstes zum Tag der Opfer des Nationalsozialismus in das Stephanus-Stift führt, freut es mich doch sehr, dass wir diese Tradition der gemeinsamen Andacht und des Gedenkens und Nachdenkens von Aktion Sühnezeichen Friedensdienste und dem Stephanus-Stift fortsetzen dürfen.

Der Tag zum Gedenken an die Opfer des Nationalsozialismus ist ein gebrochener Tag. Einerseits bedeutet er Befreiung, Befreiung der wenigen Überlebenden von Auschwitz, und andererseits auch das Gedenken an die vielen, die ermordet wurden. Juden, Sinti und Roma, Menschen mit Behinderungen, politische Gefangene. Zuerst verfolgten sie die politischen Gegner, dann kam es zum systematischen Töten. Und es begann in Brandenburg an der Havel mit jüdischen Kranken und Menschen mit Behinderungen und einfach nur Auffälligen, Krankgemachten, von der Norm der Nazigesellschaft Abweichenden. Und es ging weiter, immer weiter, bis Millionen dieser Menschen, Menschen wie du und ich, aber dämonisiert als Unpassende, Böse, Kranke, Unbrauchbare, Parasiten, als Schmarotzer, ermordet wurden.

Daran erinnern wir an diesem Tag. Dabei denken wir an das Leid der Opfer, aber auch an die Menschenverachtung der Täter und daran, dass dies auch Menschen waren wie viele von uns, ganz normale unauffällige, auch Christenmenschen. Christenmenschen zum Beispiel, die bei der Inneren Mission, dem damaligen Diakonischen Werk arbeiteten und fanden, dass der deutsche Volkskörper keine Abweichungen von der Normalität verträgt, dass Kranke nicht versorgt werden sollten, dass jüdische Klienten schon gar das Leben nicht verdienen.

Christus war plötzlich deutsch, oder besser noch germanisch, geworden ohne körperlichen Fehl und Tadel, zum Inbild der deutschen Herrenmenschenphantasie. Aus dem leidenden Gottesknecht wurde ein germanischer Held, aus dem Krippenkind ein Herrschersohn. Das Kleine und nach arischem/staatlichem

Ermessen Hässliche, nicht Lebenswerte wurde aus Jesus wegdefiniert: Jesus wurde ein blonder Titan. Deshalb wurde auch Israel, alles Jüdische von dem berühmt berüchtigten Entjudungsinstitut in Eisenach aus der Bibel verbannt, deshalb auch der Kampf gegen die Menschen mit Behinderungen, der von Anfang an Mord war, Massenmord, aber immer verkleidet als Kampf für das Existenzrecht des Germanentums gegen die, die es angeblich verschwörerisch wissentlich oder durch ihre schiere Existenz bedrohten.

Daran denken wir heute und bitten um Gottes Hilfe, nicht zu zerbrechen an der Tatsache, dass Menschen anderen Menschen solches antun können. So hören wir den Text, den Paulus an die Korinther schreibt:

> *Denn so wie Gott einmal befahl: Licht soll aus der Dunkelheit hervorbrechen!, so hat sein Licht auch unsere Herzen erhellt. So sollen wir das Leuchten der Gegenwart Gottes im Angesicht des Christus Jesus erkennen.*
>
> *Diesen kostbaren Schatz tragen wir in uns, obwohl wir nur zerbrechliche Gefäße sind. So wird jeder erkennen, dass die außerordentliche Kraft, die in uns wirkt, von Gott kommt und nicht von uns selbst.*
>
> *Die Schwierigkeiten bedrängen uns von allen Seiten, und doch werden wir nicht von ihnen überwältigt. Wir sind oft ratlos, aber nie verzweifelt.*
>
> *Von Menschen werden wir verfolgt, aber bei Gott finden wir Zuflucht. Wir werden zu Boden geschlagen, aber wir kommen dabei nicht um.*
>
> *Tagtäglich erfahren wir am eigenen Leib etwas vom Sterben, das Jesus durchlitten hat. So wird an uns auch etwas vom Leben des auferstandenen Jesus sichtbar.*

Wir spüren noch die Bilder von Weihnachten: das Licht in der Dunkelheit. Das Licht, das den Hirten erstrahlt und die Freudenbotschaft bringt. Das Licht im Stall, das Licht, das den Weg nach Bethlehem weist. Dieses Licht, das in der Dunkelheit strahlt, leuchtet uns den Weg von Gottes Weisung, Gottes Gebot. Es ist für uns alle, dieses Gebot, deshalb, so lehrt uns Paulus, glänzt dieses Licht Gottes auf dem Antlitz des Messias Jesus. Es glänzte auch schon auf Moses Gesicht, ja es war das Licht, das Gott schuf, um dem Tohuwabohu, dem Chaos, eine menschenfreundliche Form zu geben: Es werde Licht, und es ward Licht.

Können wir dieses Licht sehen in der Dunkelheit, die der menschenverachtende Mord Nazideutschlands verbreitete, die schwarzen Uniformen der SS, der Bewacher*innen der Vernichtungslager? Warum schien die Sonne trotzdem weiter, verbarg sich nicht vor Gram und Schrecken, als Menschen ins Gas getrieben wurden, geliebte Geschöpfe Gottes, denen das Licht seiner Liebe ins Gesicht geschrieben war? Warum geschah nicht grenzenlose Dunkelheit, als Christen behaupteten, es würde den deutschen Volkskörper schädigen, wenn wir den Schwachen, den psychisch Kranken, den körperlich Behinderten das gleiche Recht wie allen anderen auf ein menschenwürdiges Leben garantieren? Warum verfinsterte sich nicht der Himmel, als auch Christen sein Volk Israel in den Tod schickten?

Wir wissen es nicht, aber doch wissen wir um unsere Schuld, um die unserer Väter und Mütter, Großeltern, und werden uns nicht mit Gottes Allmachtsversagen herausreden. Es war unsere Dunkelheit, unsere Tat und unsere Schuld, die unserer Kirche und unseres Volkes.

Die Gefäße sind zerbrochen, der Schatz wurde nicht bewahrt. Dieser Schatz, der in dem unendlichen Wert jedes einzelnen Menschen besteht, sei er oder sie Jude, Sklave oder Freier oder eben behindert an Seele oder Körper. Auf jedem Gesicht ist die Liebe Gottes zu entdecken, und jedes Gesicht kündet von diesem Schatz. Ich bin ein Schatz Gottes. Du bist ein Schatz Gottes. Durch den gemeinsamen Bezug auf unseren Gott bleiben wir nicht einsame Schätze, sondern sind aneinander gewiesen als die, die das Licht im anderen Gesicht sehen können.

Doch Paulus weiß, wenn er solches sagt, wie schwach wir sind. Können wir diesen Schatz bewahren? Unverfügbar ist er, nicht teilbar, nur den einen Menschen zuzuordnen und den anderen nicht. Nicht Ja den sogenannten gesunden Ariern – wie krank waren doch viele von ihnen – und Nein den Kranken und Schwachen; nicht Ja den Deutschen und Nein den Ausländern. Wir können es nicht bestimmen, den Schatz zu unserer Beute machen.

Und doch geschieht genau das: Menschen werden eingeteilt in wertvolle und weniger zu schätzende, werden ausgeschlossen von der Teilhabe an der Gesellschaft, immer noch, um wie viel mehr damals in den Zeiten, als die teutonische Nazi-Dunkelheit in die sogenannten bürgerlichen, kirchlichen und normalen Herzen der Menschen Einzug hielt. Verzweiflung darüber ist nicht ehrenrührig, sondern verwerflich ist eher der kühle Satz: »So sind sie eben, die Menschen«.

Nein, hier ist Paulus ganz entschieden, dieses Licht der Liebe Gottes im Antlitz des und der anderen zu sehen, werden wir nicht aufzugeben versuchen. Da hilft uns, dass wir wissen, dass auch zwischen 1933 und 1945 Menschen sich von diesem Glauben leiten ließen und von dieser menschenverachtenden und so verführerischen Überhebung einer Gruppe von Menschen bedrängt wurden und doch ihren Raum nutzten. So Paul Braune in Lobetal, der Vater von Werner Braune, den die meisten von Ihnen als Leiter der Stephanus-Stiftung kennen; Lothar Kreyssig, der Gründer von Aktion Sühnezeichen, der die SS verklagte wegen der Morde an behinderten Menschen; Ilse Härter, die für die Bekennende Kirche Pfarrerin war. Diese Menschen haben darauf vertraut, dass sie nicht fallen gelassen werden, und haben die Liebe Gottes im Antlitz der Bedrängten, Bedrohten und Ermordeten gesehen und sich für das gleichberechtigte Leben aller entschieden.

Zerbrechliche Gefäße auch sie, aber doch getragen von der Hoffnung und dann manches Mal auch der Erfahrung, dass in der Bedrängnis ein Raum sich auftat, in der Verzweiflung doch plötzlich Weisung und Orientierung aufschien. Lothar Kreyssig, der seine Anzeige gegen die staatlichen Mörder nicht zurücknahm und hart bedrängt wurde, aber dann nach seinem Gespräch im Justizministerium nur als Richter entlassen wurde, also überlebte, ohne KZ und Gefängnis – zu seiner eigenen Überraschung. So auch Paul Braune, der zur Nazizeit und deren Ende im Weihnachtsbrief 1945 sagte: »Wo wir verzweifeln wollten und nur noch Dunkelheit sahen, trug er uns durch die Finsternis und schenkte uns die Kraft, einen Neuanfang zu wagen.«[1]

Diese Lichter in der Dunkelheit gab es auf viele Arten, Gebete im Vernichtungslager, Menschlichkeit der Opfer untereinander unter unmenschlichsten Bedingungen, Hilfeleistung bei der Flucht, Bereitschaft zum Verstecken. Das ermutigt mich: Da tritt zu dem bleibend Ratlosen bezogen auf diesen Höhepunkt der Unmenschlichkeit ein Licht, doch nicht an den Menschen und damit an mir verzweifeln zu müssen, weil es auch andere gab – wenige, aber doch andere.

Das ist alles lange und zum Glück vorbei und berührt uns doch. Es berührt uns, weil es uns das Zerbrechliche dieses Schatzes mehr als deutlich vor Augen führt. Und es berührt uns auch, weil wir immer wieder diese Liebe Gottes im Antlitz des und der anderen nicht sehen. Denn dieses Sehen wäre auch ein Erkennen, dass es heute noch Unterscheidungen gibt zwischen lebenswert und -unwert, dass auch heute Menschen die Teilhabe an der Gesellschaft verweigert oder zumindest erschwert wird. Auch heute haben wir einen Begriff von »Normalen« und »Unnormalen«, keiner von uns – so würde ich behaupten, jedenfalls ich nicht – ist davon frei. Bezogen auf Körper und Geist folgen wir den Schönheits- und Gesundheitsidealen und hören selten auf die, die diese Normen nicht erfüllen. Wissen wir um das gemeinsam Zerbrechliche, das Imperfekte in uns? Alle werden wir getragen, und manche glauben es nicht, und besonders die sogenannten Gesunden müssen sich daran immer wieder erinnern. Gegenseitig »halten wir den Nächsten am Schopf«, so wie Franz Rosenzweig es seiner Schwester schreibt. Wenn es etwas zu lernen gibt aus der Erinnerung an den 27. Januar, neben dem Bestreben, die Opfer nicht dem Vergessen anheim zu geben, dann ist es wohl das: »Es gibt kein Stehen, es gibt nur ein Getragen werden«, das im Leuchten der Gegenwart Gottes auf dem Antlitz Jesu Christi und damit auf dem aller Menschen sich zeigt.

---

[1]   BERTA BRAUNE, Hoffnung gegen die Not. Mein Leben mit Paul Braune 1932–1954, Wuppertal 1983, 102.

Septuagesimae, 31. Januar 2010
Französische Friedrichstadtkirche
Predigt zu Jeremia 9,11–23

Matthias Loerbroks

Wer ist nun weise, dass er dies verstünde, und zu wem hat des HERRN Mund geredet, dass er verkündete, warum das Land verdirbt und verheert wird wie eine Wüste, die niemand durchwandert?

Und der HERR sprach: Weil sie mein Gesetz verlassen, das ich ihnen vorgelegt habe, und meiner Stimme nicht gehorchen, auch nicht danach leben,

sondern folgen ihrem verstockten Herzen und den Baalen, wie ihre Väter sie gelehrt haben,

darum spricht der HERR Zebaoth, der Gott Israels: Siehe, ich will dies Volk mit Wermut speisen und mit Gift tränken.

Ich will sie unter die Völker zerstreuen, die weder sie noch ihre Väter gekannt haben, und will das Schwert hinter ihnen her schicken, bis es aus ist mit ihnen. So spricht der HERR Zebaoth: Gebt acht und bestellt Klageweiber, dass sie kommen, und schickt nach den weisen Frauen, dass sie kommen und herbeieilen und um uns klagen, dass unsre Augen von Tränen rinnen und unsre Augenlider von Wasser fließen.

Horch, man hört ein Klagegeschrei in Zion: Ach, wie hat man uns Gewalt angetan und wie sind wir zuschanden geworden! Wir müssen das Land räumen; denn sie haben unsre Wohnungen geschleift.

Ja, höret, ihr Frauen, des HERRN Wort, und nehmt zu Ohren die Rede seines Mundes! Lehrt eure Töchter klagen, und eine lehre die andere dies Klagelied:

»Der Tod ist zu unsern Fenstern hereingestiegen und in unsere Paläste gekommen. Er würgt die Kinder auf der Gasse und die jungen Männer auf den Plätzen.«

So spricht der HERR: Die Leichen der Menschen sollen liegen wie Dung auf dem Felde und wie Garben hinter dem Schnitter, die niemand sammelt.

So spricht der HERR: Ein Weiser rühme sich nicht seiner Weisheit, ein Starker rühme sich nicht seiner Stärke, ein Reicher rühme sich nicht seines Reichtums.

Sondern wer sich rühmen will, der rühme sich dessen, dass er klug sei und mich kenne, dass ich der HERR bin, der Barmherzigkeit, Recht und Gerechtigkeit übt auf Erden; denn solches gefällt mir, spricht der HERR.

Der Text beginnt mit einer Stellenausschreibung, mit der Suche nach einem, der fähig wäre, das grauenhafte Geschehen zu verstehen, zu deuten, ja sogar: in diesem Grauen eine Botschaft, die Stimme des Gottes Israels zu hören und weiterzusagen: *Wer ist der weise Mann, der dies versteht, was da der Mund des Ewigen redet? .* Ja, wer? Wir merken sofort, dass wir das nicht können, spüren auch, wie hilflos unser Bekenntnis ist, wir hätten aus der Geschichte gelernt – als wären all die Ermordeten, derer wir heute gedenken, auch nur ein wenig weniger sinnlos, als wären sie nicht ganz umsonst gestorben, wenn wir wenigstens daraus lernen. Hilflos und hohl auch der Satz: nie wieder Auschwitz, dessen Aberwitz sofort ins Auge, ins Ohr springt, wenn wir uns klar machen, was er sagt: Ein zweites Mal lassen wir die Juden Europas, Sinti und Roma, Schwule und Lesben, Menschen mit Behinderungen oder an Leib und Seele Kranke oder wessen Leben auch immer von staatlich organisierten Massenmördern für lebensunwert erklärt wurde – ein zweites Mal lassen wir sie nicht ermorden. Und der Satz wird noch abgründiger, wenn wir uns erinnern, wofür er alles herhalten musste in den wenigen Jahren, seit die Rote Armee am 27. Januar 1945 dem Meister aus Deutschland in Auschwitz das Handwerk legte. Selbst ein so gewichtiges und notwendiges, noch nicht annähernd durchgesetztes Wort wie ›Theologie nach Auschwitz‹ will uns im Halse stecken bleiben angesichts der Frage: *Wer ist der weise Mann, der dies versteht, was der Mund des Ewigen da redet?* Und doch merken wir im selben Moment, dass wir auf eine solche Theologie angewiesen sind, wenn wir überhaupt von Theologie, von Schriftauslegung, von der Verkündigung des Evangeliums etwas erhoffen. Wie wollen denn Theologen zu irgendeinem Thema, einem Problem, einer Situation Relevantes und Erhellendes, auch Tröstliches und Befreiendes sagen, wenn sie die Situation, in der wir nach Auschwitz sind, nicht wahrnehmen, die Infragestellung aller christlichen Theologie ignorieren, unberührt, unangefochten weiterreden und weiterschreiben, als wäre nichts geschehen? Und müssen wir nicht auch sonst alles Erdenkliche und Erfühlbare tun, um doch zu verstehen, was geschehen ist, Menschen befragen, Geschichte erforschen, Traditionen, Theologien, Philosophien kritisch überprüfen und so doch weise werden, wenn wir uns nicht mit jener seltsamen, aber praktizierten Mythologie begnügen können, damals wären plötzlich Außerirdische gekommen und hätten völlig unverständliche Verbrechen begangen? In diesem Zwiespalt – wir sind nicht die Weisen, die verstehen und deuten, wir können aber auch nicht lassen, es zu versuchen – bleibt zunächst auch unser Text. Die Suche nach dem weisen Mann wird abgebrochen. Stattdessen wird nach weisen Frauen gerufen. Jeremia ist sicher nicht der Meinung, Frauen seien von Natur aus klüger als Männer. Aber er deutet an, dass es noch eine andere Weisheit gibt, die Fähigkeit zur Klage. Die weisen Frauen sind zugleich Klagemütter. *So spricht der Ewige der Heerscharen: Versteht euch selbst; ruft die Klagemütter, dass sie kommen; schickt nach den weisen Frauen, dass sie kommen, dass sie eilen, anzuheben über uns Wehgesang, dass von unsern Augen Tränen rinnen, Wasser von unsern Lidern fließt.*

Die Unfähigkeit zu trauern haben die Psychoanalytiker Margarete und Alexander Mitscherlich in den 60er Jahren bei den Deutschen diagnostiziert, und diese Unfähigkeit kam nicht etwa aus Erschütterung darüber, was sie getan und zugelassen hatten, sondern aus der Kränkung, die ihnen ihre Niederlage zufügte, der Kränkung ihrer Liebe zum Führer, der Verliebtheit in die eigene Macht und Stärke, die er zu verkörpern und zu garantieren schien. Jeremia hält diese Unfähigkeit für überwindbar. Klage und Trauer – das kann man lernen und lehren, darum der Ruf nach Klagemüttern, nach weisen Frauen. Sie sollen nicht nur selbst klagen, sondern auch ihre Töchter, ihre Nachbarinnen, Genossinnen lehren zu klagen. Und das Klagelied lautet: *Ja, der Tod ist in unsere Fenster gestiegen, in unsere Paläste gekommen.* Wir spüren das Grauen, den Schauder in diesen Worten. Der Tod ist eingestiegen wie ein Einbrecher; Häuser sind kein Zuhause mehr, die eigenen vier Wände keine Zuflucht; Heime keine geschützte Heimat: der Tod ist in unsere Fenster gestiegen. Und er ist in unsere Paläste gekommen, nicht nur in den Sportpalast, auch in die Paläste in der Wilhelmstraße, die Reichskanzlei und die anderen Ministerien, ins Prinz-Albrecht-Palais, in die Paläste der Zeitungen – das Mosse-Palais gehört nicht mehr Mosse –, in das Haus des Rundfunks, die Industrie-Paläste, die Universitäten, schließlich, am 20. Januar 1942, in die idyllische Villa am kleinen Wannsee: Der Tod regiert, ist die Staatsmacht, hat die Staatsgewalt, und die Staatspolizei uniformiert sich mit Totenköpfen. Der Tod ist in unsere Fenster gestiegen – wir spüren nicht nur das Grauen, auch das Unheimliche, Abgründige dessen, was dieses Klagelied besingt. »Wir haben Dämonen ins Auge geblickt«, hat nach dem Krieg ein deutscher Theologe[1] erschüttert gesagt, und Karl Barth, der Schweizer Demokrat, der Aufklärer, der Religionskritiker hat gespottet: »Da werden sich die Dämonen aber mächtig erschrocken haben.« Er mochte diese pathetische, auch etwas larmoyante Selbstmythologisierung der Deutschen nicht – da war er durchaus für Entmythologisierung –, wollte aufklären und aufräumen auch in der Theologie, witterte in solchen Formulierungen Denkfaulheit und Unbußfertigkeit, ließ es den Deutschen nicht durchgehen, sich – unfähig zur Trauer – womöglich selbst tragisch zu finden. Und er hatte damit recht. Und doch ist was dran an der Rede vom Dämonischen – wir merken ja, wie wir den Boden unter den Füßen verlieren, wie alles wankt oder sogar einstürzt, wenn wir uns Auschwitz nicht länger vom Leib halten. Der Tod ist in unsere Fenster gestiegen.

Zwei deutsche Juden, vor den Nazis nach Amerika geflohen, Theodor W. Adorno und Max Horkheimer, haben versucht, sich darüber klar zu werden, wie es geschah, dass Aufklärung in Barbarei, in blutige Mythologie umschlug, wollten dabei aber die Aufklärung nicht aufgeben oder denunzieren, sondern sie selbst kritisch aufklären und haben darum ihre Arbeit »Dialektik der Aufklärung« genannt. Ähnlich verhält es sich in unserem Text. Der Gott Israels und sein Prophet Jeremia lassen sich die großen und guten Worte Weisheit und Erkenntnis auch angesichts der Katastrophe nicht ausreden, wollen die Weisheit auch nicht

---

[1]   Helmut Thielicke.

auf die Fähigkeit zur Trauer und zur Klage beschränken, so wichtig das ist, sondern darüber hinaus oder dadurch hindurch zu Erkenntnis kommen. *So spricht der Ewige: Ein Weiser preise sich nicht seiner Weisheit, ein Mächtiger preise sich nicht seiner Macht, ein Reicher preise sich nicht seines Reichtums, sondern wer sich preist, der preise sich, dass er Einsicht hat und mich erkennt, dass ich der Ewige bin, der Solidarität und Recht und Gerechtigkeit tut auf Erden, denn daran habe ich Gefallen, spricht der Ewige.*

Der Dreiklang aus Weisheit, Stärke, Reichtum zeigt, um was für eine Art von Weisheit es sich handelt: ein Wissen, das selbst Macht ist, Herrschaftswissen, selbst Besitz, unter Mühen erarbeitet und stets gefährdet, technische Intelligenz, die Macht und Reichtum zu sichern weiß, die auch dazu befähigt, Massenmorde fast geräuschlos und reibungslos, unauffällig zu organisieren. Das Bedürfnis aber, nicht den HERRN, den Ewigen, den Gott Israels zu preisen – *Halleluja* –, sondern sich selbst wegen dieser Weisheit, dieser Macht, dieses Reichtums, zeigt zugleich tiefe Unsicherheit. Juden werden einerseits verachtet, verächtlich und lächerlich gemacht, andererseits gefürchtet als furchtbar klug, weltbeherrschend, reich; Biologie hört auf, aufklärende Wissenschaft zu sein, und wird zum Mythos: Ein durch Blut und Boden definierter Volkskörper muss alles Artfremde, alles Schwache, Kränkliche ausmerzen, was seine Gesundheit gefährden, seine Gesundung behindern könnte – ein Körper, der ja ohnehin durch den Dolchstoß von Juden, Demokraten, Sozialisten schwer verletzt ist, sich wehren muss; sich wehren muss auch gegen die christliche, biblische, also letztlich jüdische Voreingenommenheit für Schwache und Schwächliche. Was nicht hart wie Kruppstahl ist, sondern weich, muss weg, würde sonst womöglich auch das Harte, das Kernige verweichlichen; darum muss auch »entartete Kunst« verbannt, zersetzende, also nicht wehrertüchtigende Literatur verbrannt werden. Noch heute wird in christlichen Kreisen der Unterschied zwischen Hetero- und Homosexualität mit den Begriffen natürlich und unnatürlich beschrieben; noch heute wird das deutsche Staatsbürgerschaftsrecht ganz überwiegend nach dem Blut, nach der Abstammung definiert.

Dieser Weisheit, diesem Wissen, das zugleich Macht und Besitz ist, sichert, verschafft, wird nun nicht der Verzicht auf Weisheit gegenübergestellt, Ignoranz, eine womöglich selbst natürliche und naturwüchsige Naivität, edle Einfalt, sondern eine andere Art der Erkenntnis, der Aufklärung: die Aufklärung durch Erkenntnis des Ewigen, des Gottes Israels. Keine theoretische, sondern eine praktische Erkenntnis: Dieser Gott lässt sich erkennen in dem, was er tut, aber nicht durch Zuschauer, die gar nichts erkennen, sondern durch Mitmacher, Mittäter. Auch diese Praxis ist dreiteilig, und das zeigt: Es handelt sich um eine genaue Gegenüberstellung: nicht nur eine andere Art von Weisheit, auch eine andere Art von Macht und Stärke, eine andere Art von Reichtum: Solidarität, Recht, Gerechtigkeit. Die Weisheit dieses Gottes besteht darin, sich mit uns, seinen Feinden zu solidarisieren, Gott mit uns Gottlosen zu sein, sich nicht abzufinden mit unserer Verlorenheit und so auch uns zu befreien zu angstfreier Solidarität, statt uns einreden zu lassen, dass Solidarität unweise, dass sie blöd ist; seine Macht übt er aus, indem er geschriebenes und gesprochenes Recht durchsetzt und damit uns befreit von unserer Rechtsfremdheit, Recht und Gesetz als nur formal zu verachten: Gerade Arme, Schwache, Wehrlose bedürfen geschriebenen, verbrieften Rechts gegen das Recht des Stärkeren, das Faustrecht; sein Reichtum besteht in seiner Beziehungsfähigkeit, Beziehungsgerechtigkeit, seiner Bundestreue, und er macht damit auch uns Einzelkämpfer, oder, wie der Dichter Peter Rühmkorf spottete, uns Einzelhandelsspezialisten zu treuen und verlässlichen Bundesgenossen seines Volkes.

Das ist, allem Grauen zum Trotz und entgegen, die frohe Botschaft, das Evangelium des heutigen Sonntags: Das Volk Israel, das Licht der Völker, Licht der Welt, wurde nicht ausgelöscht. Der Gott Israels selbst ist darum nicht Staub und Asche. Er gibt sich zu erkennen, auch uns Nichtjuden, uns Christen aus den Völkern, in der tätigen Bundesgenossenschaft mit seinem Volk; er gibt sich zu erkennen in dem, was er tut: Solidarität, Recht, Gerechtigkeit; er gibt sich denen zu erkennen, die da mittun; die zu tun versuchen, woran er Gefallen hat. Das Leben Israels, das Überleben des jüdischen Volkes ist uns ein Zeichen der Treue Gottes, der auch wir trauen, uns anvertrauen.

4. Sonntag nach Epiphanias, 30. Januar 2011 Französische Friedrichstadtkirche

Predigt zum Buch Ruth

Matthias Loerbroks

Die Geschichte beginnt mit einem schreienden Widerspruch: eine Hungersnot im verheißenen Land, dem Land, in dem angeblich Milch und Honig fließt. Dieser Gegensatz wird noch verschärft durch den Namen des Ortes, der hier Ausgangspunkt und Ziel ist, Bethlehem. Der Name dieser kleinen Stadt im Süden, der in beiden Teilen der christlichen Bibel mit so vielen Hoffnungen verbunden ist, Hoffnungen auf den Gesalbten, den Messias, den Christus, der Israel und die Völker erlösen und befreien wird aus aller Not, der Geburtsort Davids und des Davidsohns Jesus, der Name Bethlehem, *bet-lechem*, bedeutet Haus des Brots und steht damit auch für die materielle Seite der Hoffnungen, die sich mit David und Jesus verbinden. Eine Hungersnot im Brothaus – der Erzähler oder die Erzählerin spielt damit auf den Beginn der ganzen Israelgeschichte an. Abraham und Sara waren dem Ruf Gottes zum Aufbruch gefolgt, hatten der Verheißung getraut, dass aus ihnen ein neues Volk werde, allen Völkern zum Segen, Beginn einer neuen Menschheit. Doch kaum waren sie angekommen im verheißenen Land, das der Anfang einer neuen Welt sein sollte, brach dort eine Hungersnot aus, und beide ziehen weiter nach Ägypten, wo Abraham aus Sorge um sein eigenes Leben seine Frau im Stich lässt, verrät, verkauft und so in jeder Hinsicht die Verheißung gefährdet. Gott presst sie frei durch Schläge, durch Plagen an Ägypten – sie, nicht er wird so zum Vorausbild des späteren, aus der Sklaverei befreiten Israel.

Auch in unserer Geschichte führt die Hungersnot zur Flucht, ins Exil. Eine kleine Familie aus Bethlehem, Elimelech, seine Frau Naomi, ihre Söhne Machlon und Kilion, flieht nach Moab. Das ist in der Bibel keine gute Adresse. Von der Entstehung dieses Nachbarvolks erzählt man sich in Israel eine drastische Geschichte, die mit dem Wort Moab spielt. Nach der Zerstörung Sodoms und Gomorras haben die Töchter Lots, die mit ihrem Vater entronnen waren, ihn erst hinreichend betrunken gemacht und dann verführt, um schwanger zu werden - offenbar in der Meinung, die letzten Überlebenden auf Erden zu sein. Mag diese Geschichte auch erzählt worden sein, um die ungeliebten Nachbarn in Verruf zu bringen, zu verspotten, so erinnert sie doch zugleich daran, dass es sich bei ihnen um Nachkommen Lots, also um Verwandte handelt. Und sie zeigt auch, ähnlich wie der Rausch Noahs nach der Flut, dass eine Katastrophe auch das Leben der Entronnenen, der Überlebenden verwirren, manchmal auch zerstören kann. Jedenfalls spielt auch das Stichwort Moab in unserer Erzählung auf die Urgeschichte Israels an, nämlich auf Lot, Abrahams Neffen, von dem es zunächst stereotyp, fast wie ein Zuname heißt: der mit ihm ging, der sich dann aber doch von Abraham trennt, plötzlich den Garten Eden nicht mehr vom Sklavenhaus Ägypten unterscheiden kann, dennoch erst von Abraham, dann von Gott selbst gerettet wird; der in einer entsetzlichen Parodie auf den Besuch Gottes bei Abraham in Mamre seine Töchter dem Mob von Sodom anbietet, worauf dann die schon erwähnte Fortgeschichte dieser Töchter ein grausiges Echo ist; und der in dieser ganzen Zwiespältigkeit so etwas wie ein Urbild der Christen an der Seite Israels ist: irgendwie verwandt, aber doch getrennt und nicht verlässlich; mitgerettet, mitbefreit und doch immer wieder zurücksinkend ins Chaos.

Unsere Geschichte wirkt zunächst wie eine Heilung dieser zwiespältigen Vorgeschichte. Die Familie aus Bethlehem findet Aufnahme bei den entfernten, den problematischen Verwandten und Nachbarn und die Söhne finden Frauen. Doch die Leser und Hörer sind gewarnt. Während die Namen der Eltern verheißungsvoll klingen – Elimelech: Mein Gott ist König; Naomi: die Angenehme – deuten die Namen der Söhne bereits Unheil an: Bei Machlon schwingt deutlich Krankheit mit, bei Kilion sogar Zerstörung. Naomis Mann und ihre beiden Söhne sterben, sie bleibt mit ihren moabitischen Schwiegertöchtern zurück und wird zum Bild Israels ohne Zukunft und Hoffnung. Sie entschließt sich, nach Bethlehem zurückzukehren, beide Schwiegertöchter wollen mitgehen; die eine, Orpa, lässt sich von den drastischen Worten Naomis über ihre hoffnungslose Situation überzeugen und kehrt unter Tränen zurück nach Haus; die andere, Ruth, nicht. Ihr ist klar, dass ihr beharrliches Mitgehen mit Naomi, ihre hartnäckige Liebe und Treue nicht nur ihre Privatsache ist, sondern eine theopolitische Entscheidung. Sie sagt nicht nur: *Wo du hingehst, will ich auch hingehen, und wo du nächtigst, will auch ich zusammen mit dir nächtigen*, verspricht nicht nur, bedeutungsvoll genug, eine Weg- und eine Nachtgemeinschaft, sondern fügt sogleich hinzu: *Dein Volk ist mein Volk, und dein Gott ist mein Gott. Wo du sterben wirst, will ich sterben und dort will ich begraben sein; nur und erst der Tod wird mich und dich scheiden* (1,16 f.). Sie sieht in ihrer Geschichte mit Naomi zugleich eine mit dem Volk Israel und damit auch eine mit dem Gott dieses Volkes. Und sie geht eine Lebensbindung mit diesem Volk und diesem Gott ein: Nur und erst der Tod soll sie trennen. Dieses Gelübde ist inzwischen ins Formular kirchlicher Trauungen eingegangen, benennt aber ursprünglich die Bindung einer Nichtjüdin an eine Jüdin, an das jüdische Volk und an den Gott Israels: Mitgehen und Mittun, Mitdurchstehen finsterer Nächte bis zum Tod. Sie wird später dafür beglückwünscht, dass sie Vater und Mutter und Heimatland verließ – wie einst Abraham und Sara – und zu einem Volk ging, das sie gestern und ehedem nicht kannte. Und so wird ihr der Segen zugesprochen: *Der HERR vergelte dir deine Tat, und dein Lohn möge voll-*

kommen sein bei dem HERRN, dem Gott Israels, zu dem du gekommen bist, dass du unter seinen Flügeln Zuflucht hast (2,12).

Nun hatte ja die Vorgeschichte – etwa die Dementierung der verheißungsvollen Namens Betlechem, Elimelech, Naomi – gezeigt, dass das mit der Zuflucht fraglich ist; dass die Verheißungen jedenfalls keine Garantie oder Versicherung sind, sondern eine Sache und eine Frage des Vertrauens bleiben. Naomi will darum auch nicht mehr die Angenehme genannt werden, sondern Mara, die Bittere. Sie erinnert damit an die Bitterkeit der Sklaverei, an die noch heute die bitteren Kräuter zu Pessach erinnern, erinnert damit aber auch daran, dass in und trotz aller Bitterkeit der Treue des Gottes Israels zu trauen ist. Es ist jedenfalls ein himmelweiter oder vielleicht ein höllenweiter Unterschied, ob angesichts des Massenmordes, dessen wir heute gedenken, Juden und Jüdinnen ihrem Gott nicht mehr trauen können, oder ob Christen behaupten, nach Auschwitz ließe sich nicht mehr von Gott reden. In unserer Geschichte ist es gerade die tätige Treue der Nichtjüdin Ruth, die diese Bitterkeit wendet, dem steckengebliebenen Israel wieder Zukunft und Hoffnung gibt, zum Fortgang der Geschichte verhilft, die dann zu David und, in der christlichen Bibel, zu Jesus führt.

Gerade wegen der Zwiespältigkeit, die die Namen Moab und Lot in biblisch geschulten Ohren haben, ist Ruth so etwas wie ein Modell für das, was von uns Christen, Jesusjüngern aus den Völkern, zu erwarten und zu erhoffen ist. Unsere Liebe zu Jesus, unsere Bindung an ihn hätte auch uns zu hartnäckigen, treuen, verlässlichen und hilfreichen Bundesgenossen seines Volkes machen müssen: *Wo du hingehst, will auch ich hingehen; wo du nächtigst, nächtige auch ich; dein Volk ist mein Volk und dein Gott ist mein Gott.* Das aber ist nicht geschehen. Christen haben sich von Ruth nicht leiten, nicht den Weg des Mitgehens weisen, nicht ermutigen und stärken, nicht animieren lassen. Es war nicht erst der Tod, nicht erst die Bedrohung durch die Todesmaschinen der Deutschland regierenden Mörder, die uns Christen von den Juden schied. Es gab schon zuvor nur bei wenigen ein Mitgehen und Mitnächtigen, bei den meisten nicht einmal ein Mitfühlen und Mitdenken, ein Sich Hineinversetzen in die Situation anderer, geschweige denn ein hilfreiches, ein rettendes Mittun, tätige Treue. Sondern Distanz und Kälte, Verrat und Verleugnen unserer Bindung an diesen Gott und an sein Volk. So wie es von Petrus, dem ebenfalls zwiespältigen, dem nicht verlässlichen, sondern schwankenden, manchmal versinkenden Fels der Kirche erzählt wird: »*Ich kenne diesen Menschen nicht*« (Mk 14,71). Denn die Kirche hatte ja lange zuvor schon damit begonnen, sich nicht an der Seite, sondern anstelle Israels zu verstehen; hatte theologisch-theoretisch vom Ende Israels geredet, lange bevor die Mörder den Massenmord Endlösung nannten. Nicht alle Christen hassten die Juden, die leiblichen Geschwister ihres Herrn. Viele begnügten sich damit, sie einfach nicht zu mögen, nicht leiden zu können. Doch als es diesem Volk ans Leben ging, war schon Gleichgültigkeit tödlich genug. Und diese Kälte, die Unfähigkeit oder Unwilligkeit zum Mitgehen und Mitfühlen, aufmerksamem wachen Mitdenken, die Unfähigkeit zum Mitnächtigen betraf dann auch die anderen Opfer des Nationalsozialismus, derer wir heute gedenken. Es handelte sich meist nicht um flammenden Zorn, lodernden Hass – das gab und gibt es freilich auch –, sondern um kühle Distanz, um Kälte. Es genügte, diese Menschen in irgendeiner Weise als fremd zu definieren und diese Fremdheit dann als Grund zu nehmen, nicht mit ihnen zu fühlen, geschweige denn mit ihnen mitzugehen. Die produzierte Fremdheit machte kalt. Das heutige Evangelium aber erinnert uns daran, dass Jesus Jüngern, die mehr Angst als Vertrauen haben, in äußerst fremder Gestalt, nämlich als Gespenst erscheint (Mk 4,35–41).

Die Geschichte der Moabiterin Ruth, der Fremden, die Naomi aus ihrer Bitterkeit hilft, Israel Zukunft und Hoffnung gibt, wird zu Schawuot gelesen, ein Wallfahrtsfest, bei dem nicht nur für die Ernte, sondern auch für die Offenbarung Gottes und die Gabe der Tora am Sinai gedankt wird in der Hoffnung, diese Weisung könne vom Zion aus auch die anderen Völker erreichen, das Feuer vom Sinai könne auch bei ihnen zünden. Die Pfingstgeschichte des Lukas erzählt von der Erfüllung und damit Bestätigung dieser Hoffnung. Diese Schawuot-Hoffnung wirft auch ein anderes Licht auf das heutige Evangelium vom gespenstischen Jesus. Verständlicherweise ist Jesus für viele Juden ein Schreckgespenst, weil sie ihn mit dem verbinden, was seine Jünger ihnen angetan haben. Das Evangelium skizziert die Möglichkeit, Jesus könne dem im Chaosmeer der Völkerwelt vom Untergang bedrohten Zwölf-Stämme-Volk in fremder und befremdlicher, darum zunächst gespenstischer Gestalt zu Hilfe kommen, indem er diesen Völkersturm gegen Zion stillt. Das aber hängt von uns, seinen Jüngern ab, davon, ob wir auf ihn hören, ihm trauen und darum dem Beispiel seiner Urahnin Ruth folgen. Es war der Rabbiner Robert Raphael Geis, der beim Streit mit Christen über die sogenannte Judenmission erinnerte: Ihr hattet die Chance, uns Juden Jesus zu bezeugen. Als wir an Leib und Leben bedroht waren, hättet ihr tätig deutlich machen können, dass Jesus euch an die Seite Israels bringt, euch zu Bundesgenossen Gottes und seines Volkes macht. Diese Chance habt ihr versäumt. Er konnte darum das Bestehen der Christen darauf, Juden gegenüber Zeugnis abzulegen, aber nur verbal, nur läppisch und lächerlich finden.

Noch aus einem anderen Grund ist das Buch Ruth bei allem Grauen und aller Erschütterung unseres heutigen Gedenkens eine Quelle der Ermutigung und der Hoffnung. Es ist auch ein Kommentar zu dem, was in der Bibel als Löser, als Erlöser verstanden wird. Wegen des fürchterlichen Wortes Endlösung wollen uns heute auch gute biblische Worte wie Erlösung im Hals stecken bleiben. Das Buch Ruth erzählt als eine Art nachträgliches Vorwort zur David-, also zur Messiasgeschichte, dass die Erlösung und Befreiung Israels und der Völker zwar wohl nicht davon abhängt, aber damit zusammenhängt, dass Menschen aus der Völkerwelt wie Ruth Israel zu Hilfe kommen in hartnäckiger und tätiger Treue. Es ermutigt uns zur Solidarität, zum Mitgehen, Mitfühlen, Mitleiden, Mitnächtigen mit diesem Volk in der noch nicht erlösten Welt.

27. Januar 2012
Französische Friedrichstadtkirche
Predigt zu Offenbarung 1,9–19

Matthias Loerbroks

Ich, Johannes, euer Bruder und Mitgenosse in der Drangsal und im Reich und in der Beharrlichkeit in Jesus, ich war auf der Insel, die Patmos genannt wird, wegen des Wortes Gottes und des Zeugnisses Jesu.
Ich war im Geist am Tag des HERRN und ich hörte hinter mir eine große Stimme wie von einer Posaune,
die sprach:»Was du siehst, schreib in ein Buch und schick es den sieben Gemeinden, nach Ephesus und nach Smyrna und nach Pergamon und nach Thyatira und nach Sardes und nach Philadelphia und nach Laodizea.«
Und ich wandte mich um, um die Stimme zu sehen, die mit mir redet, und umgewandt sah ich sieben goldene Leuchter
und inmitten der Leuchter einen, einem Menschensohn ähnlich, gekleidet in ein Gewand bis zum Fuß und um die Brust gegürtet mit einem goldenen Gürtel,
sein Kopf und seine Haare weiß wie Wolle, weiß wie Schnee; seine Augen wie Feuerflammen;
seine Füße wie Golderz, im Ofen geglüht; seine Stimme wie die Stimme vieler Wasser; in seiner rechten Hand sieben Sterne und aus seinem Munde ausfahrend ein Schwert, zweischneidig scharf und sein Aussehen wie die Sonne, die scheint in ihrer Kraft.
Und als ich ihn sah, fiel ich zu seinen Füßen wie tot, und er legte seine Rechte auf mich und sprach:»Fürchte dich nicht! Ich bin der Erste und der Letzte und der Lebendige.
Ich war tot, und siehe!, ich lebe in Ewigkeit der Ewigkeiten und habe die Schlüssel des Todes und der Totenwelt.
Schreibe nun, was du gesehen hast, was da ist und was danach geschehen soll.«

Apokalypse heißt das Buch, aus dessen erstem Kapitel wir einen Abschnitt hörten, und mit den Worten Apokalypse und apokalyptisch verbinden viele Menschen so etwas wie Katastrophe, Weltuntergang und darum auch das entsetzliche Geschehen, dessen wir heute gedenken: staatlich organisierte Massenmorde, besonders die Verfolgung und Ermordung der Juden Europas. In der Tat ist in diesem Buch und in anderen Texten, die als apokalyptische Literatur gelten, von Katastrophen, von Untergängen die Rede, wenn auch nicht vom Weltuntergang, sondern davon, dass eine verkehrte Welt, eine judenfeindliche, jesusfeindliche, menschenfeindliche Weltordnung – in diesem Buch wird sie mit einer biblisch erfahrungsgesättigten Chiffre Babel, Babylon genannt, und gemeint ist das römische Weltreich – gestürzt werden muss, und sei es mit grausamen Mitteln, damit eine neue Welt, ein neuer Himmel und eine neue Erde, ein neues Jerusalem Raum finden.

Doch ganz andere Assoziationen löst die gebräuchliche deutsche Übersetzung aus: Offenbarung. Auch wenn nicht immer ganz deutlich ist, was das bedeutet, auch wenn das Wort ein bisschen fremd, vielleicht auch altertümlich klingt, gemeint ist fast immer etwas Gutes: nicht nur dass mir ein Licht aufgeht, mir etwas klar wird, ich werde selbst hell. Eine Offenbarung erlebt zu haben, das klingt wie großes Glück.

Wörtlich übersetzt aber bedeutet Apokalypse Enthüllung. Ziel des Buches ist, die Verschleierungen wegzunehmen, die uns daran hindern zu erkennen, was wirklich geschieht, Verblendungen zu beseitigen, die uns blind machen, aufzuklären. Freilich geschieht diese Enthüllung in diesem Buch in äußerst verhüllter, geheimnisvoller Sprache, in rätselhaften Bildern und Chiffren. Das mag auch daran liegen, dass es sich um Untergrundliteratur handelt, die nicht jeder, die nur Eingeweihte verstehen soll, aber nicht nur. Es ist auch Teil des Unternehmens selbst. Wer in einer geschlossen erscheinenden Welt das erkennen, das zeigen, davon reden will, was nicht direkt vor Augen steht, was dahintersteckt, was unter der Oberfläche des Scheins schon im Gang ist, für uns von der jetzigen Weltordnung Verblendete aber nicht zu erkennen, braucht seinerseits Bilder, Gleichnisse, braucht auch Musik, um erfahrbar, erkennbar, spürbar zu machen, was unsere verschleierten Augen nicht sehen.

Diese Bildersprache hat dieses Buch in allen Zeitaltern und Machtkonstellationen zum Sehnsuchts- und Hoffnungsbuch für Unterdrückte und Verzweifelte gemacht. Die Vision, dass das erwürgte, das geschlachtete Lamm die Rätsel der Geschichte lösen, dass es regieren wird; dass also die Sieger der Geschichte nicht Sieger bleiben, sondern ihre Opfer Recht bekommen, half beim Überleben. Und in dem Maß, in dem die Kirchen selbst Teil der bestehenden Macht wurden, wurde ihnen dieses Buch unheimlich. Aber gerade diese Bilderwelt erwies sich auch als missbrauchbar, und zwar ganz besonders durch die Nationalsozialisten, die dieses Buch und andere apokalyptische Visionen kräftig plünderten, weil sie ihre Kraft erkannten. Das gehörte zu der Strategie, die auch heutige Nazis erfolgreich nutzen: die eigenen Taten dadurch zu tarnen, dass man sich nicht als Täter, sondern als Opfer beschreibt, Opfer etwa einer übermächtigen jüdischen Weltverschwörung, gegen die es sich zu wehren gilt: ›Deutsche, wehrt euch.‹ Auch die Selbstbezeichnung ›Nationalsozialistischer Untergrund‹ suggeriert Widerstand gegen eine herrschende Übermacht, will aus Mördern Befreiungskämpfer machen. Der Begriff ›tausendjähriges Reich‹ stammt aus diesem Buch, war jahrhundertelang Inbegriff der Hoffnung auf ein irdisches Reich des Friedens und der Gerechtigkeit, ehe es die Nazis für ihr Herrschaftssystem benutzen. Das Dritte

Reich stammt zwar nicht aus diesem Buch, aber aus der Tradition apokalypti-scher Hoffnungen: Nach dem Reich des Vaters – Altes Testament – und dem Reich des Sohns – Kirche – werde das dritte Reich, das Reich des Geistes kommen, eine Welt der Philadelphia, der geschwisterlichen Liebe. Auch der Begriff ›Endlösung‹ spielt mit apokalyptischen Vorstellungen und Hoffnungen, nämlich der Vision von einer endgültigen Beseitigung alles Bösen und allen Unrechts, einer ewigen Lösung, Erlösung, Befreiung. Man kann verstehen, dass manche darum das ganze Buch lieber in den Giftschrank täten, als es in der christlichen Bibel zu haben, aber so lässt es sich nicht unwirksam machen. Wir würden es nur erst recht entweder den Nazis überlassen, ihren Diebstahl als legitime Aneignung ratifi-zieren oder Fundamentalisten und Sektierern, die in der Tat mit dem Weltun-tergang in jeder Hinsicht spekulieren. Schwieriger, aber lohnender ist es, um die Deutung dieses Buchs zu kämpfen und in unserem Leben und in unserer Praxis herauszufinden, ob es tatsächlich enthüllt, aufklärt, entschleiert.

Der Verfasser stellt sich vor als Mitgenosse in der Drangsal, also Leidens-genosse, aber auch Mitgenosse im Reich und in der Beharrlichkeit Jesu. Und mit dem Begriff Reich benennt er das umkämpfte Gebiet: Wessen Welt ist die Welt? Er hofft nicht nur, er hat gesehen, geschaut, dass mitten in dem scheinbar ge-schlossenen Machtsystem des bestehenden Reichs ein Gegenreich, eine Gegen-geschichte schon wirksam ist. Am Tag des Herrn gerät er unter den Einfluss des Geistes. Gemeint ist gewiss der Sonntag, der Tag der beflügelnden Erinnerung an die Auferweckung des Gekreuzigten, an den Sieg Gottes gegen die Macht und die Nacht des Todes; und so hoffen wir an jedem Sonntag neu, unter den Einfluss dieses Geistes zu geraten. Der Tag des Herrn ruft aber zugleich viele biblische Hoffnungen auf: der Tag des Gerichts, an dem der Gott Israels die Welt zu-rechtbringen, allem Elend und Unrecht ein Ende setzten wird, ein Tag, von dem freilich schon in der Bibel umstritten ist, ob er Licht oder Finsternis bedeutet. An den Tag des Herrn als Tag des Gerichts – auch die Auferweckung des Gekreu-zigten war das Urteil des Vaters – erinnert auch, dass die Stimme, die Johannes hört, wie eine Posaune klingt.

Was du siehst, schreib in ein Buch, sagt die Stimme, und nennt sieben Ge-meinden beim Namen, an die dies Buch gehen soll – und die Zahl sieben, Leit-motiv in diesem Buch, meint, dass es auch in der Gegengeschichte ums Ganze geht, um die ganze Welt, denn sieben steht für das Ganze, so oder so: die verkehrte Welt unter der Herrschaft Babylons, das auf sieben Hügeln sitzt, oder die sieben Gemeinden.

Doch zunächst sieht der Seher nichts, sondern hört, wendet sich um, will, wie er schreibt, die Stimme sehen, die mit ihm redet, und sieht eine glanzvolle Er-scheinung, sieht auch die Zahl sieben, die sieben Gemeinden als Lichter der Welt, und inmitten dieser Lichter einen, einem Menschensohn ähnlich, einem Men-schen, und das erinnert an die biblische Hoffnung, dass nach allerlei raubtier-artigen Weltreichen ein Reich mit menschlichem Angesicht kommt. Doch diese lichtvolle Schau macht den Seher wie tot – er wird erst wieder lebendig, als der, in dessen Rechten sieben Sterne sind, ihn mit dieser Rechten berührt und sagt: *Fürchte dich nicht.*

Ich bin der Erste und der Letzte, sagt er und deutet damit an, dass zwischen diesem Ersten und Letzten, dem A und dem O, Entsetzliches, Bedrohliches geschah, geschieht und noch geschehen wird, aber umrahmt, umfasst, begrenzt. *Und der Lebendige: Ich war tot, und siehe!, ich lebe und habe die Schlüssel des Todes und der Hölle,* und bei diesem Satz stockt uns der Atem, das Herz. Was ist von dieser Schlüsselgewalt zu halten, da wir doch heute daran erinnern und erinnert werden, dass die Hölle auf Erden möglich ist; dass sie wirklich wurde? Doch versagt hatte da nicht der Auferweckte, der Lebendige, versagt haben wieder seine Jünger, die ihn verrieten, ihn, den Juden, verleugneten – *ich kenne den Menschen nicht* (Mk 14,71) –, im Stich ließen.

Wie sind wir nun dran mit den Gesichten dieses Sehers? Sollen wir die großen Visionen vom Sieg des Lebens gegen die Macht des Todes, des Lichts gegen die Finsternis, vom neuen Himmel und neuer Erde fallen lassen, weil sie immer wieder zur Frontbildung der Guten gegen die Bösen, zu Schwarzweißmalerei verführen? Klingt nicht in unseren Ohren jede Vision einer endgültigen Erlösung und Befreiung gellend nach Endlösung? Wäre es nicht besser, wir versuchen ohne große Worte geduldig und mit kleinen Schritten daran zu arbeiten, dass unsere Welt etwas menschlicher, etwas weniger unmenschlich wird, etwas ähnlicher einem Reich mit menschlichem Angesicht? Doch diese Strategie war schon gescheitert, als die Nazis die Macht ergriffen, auch in der Kirche.

»Für die Faschisten,« schreiben Theodor W. Adorno und Max Horkheimer in ihrem Buch »Dialektik der Aufklärung«, »sind die Juden nicht eine Minorität, sondern die Gegenrasse, das negative Prinzip als solches; von ihrer Ausrottung soll das Glück der Welt abhängen. Extrem entgegengesetzt ist die These, die Juden, frei von nationalen oder Rassemerkmalen, bildeten eine Gruppe durch religiöse Meinung und Tradition, durch nichts sonst. Beide Doktrinen sind wahr und falsch zugleich. Die erste ist wahr in dem Sinn, dass der Faschismus sie wahr gemacht hat. Die Juden sind heute die Gruppe, die praktisch wie theoretisch den Vernichtungswillen auf sich zieht, den die falsche gesellschaftliche Ordnung aus sich heraus produziert. Sie werden vom absolut Bösen als das absolut Böse gebrandmarkt. So sind sie in der Tat das auserwählte Volk. Im Bild des Juden, das die Völkischen vor der Welt aufrichten, drücken sie ihr eigenes Wesen aus. Ihr Gelüste ist ausschließlicher Besitz, Aneignung, Macht ohne Grenzen, um jeden Preis. Den Juden, mit dieser ihrer Schuld beladen, als Herrscher verhöhnt, schlagen sie ans Kreuz, endlos das Opfer wiederholend, an dessen Kraft sie nicht glauben können. Die andere, die liberale These ist wahr als Idee. Sie enthält das Bild jener Gesellschaft, in der nicht länger Wut sich reproduziert und nach Eigenschaften sucht, an denen sie sich betätigen kann. Indem aber die liberale

These die Einheit der Menschen als prinzipiell bereits verwirklicht ansetzt, hilft sie zur Apologie des Bestehenden.«

Die Botschaft dessen, der den Tod hinter sich hat, raubt uns Illusionen, nimmt uns die Naivität, hindert uns aber auch daran, zu den Todesmächten überzulaufen, ihnen Recht zu geben. So halten wir daran fest, auch wenn wir nicht sicher sein können, dass der noch lebt, der sich hier als Lebendiger vorstellt. Theologen, die die ganze christliche Theologie nach Auschwitz in Frage gestellt sahen, ist oft vorgeworfen worden, sie würden die Schoah als eine Offenbarung betrachten und berücksichtigen. Doch es ging und geht darum, neu und anders als bisher auf die Worte der Schrift zu hören; den Auferstandenen nicht länger als Gegner seines Volkes zu verstehen, sondern als seinen Repräsentanten, seine Stimme, seine Verkörperung. *Schreib auf, was du gesehen hast, was da ist und was danach geschehen soll,* wird dem Seher gesagt. Und das versuchen auch wir. Angesichts der monströsen Verbrechen, die uns heute vor Augen stehen, mag es lächerlich bescheiden klingen, ausgerechnet auf theologische Arbeit zu setzen. Aber wir wissen inzwischen, zu was theologische Irrwege auch in der Wirklichkeit führen, und so lasst uns dabeibleiben, an einer Umkehr auch im Denken, auch in der Theologie zu arbeiten – als Mitgenossen in der Drangsal, Mitgenossen aber auch im Reich und in der Beharrlichkeit in Jesus.

Septuagesimae, 27. Januar 2013
Französische Friedrichstadtkirche
Predigt zu Psalm 36

Johannes Gockeler, Marie Hecke, Thomas Heldt, Matthias Loerbroks

Spruch der Sünde zum Gewalttäter in der Mitte meines Herzens:
»Es gibt keinen Gottesschrecken seinen Augen entgegen.«
Denn in seinen Augen schmeichelt er sich selbst,
sein Verbrechen zu finden, zu hassen.
Die Worte seines Mundes sind Unrecht und Hinterlist,
er hat aufgehört, Einsicht zu haben, Gutes zu tun.
Unrecht plant er auf seinem Lager,
er betritt einen Weg, der nicht gut ist, Böses verwirft er nicht.
Ewiger, bis an den Himmel reicht deine Güte,
deine Treue bis an die Wolken,
deine Gerechtigkeit ist wie die Gottesberge,
dein Rechtsspruch wie die große Urflut: Mensch und Tier machst du frei, Ewiger.
Wie kostbar ist deine Güte, Gott.
Menschenkinder flüchten in den Schatten deiner Flügel.
Sie sättigen sich am Fett deines Hauses,
und den Strom deiner Wonnen lässt du sie trinken.
Denn bei dir ist die Quelle des Lebens,
in deinem Licht sehen wir Licht.
Erhalte deine Güte denen, die dich kennen,
und deine Gerechtigkeit denen, die geraden Herzens sind.
Nicht komme an mich der Fuß des Hochmuts,
und die Hand der Gewalttäter verjage mich nicht.
Dort: Sie fallen, die Täter des Unrechts,
werden umgestoßen und können nicht aufstehen.

Am heutigen Gedenktag für die Opfer des Nationalsozialismus denken wir dem Psalm 36 nach und merken: Seine verschiedenen Teile scheinen miteinander unvereinbar zu sein, klingen widersprüchlich. Der Dichter des Psalms bringt Unvereinbares zusammen. Wie kann er in einem einzigen Gebet, in einem Atemzug, das Innere des bösen Menschen illusionslos, ungeschönt benennen und zugleich frohgemut die Verlässlichkeit und Güte Gottes loben? Und wie können wir angesichts von Auschwitz von der himmelweiten Güte Gottes sprechen? Bleiben uns, bleiben mir diese Worte nicht im Hals stecken? Wie kann der Beter am Ende trotz und in dieser Welt um den Schutz Gottes bitten und den Sturz der Gewalttätigen feiern? Diese Bewegungen, die der Dichter in einem einzigen Psalm unternimmt, unterbrechen und verwirren mich. Sie unterbrechen mich in meinem umtriebigen Leben, sie verwirren uns in unseren Sicherheiten. Doch gerade wegen seiner Widersprüchlichkeit lassen wir uns von diesem Psalm unterbrechen; halten inne und versuchen, seinen scheinbar unvereinbaren Bewegungen zu folgen.

Die erste Bewegung ist die Beschreibung des Bösen. Sie steht in den ersten fünf Versen. Dabei unternimmt der Dichter den Versuch, die Bosheit des Gewalttäters nicht nur von außen zu beschreiben, also seine Taten zu benennen, sondern auch von innen: seine Motivation, sein Selbstverständnis, sein Inneres zu ergründen. Seine Bosheit wurzelt in seiner Gottesferne: In seinen Augen ist keine Furcht, kein Schrecken vor Gott, jedenfalls, was immer ihm sonst heilig sein mag, vor diesem Gott, und so schreckt er vor nichts zurück. Die Täter haben Gott als Gegenüber aus den Augen verloren und damit den Maßstab, an dem sie sich und ihr Handeln ausrichten könnten. Stattdessen dreht der Gottlose sich um seine eigene Achse, verkrümmt und gottvergessen. Das Böse ist narzisstisch, selbstbezogen, ist Bauchnabelschau. In ihren Augen schmeichelt es ihnen, schuldig zu werden, zu hassen. Und wir denken da an den Stolz der Herrenmenschen auf die eigene Kühnheit, jenseits von Gut und Böse zu agieren, an hergebrachte Maßstäbe nicht gebunden zu sein: das Gewissen – eine jüdische Erfindung. Sie gehen diesen Weg nicht nur bewusst und selbstgewählt, sondern gefallen sich auch noch dabei. Die Dynamik des Bösen wird dabei noch verschärft. Es fehlt jedes Korrektiv, jede Unterbrechung, jedes Hinterfragen des eigenen Tuns. Lothar Kreyssig nannte dies den frevlerischen Aufstand gegen Gott.

Heute, am Tag der Befreiung von Auschwitz, hören wir diese Verse als erschreckendes Portrait und Selbstportrait jener, die ein Schienennetz der Vernichtung durch ganz Europa spannten und in der Dunkelheit über den Plänen brüteten. Albtraumgleich schmiedet der Gottlose nachts auf seiner Liege mörderische Pläne. Statt mit schuldlosen Träumen und sündlosem Schlaf, sind seine Nächte mit mörderischen Gedanken gefüllt. Der Psalmdichter beschreibt so auch die Frevler, die auf dem Weg der Vernichtung von Millionen von Menschen marschierten und diesen Weg ganz bewusst gingen, die entschlossen aufgehört hatten, sich vom Gott Israels aufklären zu lassen und darum gut, dem Leben dienend zu handeln. Stattdessen haben sie sich bewusst entschlossen zum Vernichten, zum Bösen.

Ich bete diesen Psalm Israels als Christin, als Deutsche. So muss ich in diesen ersten Versen den Abgrund des Handelns so vieler Deutscher zu Nazizeit beschrieben sehen, der zur Vernichtung von Millionen Menschen führte. Ich lese diese Verse und erschrecke über die Gottesferne der Sünde meiner Großeltern, meiner Vorfahren, von Menschen, die kontinuierlich den Namen Gottes im Mund führten. Sie lassen mich aufschrecken und fragen: Gehört das abgrundtief Böse zu den eigenen Möglichkeiten von Anfang an – auch zu meinen? Als Nachfahrin der Täter, der gottlos Handelnden, höre und lese ich diese Verse nicht nur als Außenansicht des Bösen, sondern auch als Innenschau des Frevlers, der sein Handeln bewusst wählt und auf diesem Weg beharrt. Schonungslos nah kommen mir dabei die Worte des Beters. Sie unterbrechen mich in meinen Sicherheiten.

Und dann, in den Versen 6 bis 10, eine zweite, entgegengesetzte Bewegung: Inmitten der Innenschau des Frevlers, inmitten der Abrechnung mit dem Bösen in der Welt und in sich selbst erklingt zum ersten Mal der Name Gottes, *JHWH, Adonai!* Aus dem Klagedichter wird ein jubelnder Beter. Angesichts der Gestalt des Bösen, dem das Böse selbst heilig ist, dem es zum Gott wurde, besteht der Beter auf dem wahren Namen des Gottes Israels. Er stimmt einen Lobpreis an, wie er hymnischer nicht sein könnte: In alle Richtungen geht es mit Gott – himmelhoch, wolkenweit, zu Bergen und in Tiefen. Nichts scheint mehr übrig vom verkrümmten Menschen, der in immer gleicher Selbstgerechtigkeit um sich selbst kreist, ein hermetisch scheinender Raum wird geöffnet. Den Worten, die das Böse im ersten Teil kennzeichnen, Schuld, Unheil, Hinterlist, Narzissmus, setzt der zweite Teil Worte entgegen, die die Welt Gottes und seine Wirkung im ganzen Kosmos bestimmen: Freundlichkeit, Verlässlichkeit, Gerechtigkeit und Recht. Ein dramatischer Kontrast wird hier aufgebaut: Der sich selbst einschließenden Enge des Sünderherzens wird unmittelbar im Anschluss die unendliche Weite des Gottesherzens gegenübergestellt, das sich allen Lebewesen rettend zuwendet: *Mensch und Tier machst du frei!*

Jetzt, da Sein heiliger Name JHWH angerufen und ausgerufen wurde, kann auch wieder ganz allgemein von Gott gesprochen werden, denn jetzt ist geklärt, wer gemeint ist.

Wie kostbar ist deine Güte, Gott, dass Menschenkinder in den Schatten deiner Flügel flüchten – hier wird Gott selbst zur Glucke, zur schützenden Vogelmutter als Bild der Geborgenheit. Sie sättigen sich an der Fülle (am Fett, am Mark) deines Hauses, der Ort des sättigenden Mahles ist die Wohnung des Heiligen selbst, der Tempel. So können wir die schützenden Flügel auch als die Flügel der Cherubim verstehen, die die Bundeslade bewachen. Kommt der Mensch unter ihre Fittiche, so ist er ganz körperlich in der Nähe der Tora, also in der Nähe des gerechten Gebotes, das Leben spendet und Freiheit ermöglicht, das den Raum öffnet, von sich selbst abzusehen und sich dem Anderen zuzuwenden. Der Beter blickt über das enge Eigene hinaus, das den Beginn des Psalms kennzeichnete – Lebensglück braucht die räumliche und personale Nähe des Heiligen. Hier ist des Lebens Quelle, hier ist der Strom der Freuden. Das für Freude/Wonne gebrauchte hebräische Wort ist »Eden« und erweckt in den Hörerinnen des Psalms die wunderbare Welt des Paradieses (Eden).

Lebensglück braucht aber auch den Plural: Der Psalm spricht von *Menschenkindern im Schatten deiner Flügel; vom Strom deiner Wonnen lässt du sie trinken*, und schließlich die Wendung zum »wir«: *In deinem Licht sehen wir das Licht*, aller Finsternis zum Trotz und entgegen. Licht sehen heißt in biblischer Sprache vor allem: leben. Die Beterin/der Beter kommt aus der Dunkelheit der Todesangst und findet Worte für Gott, die ihn preisen und zugleich bitten: Bleib bei mir, sieh – die Welt ist der Vernichtung schuldig und von Vernichtung bedroht. Und doch wünsche ich deine himmelweite Güte, deine bergesgleiche Gerechtigkeit, brauche ich deine Liebe und die zum Nächsten, von der wir vorhin im Buch Levitikus hörten.

Wie kann ich diese Verse heute lesen und beten? Ja, mir bleibt das Gotteslob im Halse stecken, am Tag der Befreiung, so ersehnt wie schmerzhaft angesichts der Millionen zerstörter und gebrochener Leben. Der Psalm weiß aber um eine andere Wirklichkeit als die der Entfremdung, der Selbstbezogenheit, des Todes. Der Beter hört nicht auf zu beten. Ich bin eingeladen, seine Worte nachzusprechen, stotternd und doch an der lebensspendenden Wirkmächtigkeit Gottes festhaltend, auch wenn ich seine Abwesenheit beklage.

Das Gotteslob frisch im Ohr, die lebensspendende Wirklichkeit Gottes klar vor Augen folgen wir weiter den Bewegungen des Psalms. In den Versen 11 und 12 scheint jedoch wieder die andere Seite unserer Wirklichkeit auf: ein Notruf, ein Schrei: *Der Fuß der Hochmütigen möge nicht zu mir kommen, die Hand der Gewalttäter möge mich nicht verjagen.* Die Frevler haben nicht nur Augen, die vor Gott und auch vor sonst nichts zurückschrecken und darauf stolz sind; nicht nur einen Mund, der arglistig und entsetzlich redet, sie haben auch Hand und Fuß, ihre Praxis ist zu fürchten, nicht bloß ihre Theorie: *Nicht komme an mich der Fußtritt der Arroganten, die Handgreiflichkeit der Gewalttäter!* Hier spricht ein Mensch, der Erfahrung hat im Vertrieben- und Geschlagen-Werden, der Gewalt erleiden musste – und sich dieser Bedrohung bleibend ausgesetzt fühlt. Vielleicht haben auch in den Zeiten des Naziterrors die Bedrängten und Bedrohten mit solchen Worten ihrer Sehnsucht nach Schutz unter Gottes Flügeln Ausdruck verliehen.

Doch fanden sie Zuflucht? In Gesprächen mit Überlebenden musste ich oft hören, dass Menschen angesichts ihres unfassbaren Leidens ihren Glauben, ihr Grundvertrauen in den Ewigen verloren. Die Berichte von Menschen, denen ihr Vertrauen zerstört wurde, sind für mich kaum zu ertragen. Sie beschreiben neben aller physischen Gewalt eine unglaubliche Dimension von tödlicher, frevlerischer Gewalt am Nächsten.

Dieser Hilferuf weckt bei mir jedoch auch noch andere Assoziationen. Martin Buber übersetzte den Vers 12 wie folgt:

Nimmer komme an mich der Fuß der Hoffart!
Die Hand der Frevler, nimmer scheuche sie mich!

Es geht hier vielleicht nicht nur um Bedrohung von außen. Gehört das Böse nicht auch zu meinen Möglichkeiten? Liegt die Bedrohung nicht auch in mir selbst? Der Fuß der Hoffart und der Hochmut, er möge nicht an mich, nicht *in* mich kommen. Auch will ich nicht gescheucht, getrieben werden von der Hand des Frevlers, will ich mich nicht zu dessen Handlanger machen lassen.

Lange hat es gedauert, bis die Überlebenden der Naziverfolgung ihre Geschichten erzählen konnten, bis ihnen Gehör geschenkt wurde. Der Prozess ihrer Anerkennung dauert bis heute an. Lange, viel zu lange hat es gedauert, bis in unserem Land die Erforschung auch der Täter begann – und dann auch die Auseinandersetzung mit der Verstrickung in Gewalt und Verbrechen, die alle Bereiche unserer Gesellschaft – auch unserer Kirchen und Gemeinden – umfasst. So setzte sich die Hoffart, der Hochmut fort in unserem Land.

Für uns, die wir uns intensiv mit der Geschichte und ihren Folgen beschäftigen, bleibt die Konfrontation mit unseren eigenen familiären und in vielen Fällen profitablen Verstrickungen mit den Verbrechen unserer Eltern und Großeltern eine schwere, aber notwendige Aufgabe. So auch die Reflexion unserer eigenen Potentiale und unserer Anfälligkeit zum Unheil wie zum Heil. Beten wir diesen Psalm, lassen wir uns in unserer Sicherheit unterbrechen!

Im letzten Vers des Psalms hört der Dichter auf, Gott anzurufen, in der zweiten Person, in Du-Form zu reden, kehrt zur Beschreibung zurück, berichtet, was er sieht – in der Wirklichkeit oder in einer Vision: da, dort! Die Täter des Bösen fallen, werden gestürzt, können nicht aufstehen. Am 27. Januar 1945 erreichte die Rote Armee Auschwitz und befreite die wenigen Überlebenden; am 8. Mai 1945 kapitulierte die Mörderbande, die Deutschland seit dem 30. Januar 1933 regierte. Ja, wir sind dankbar, dass Deutschland besiegt wurde; dass Menschen aus vielen Völkern die Gewalttäter stürzten. Aber, ach, wie entsetzlich erfolgreich waren diese Mörder. Für Millionen kam ihr Sturz zu spät. Und ist so sicher, dass sie nicht aufstehen können, fröhlich Urständ feiern?

Der Fall und der Sturz derer, die Böses tun, kann uns nicht trösten in unserer Trauer um die vielen Ermordeten. Und doch ist es wichtig, auch diesen letzten Vers mitzusprechen, mitzudenken. Der strahlende Mittelteil des Psalms mit seinem Singen und Sagen von Gott als Befreier, als Quelle des Lebens, als Licht ist nicht bloß Wunschtraum, sondern stützt sich auch auf Erfahrungen. Immer wieder, wenn auch leider nicht immer und gewiss nicht oft und nicht bald genug, sind Gewalttäter gefallen, wurden gestürzt. Die biblischen Texte geben uns nicht nur Weisung, sondern auch die Hoffnung, nicht auf verlorenem Posten zu stehen, wenn wir sie befolgen; die Hoffnung, dass wir dann Zukunft haben, die Täter des Bösen hingegen nicht. Im Licht der biblischen Botschaft sehen wir Licht auch in unserer dunklen Wirklichkeit und erfahren immer wieder, dass die Quelle des Lebens noch nicht versiegt ist.

27. Januar 2014
Heilig Kreuz-Kirche

Predigt zu Psalm 3

Johannes Gockeler, Matthias Loerbroks, Christian Staffa

Ein Harfenlied Davids: als er vor seinem Sohn Avschalom auf der Flucht war.
Ewiger, wie viele sind meine Bedränger!
Viele stehen wider mich auf,
viele sprechen von meiner Seele:
»Keine Befreiung ist dem bei Gott.« Empor!
Aber Du, Ewiger, bist ein Schild um mich her,
meine Ehre und was hochträgt mein Haupt.
Meine Stimme zum Ewigen – ich rufe,
er antwortet mir von seinem Heiligtumsberg. Empor!
Ich legte mich nieder und entschlief –
ich erwachte, denn der Ewige hat mich gehalten.
Vor viel Volk fürchte ich mich nicht,
die sich aufstellen wider mich ringsum.
Steh auf, Ewiger,
befreie mich, mein Gott!
Schlugst ja alle meine Feinde aufs Kinn,
die Zähne der Frevler zerbrachst du.
Dein, Ewiger, ist die Befreiung.
Über dein Volk deinen Segen! Empor!

Das Buch der Psalmen beginnt mit zwei Psalmen, die gemeinsam eine Leseanleitung für dieses Buch sind. Beide sind aufeinander bezogen. Der erste beginnt, der zweite endet mit einer Seligpreisung; beide reden vom Weg und vom Verlorengehen; dem Besinnen der Tora im ersten wird im zweiten Psalm das Ins-Leere-Sinnen der Völker gegenübergestellt. Und so ist der Weg des Frevlers im ersten Psalm zugleich der der Völker und ihrer Könige im zweiten, der im ersten Psalm selig gepriesene Tora-Besinnende zugleich der auf dem Zion ihnen entgegen gestellte Gesalbte und das Volk, das er unter den Völkern vertritt.

Doch das Ich, das im dann folgenden dritten Psalm zu Wort kommt, ist keineswegs glücklich, sondern bedrängt von vielen Bedrängern, viele stehen gegen ihn auf, *viele sprechen: Keine Befreiung ist dem bei Gott.* Die Vielen sprechen da nicht vom Namen des Gottes Israels, sondern von Gott im Allgemeinen, denn sie schließen aus der Bedrängnis dieses Bedrängten, die sie selbst organisieren, dass er bei so etwas wie Gott keine Befreiung hat. Und diese Vielen, die bedrängen, aufständisch sind, abtuend und wegwerfend reden, sind nicht die privaten Feinde einer Privatperson. Die Vielen, das lehrt uns die Leseanleitung der beiden ersten Psalmen, sind die Völker, und das bestätigt Vers 7, wo der Dichter und Beter feststellt, *von viel Volk umzingelt* zu sein. Die Völker wissen nichts vom besonderen Charakter des Gottes Israels, halten das Schicksal für so etwas wie Gott. Das gilt leider auch für die Christen unter den Völkern, obwohl sie sich zum Gott Israels bekennen, sich um einen Gesalbten, einen Davidsohn sammeln, der zudem den Namen Jesus/Jeschua trägt: die Befreiung, die die Bedränger dem Beter absprechen. *Keine Befreiung ist dem bei Gott*, das heißt im Kirchenjargon: kein Heil. Israel hat kein Heil, hat kein Heil zu erwarten. Und darum auch keine Befreiung durch Menschen.

Der Dichter und Beter aber beruft und stützt sich auf den Namen: *Du aber, Ewiger.* Dem dreimaligen *Viele* setzt er drei Versicherungen, drei Stärkungen entgegen. *Du aber bist mein Schild (hebr.: magen)* – Schutz und Abwehr; *du bist meine Ehre* – die mir die Verfolger nehmen wollen; *du bist, was mein Haupt aufrichtet*, trotz allem, was mich niederdrückt und niederschlägt. Und beim Stichwort Schild kommen wir Heutigen nicht darum herum, an den *Magen David* zu denken, den Davidstern und seinen schrecklichen Missbrauch durch die Verfolger. Diese dreifache Bestärkung stützt sich auf eine Sprachbeziehung: Ich rufe – er antwortet. Und diese Entgegnung gegenüber den dreimal Vielen wird durch ein doppeltes Sela umrahmt und dadurch hervorgehoben.

Die Stärkung und Bestärkung scheint zu wirken. Der Dichter spricht vom Schlafen und Erwachen, vom Gehaltenwerden durch den Namen – angesichts unseres heutigen Themas eine Provokation, die wir nur schwer, nur stammelnd mit- und nachsprechen können. Doch auch der Beter traut der Ruhe nicht, sein Vertrauensvotum wird zum Appell, dass der Ewige aufstehe, einen Gegenaufstand mache gegen die Vielen, die gegen ihn aufstehen; dass er befreie, entgegen der natürlich religiösen, geschichtstheologischen Überzeugung der Vielen: *Keine Befreiung ist dem bei Gott.*

* * *

Ein Psalm Davids, ein Gebet Israels, nicht zu uns gesagt damals, heute Teil unserer Bibel, ein Angebot, uns in aller Vorsicht ansprechen zu lassen, Geschichten miteinander zu verbinden, die von einer Verbindung nichts wissen. Näherungen des Abständigen, weil wir sie heute lesen und den Geist spüren, auch Vertrauen in aller Brüchigkeit, die uns der 27. Januar nahelegt.

David flieht vor seinem Sohn Absalom/Avshalom: *Wie sind meiner Feinde soviel!*

Avshalom, hebräisch: Vater ist Friede, Friede ist Vater, ein geliebter Sohn Davids, ein Verfolger mit Friede im Namen, ein Wolf im Schafspelz, einer, der unter dem Zeichen des Friedens Bedrängnis und Verfolgung bringt. Ein versuchter Vatermörder.

Ja, Avshalom ist Kind seines Volkes, seines Vaters, er kennt den Gott Israels und die seiner Weisung folgen, und das Schlimmste, was er sagen kann, ist: Gott ist nicht (mehr) bei euch: *Keine Befreiung ist dem bei Gott.* Das liefert sie aus, sie sind gottlos und vogelfrei, kein Schild, kein Schutz, kein Wächter auf den Mauern, der sie bewahrt vor des Volkes Menge, die ansetzt wider sie.

Avshalom, ein junger Aufbrausender, der den Vater vom Thron stoßen will. Der Psalmist beschreibt eine historische Erfahrung, ein Stück Wahrheit der Existenz des Volkes Israel: Bedrohtheit, Notrufe, Vertrauen durchaus auch aufgrund innerer Auseinandersetzungen.

Sehen wir uns mal als Avshalom! Hören wir Luther, der den Juden jeden Gottesschutz abspricht, sie sind nicht mehr Geliebte Gottes, hören wir heute Israelfeinde, die sagen, dass Israel seine Unschuld verloren hat und unmöglich des großen universalen Gottes Volk sein kann.

Nein, das hatte der Psalmist nicht vor Augen. Wir sehen es am 27. Januar 2014: Führten wir nicht Frieden und Liebe im Munde und hatten in der Hand das Schwert, das Gewehr, den Ketzerhut zur Verteilung an die, die wir nicht mehr als Befreite Gottes sehen. An die, die wir nicht mehr als Menschen sehen: Juden, aber auch christliche Geschwister im Osten. An Schlaf ist hier nicht mehr zu denken.

Nicht Menschen unter Menschen, sondern Untermenschen definiert von Christen, die Frieden und Liebe im Namen oder Munde führen, im Gottesdienst sagen, beten, die aus Psalmbuch und Neuem Testament ihre Bibel bauen.

* * *

»Nicht zu uns gesprochen.« – Es ist uns darum zur Gewohnheit geworden, vor jeden Psalm die Worte »Wir hören die Stimme Israels« zu setzen. Dieser Satz ist ein Bekenntnis zu Israel als dem Erstgeborenen und Erstgebundenen Gottes. Zugleich ist der Satz aber Ausdruck unseres eigenen Fragens: Dürfen wir Nachgeborenen jener Christen, die das Gottesvolk ermorden wollten, noch einstimmen in den Psalm Israels?

Unerträglich ist für mich der Gedanke, dass auch die Täter im Namen Nazi-Deutschlands, die frommen Wehrmachtssoldaten, wie es mein Großvater einer war, mit dem Psalter im Gepäck in die Schlacht gegen ihre Feinde zogen. Ich lese das Kriegstagebuch meines damals 19-jährigen Großvaters, lese, wie ihm sein »Sturmgewehr gute Dienste leistete« im Kampf gegen den Feind – seine »vielen Feinde«: Das waren die Russen. Wahrscheinlich betete auch er mit Worten des Psalms. Ein frommer Christ.

Wer bin ich, dass ich heute anklagen könnte? Aber ich kann die Fragen auch nicht vergessen, auch um des Psalms willen. Wie konnten die, die auf der Seite des Unrechts standen, mit diesen Worten zu Gott sprechen? Ich wünschte, dass mein Großvater davongerannt wäre. Hätte er nicht desertieren müssen, wenn er wirklich auf den Psalm Israels gehört hätte? Warum nur wollte, konnte er den Psalm nicht so lesen?

* * *

Der Dichter erinnert frühere Taten dieses befreienden Gottes. Er hat doch schon den Feinden aufs Kinn geschlagen, das die allzu hoch trugen; hat schon Gewalttätern die Zähne zerbrochen, die drauf und dran waren, das Volk Gottes zu zerfleischen und zu zermalmen. *Dein ist die Befreiung* – halb Vertrauensvotum und halb Appell – und wieder unter Nennung des Namens und damit gegen das Votum der Feinde: Der hat keine Befreiung bei so etwas wie Gott.

Über dein Volk deinen Segen – das Ich dieses Psalms ist das kollektive Ich Israels.

Und wir, Christen aus den Völkern, Kinder und Kindeskinder der Täter, der Ermöglicher, Organisierer und Profiteure des Massenmords, hören in ihm nicht nur die Stimme dieses Volkes, sondern auch die seines Gottes. Der Psalm ist für uns ein heilsamer Kinnhaken des Gottes Israels. Nur er kann auch uns befreien. Und so bekennen wir mit gebrochenen Zähnen: *Dein, Gott Israels, ist die Befreiung*; und bitten mit gebrochener Seele: *Dein Segen komme über dein Volk.*

27. Januar 2015
Französische Friedrichstadtkirche
Predigt zu Psalm 86

Matthias Loerbroks

Neige, Ewiger, dein Ohr, antworte mir,
denn ich bin gebeugt und bedürftig.
Behüte meine Seele, denn dein Liebhaber bin ich,
befreie du, mein Gott, deinen Knecht, der sich sichert an dir!
Sei mir zugeneigt, mein Herr,
denn zu dir rufe ich den ganzen Tag.
Erfreue die Seele deines Knechts,
denn zu dir, mein Herr, hebe ich meine Seele.
Denn du, mein Herr, bist gut und verzeihend,
reich an Liebe allen, die dich rufen.
Lausche, Ewiger, meinem Gebet,
merke auf die Stimme meines Flehens!
Am Tag meiner Bedrängnis rufe ich dich,
denn du antwortest mir.
Keiner ist wie du unter den Göttern, mein Herr,
keine Taten sind wie deine.
Alle Völker, die du gemacht hast, werden kommen,
vor dein Antlitz sich werfen, mein Herr, und deinen Namen ehren.
Denn groß bist du und tust Wunder,
du, Gott, allein.
Weise mir, Ewiger, deinen Weg, gehen will ich in deiner Treue.
Einige mein Herz, deinen Namen zu fürchten!
Ich will dir danken, mein Herr, mein Gott, mit meinem ganzen Herzen,
auf immer ehren deinen Namen,
denn groß war über mir deine Liebe,
und du hast meine Seele gerettet aus der untersten Hölle.
Gott! Hochmütige stehen gegen mich auf,
eine Versammlung von Gewalttätern trachtet mir nach der Seele,
sie halten sich dich nicht entgegen.
Du aber, mein Herr, bist ein Gott, der erbarmend ist und gönnend,
langmütig, reich an Liebe und Treue.
Wende dich mir zu,

sei mir zugeneigt,
gib deine Kraft deinem Knecht,
befreie den Sohn deiner Magd!
Tu an mir ein Zeichen zum Guten,
meine Hasser sollen sehen und sich schämen,
dass du selbst, Ewiger, mir hilfst und mich tröstest.

Eine dringliche, eine drängelnde, eine auffällig ausführliche Bitte um Gehör. Das Ich dieses Psalms ist nicht sicher, mit seinem Bitten, Flehen, Rufen gehört zu werden, und spricht doch in diesem ganzen langen Gedicht in Du-Form, setzt also doch voraus, baut darauf, dass da ein Du ist, das dieses Ich hört. Geradezu physisch, räumlich malt der Autor, die Autorin sich dies erwünschte Hören aus: *Neige, Ewiger, dein Ohr.* Immer neue Anläufe unternimmt der Dichter, die Betende: *Sei mir zugeneigt* – eine Bitte um Nähe, um Zuwendung und Zuneigung; *behüte meine Seele, befreie deinen Knecht* – es ist ein bedrohtes, ein gefangenes Ich, das da spricht; *erfreue meine Seele* – eine Seele in Kummer, in Trauer, die nichts hat, sieht, erlebt, was sie freut.

Wir hören nicht nur verschiedene Anläufe und Bitten, wir hören auch zahlreiche Begründungen, hören immer wieder *denn:* Denn ich bin gebeugt und bedürftig – das Ich argumentiert mit seiner Lage, mit seiner Not; denn ich bin dein Liebhaber – Gott wird an die Liebesgeschichte erinnert, die ihn mit dem Beter verbindet, ihre gegenseitige Liebe. Die Bitten um Zuneigung – denn zu dir rufe ich den ganzen Tag – und um Freude für die Seele – denn zu dir erhebe ich meine Seele, meine freudlose, meine traurige Seele – tun beides: Sie stützen sich auf eine vorhandene Beziehung, auch wenn sich das Ich des Psalms ihrer gerade unsicher ist, halten beharrlich fest an einer Geschichte, die schon zuvor begonnen hat, und sie klagen die Not, die gegenwärtige Bedrängnis.

Wir würden gern miteinstimmen in diese Bitten, denn sie sprechen uns aus der Seele, gerade am heutigen Tag, sie bringen in Worte, was auch unser Herz aufwühlt und bewegt, denn auch wir sind in Bedrängnis, sind bedrückt und gebeugt, weil die monströsen Taten, derer wir heute gedenken, das Leid der Opfer dieser Taten, das Leid auch ihrer Nachkommen uns niederdrücken; auch wir hoffen und bitten, dass der Ewige, der Gott Israels, uns hört, wenn wir heute in diesem Gottesdienst zu ihm rufen, und weil wir das hoffen und weil unsere Herzen so aufgewühlt sind, sind wir heute in diese Kirche gekommen; auch wir verstehen uns nicht nur als Anhänger dieses Gottes, sondern auch als seine Liebhaber, denn wir haben von seiner Liebe erfahren und versuchen, sie zu erwidern.

Und merken doch beim Hören und Lesen dieses Psalms: Es ist nicht unser Ich, das da spricht; es ist das kollektive Ich Israels, die Stimme des bedrängten jüdischen Volkes. Dieses Volk hatte in verschiedenen Zeiten und Situationen seiner Geschichte Gründe zur Klage, zum Flehen und Bitten um Befreiung, um

Zuwendung, um Gehör, und hat dafür leider auch heute Gründe. Wir denken bei den Hochmütigen, die gegen Israel auftreten, der Versammlung *und Gemein-schaft von Gewalttätern,* die ihm nach der Seele, *nach dem Leben trachten,* denken erst recht bei der *tiefsten Hölle* am heutigen Tag an die Mörderbande, die vor siebzig Jahren Deutschland regierte und in fast ganz Europa Juden verfolgte und ermordete. Doch wir denken auch an die seltsame Tatsache, dass auch noch heute viele Menschen und Menschengruppen in aller Welt, die einander sonst in vielem feind sind, die voneinander sonst kaum etwas wissen, sich dennoch rasch einig werden in ihrem Hass auf die Juden.

Der Dichter, die Ruferin beruft sich nicht nur auf die eigene Notlage und Bedrängnis, auch nicht nur auf die Geschichte mit dem Gott Israels – *ich bin dein Liebhaber, dein Knecht* –, sondern auch auf das, was dieser Gott von sich selbst gesagt hat, spricht ihn darauf an, erinnert ihn daran: *Denn du, mein Herr, bist gut und verzeihend, reich an Liebe allen, die dich rufen;* und ganz ähnlich: *Du aber, mein Herr, bist ein Gott, der erbarmend ist und gönnend, langmütig, reich an Liebe und Treue.* Die beiden Verse, die wie ein Refrain wirken, erinnern an eine Selbstvorstellung dieses Gottes. Einst hatte er Mose gegenüber seinen Namen JHWH so übersetzt, erläutert, interpretiert: *barmherzig und gnädig, geduldig und von großer Liebe und Treue* (Ex 34,6). Der Psalmdichter bringt diese Selbstvor-stellung in Du-Form, um diesen Gott daran zu erinnern und darauf festzulegen, was laut eigener Auskunft sein Name bedeutet, was ihn ausmacht. Entsprechend bittet die Dichterin darum, dieser Gott möge ihr zwiespältiges, ihr zerrissenes Herz darin einigen, in sich einig machen, dass es diesen Namen fürchtet, ihm Ehre und Respekt entgegenbringt, diesen Namen und das, was er bedeutet, nicht außer Acht lässt und darum fähig wird, ihm mit ganzem Herzen zu danken und diesen Namen zu ehren. Doch der Dichter sieht auch voraus, dass einst alle Völker kommen werden, sich vor diesem Gott niederwerfen und ebenfalls diesen Namen ehren. Und dieser Blick auf die anderen Völker ist seltsam verknüpft mit dem auf die anderen Götter: *Keiner ist wie du unter den Göttern, keine Taten sind wie deine.* Nicht nur für diesen biblischen Autor hängt beides zusammen: Der Hass der Völker auf Israel zeigt, dass diese Völker anderen Göttern, anderen höchsten Werten und heiligsten Gütern anhängen. Und umgekehrt: Die Durchsetzung des Lebensrechts, des sicheren Wohnens Israels unter den Völkern ist der Kampf seines Gottes gegen diese anderen Götter.

Wir sind zwar nicht das Ich dieses Psalms, merken nun aber auch, dass dennoch von uns die Rede ist, wir im Blick sind: Alle Völker, die du gemacht hast, werden kommen, vor dein Antlitz sich werfen und deinen Namen ehren. Und dieser Name bedeutet auch: *reich an Liebe allen, die dich rufen,* ist darum auch für uns verheißungsvoll.

Der ganze Psalm zielt auf diese Einsicht der Völker: »Tu an mir ein Zeichen zum Guten, meine Hasser sollen sehen und sich schämen, dass du selbst, Ewiger, mir hilfst und mich tröstest.« Die Völker, die kommen und sich niederwerfen, die

Gottes Namen ehren, das sind die Hasser, die dann *sehen und sich schämen.* Es ist eine heilsame, eine Augen öffnende Beschämung. Im Jesajabuch heißt es, dass die Völker beschämt über den Gottesknecht Israel sagen werden: *Wir aber hielten ihn für den, der geplagt und von Gott geschlagen und gemartert wäre* (Jes 53,4). Es ist Israelerkenntnis, die zu Selbsterkenntnis führt und zur Gotteserkenntnis und darum dazu, seinen Namen zu ehren, den Namen, der bedeutet: *barmherzig und verzeihend, geduldig und von großer Liebe und Treue.*

Das ist unser Platz in diesem Psalm. Wir sind nicht schuld an den monströsen Verbrechen, derer wir heute gedenken, aber wir schämen uns, schämen uns ihrer christlichen Vorgeschichte, des christlichen Judenhasses, der den nichtchristlichen hervorgebracht und ermöglicht hat. Jahrhundertelang haben Christen theologisch-theoretisch vom Ende Israels gesprochen. Die Mörder nahmen dies ominöse Wort beim Wort und setzten es um, nannten den Massenmord »Endlösung«.

Lange war es ja anders mit dem Sich-Schämen. Die Christen schämten sich der jüdischen Herkunft, des jüdischen Gepräges ihres Glaubens, schämten sich so auch des Juden Jesus – und beschämten ihn damit, denn Jesus sagt: *Wer sich meiner schämt, dessen wird sich auch der Menschensohn schämen* (Mk 8,38). Sie schämten sich ihrer Verwandtschaft und Verbundenheit mit dem jüdischen Volk und leugneten sie, so wie es von Petrus, dem schwankenden, manchmal versinkenden Fels der Kirche erzählt wird: *Ich kenne den Menschen nicht* (Mk 14,71).

Inzwischen aber haben viele Christen, haben auch ganze Kirchen beschämt sehen gelernt, und sie sehen nun im Überleben dieses Volkes, im Überleben der vielen Verfolgungen und Demütigungen, in seinem Überleben des Versuchs, es ganz und gar auszulöschen, ein Zeichen der Treue Gottes, der Treue des Gottes Israels, dessen Namen auch sie zu ehren versuchen.

Könnte es auch umgekehrt sein oder werden? Könnten wir ein Zeichen sein, ein Zeichen zum Guten, das der Ewige an seinem Volk tut? Die Aktion Sühnezeichen trägt das Wort Zeichen im Namen, will Zeichen setzen, Taten tun, die etwas zeigen, will so auch selbst ein Zeichen sein, und was immer genau mit dem Wort Sühne gemeint ist, es hat jedenfalls mit Scham zu tun, mit sich schämen. Könnten darüber hinaus die Völker ein solches Zeichen zum Guten sein, das der Gott Israels an seinem Volk tut? Ein Zeichen, dass er sein Volk tröstet, ihm zu Hilfe kommt, indem er ihm treue und verlässliche Verbündete gesucht und gefunden hat? Und wenn schon nicht ganze Völker, dann doch die Christen, die es in fast allen Völkern der Welt gibt?

Amen, das ist: Es werde wahr.

27. Januar 2016
Französische Friedrichstadtkirche
Predigt zu Psalm 83

Mirjam Blumenschein, Robert Kluth, Lars Städter

Gott, sei du nicht still!
　　Schweige nicht und sei nicht ruhig, Gott!
Denn siehe, deine Feinde lärmen,
　　deine Hasser erheben das Haupt.
Gegen dein Volk hecken sie Anschläge aus,
　　beraten gegen deine Schützlinge.
Sie sagen: kommt, wir wollen sie ausmerzen, dass sie keine Nation mehr sind,
　　des Namens Israel nicht mehr gedacht werde.
Denn von Herzen beraten sie zusammen,
　　gegen dich schließen sie einen Bund:
Die Zelte Edoms und die Ismaeliten,
　　Moab und die Hagariten,
Gwal und Ammon und Amalek,
　　Philistien mit den Bewohnern von Tyrus,
auch Assyrien schließt sich ihnen an,
　　sie sind ein Arm für die Söhne Lots. Sela
Mach es mit ihnen wie mit Midian,
　　wie mit Sisera, mit Jabin am Bach Kischon,
die vernichtet wurden in En Dor,
　　Dünger für den Acker wurden.
Mach ihre Vornehmen wie Rabe und Wolf,
　　wie Sebach und wie Zalmuna alle ihre Mächtigen,
sie, die sagten: Wir wollen uns aneignen
　　Gottes Wohnung.
Mein Gott, mache sie wie Staubgewirbel,
　　wie Stroh vor dem Wind,
wie Feuer, das den Wald anzündet,
　　wie eine Flamme, die Berge umlodert.
Ja, jage sie mit deinem Sturm,
　　mit deinem Wetter verstöre sie.
Fülle ihre Gesichter mit Schmach,
　　dass sie suchen deinen Namen: ADONAI.

Sie sollen zuschanden und verstört sein auf ewig,
  sollen sich schämen und verschwinden.
Dann werden sie erkennen, dass du – dein Name ist ADONAI –,
  du allein der Höchste bist über der ganzen Erde.

Ein Psalm, ein Gebet in der Not, ein Schrei.

Verstumme nicht, Gott! – wie oft wird wohl dieser Schrei zwischen Januar 1933 und Januar 1945 ertönt sein? Aber die Gegenkraft, die widergöttliche Gewalt war stärker. Der Name Israels sollte ausgelöscht werden. Ein Bund gegen den Bund Gottes wurde gegründet, der Name Israels fast ausgelöscht. Ein Museum einer ausgestorbenen Rasse, des ausgerotteten Volkes Gottes in Prag geplant und noch heute sichtbar.

Gott mach diese deine Feinde zu Feuer, erschrecke sie, lass sie erstarren, zuschanden werden, zugrunde gehen, mach sie zu Spreu. Fast unsagbar, wie sehr diese Phantasie dem ähnelt, was das nationalsozialistische Deutschland tat mit Israel, mit Juden. Was für eine Gewalt, was, wenn sie in falsche Hände gerät! Im Psalm ist sie göttlich, in der Welt wurde und wird sie menschlich – woher hat eigentlich das Wort menschlich so einen positiven Klang?

Aber auch als göttliche erschreckt sie. Es sind ja wir, die da verbrennend zugrunde gehen sollen, oder unsere Vorfahren, ohne die wir nicht da wären. Also wir.

Hoffnungsschimmer: Die Gewalt wird auch als erhoffte göttliche begrenzt. Der Beter, die Beterin schwankt zwischen Einfordern von Gottes Gegengewalt und dem Dringen auf Umkehr. Zwischen lebenszerstörendem Zuschandenwerden und lebenserhaltendem Erschrecken. Selbst in großer Bedrohung geht es darum, dass die Feinde, dass wir Gottes Friedenswillen für und mit Israel erkennen mögen. Würde doch diese Erkenntnis das Ende der Verfolgung Israels und damit das Ende des Unrechts bedeuten. Um wieviel mehr sollte es für uns gestern, heute, morgen gelten. Wir sollen erkennen, Gott suchen, beschämt sein. So bleiben wir lebendig.

* * *

Ich habe ein Regal gebaut. Nach und nach sortiere ich meine Bücher ein, die den Holocaust zum Thema haben. Es sind dicke Bücher, gelehrt und oft klug geschrieben, mit einem umfangreichen Fußnotenapparat. Dort wird der Völkermord belegt.

Die Bücher sortiere ich in das Regal nacheinander ein, die zeitliche Abfolge der Ereignisse hilft mir beim Ordnen. Wenn ich etwas nicht weiß, gehe ich zu meinem selbstgebauten Regal, ziehe ein Buch heraus und lese nach. Ich habe schon so einiges zu Auschwitz gelesen.

Für die Psalm-Betenden ist klar, was mit Menschen geschehen soll, die einen Bund gegen Israel schließen. Gott soll sie vernichten. *Mein Gott, mach sie aus-*

gedörrten Disteln gleich, die der Sturm umherwirbelt, zerstreue sie wie Spreu im Wind. Das bedeutet übertragen, Gott soll meine Vorfahren vernichten. Er soll also mich vernichten.

Ich bin erschüttert. Ich erschrecke davor, dass Gott 1945 vielleicht auf die hoffnungsvollen Bitten der Psalmbetenden antwortete und Deutschland vernichtete. Zu Recht vernichtete.

Wie soll ich meine eigene Vernichtung in mein Regal einbauen? So etwas erträgt mein Regal nicht. Mein Regal, meine Ordnung stürzt in sich zusammen, dabei hatte ich mir so viel Mühe beim Sortieren gegeben. Habe ich überhaupt etwas verstanden von dem, was da passiert ist? Ich schäme mich, da ich nicht existieren dürfte. Das ist eine beschämende Erkenntnis. Die Vergangenheit Deutschlands hat nichts Gutes und wird auch durch keine Ordnung gut.

Wir erinnern heute daran, was Menschen vor 71 Jahren angetan wurde. Der Psalm zwingt zur Erkenntnis. Meine Scham lässt mich das Leid der Opfer und mich selbst erkennen. Ich darf Gott suchen, weil ich lebe. Dass ich Gott suchen darf, kann ich mir nicht aussuchen. Diese Freiheit empfinde ich als Gnade.

* * *

Am Ende des Psalms steht der leise Hoffnungsschimmer: Eine Völkerwelt, die sich aufmacht, den Namen Gottes zu suchen, und die erkennt, dass er der Höchste ist, der erhaben ist über das Geschehen in der Welt und die feindlichen Angriffe auf sein Volk, vor dem das Weltgeschehen seinen Schrecken verliert. Dass sich die Völker tatsächlich zu diesem Gott aufmachen – es ist eine leise Zuversicht.

Aus solcher Zuversicht schöpft der Psalmenbeter, die Beterin die Kraft der Bitte: Gott soll nicht schweigen angesichts des Tobens seiner Feinde, er soll gegen sie einschreiten und nicht untätig bleiben. Eine Bitte gefärbt von Protest und Anklage: So sollte es sein. Erhebt sich Gott angesichts des Schreiens Israels, seines Volks? Scheinbar nicht. – Aber in dieser schlimmen Verzweiflung leuchtet ein Funken Hoffnung: die biblische Vision einer Weltgeschichte, in der sich Friede und Gerechtigkeit durchsetzen und in der der Name Gottes und der seines Volkes erkannt werden.

Die Wirklichkeit dagegen: Keine Erinnerung soll mehr sein, es soll nicht mehr erzählt werden von Israel und seinem Gott. Heute klingt diese Wirklichkeit so nahe. Den Namen ausrotten. Es ging nicht nur um die physische Vernichtung, sondern auch um die geistige: Alle Spuren sollten ausgetilgt werden. Menschen, Jüdinnen und Juden, wurden gefangen genommen und verschleppt, Namen wurden beseitigt und die alten Nachbarn vergessen. Stadtteile wurden minutiös zerstört, damit keine Erinnerung bleibt und nichts mehr erzählt werden kann. Selbst die Spuren des massenhaften Tötens wollte man beseitigen, im Waldboden verscharren. Ein Bauernhaus dort, wo hunderttausende Menschen ihren Tod fanden. Die Bedrohung Israels steht so deutlich vor Augen und der Psalm erschreckt angesichts dieser Geschichte. Die Bedrohung, von der der Psalm spricht, blieb aktuell.

Und sie bleibt aktuell. Der Psalm verbindet Vergangenheit und Zukunft, fremde und eigene. Ich fühle mich hilflos angesichts der heutigen Nachrichten von den Katastrophen in der Welt, kaum komme ich hinterher, die Meldungen von neuen Kriegen und unnötigem Leiden zu verfolgen. Ich sehe, dass die Katastrophe von Auschwitz von so vielen neuen Katastrophen verschüttet wird. Ich bin erschüttert, dass unsere Welt nach aller erfahrenen Gewalt noch immer friedlos und ungerecht ist.

Keine Erinnerung soll es mehr geben, es soll nicht mehr erzählt werden von Israel und seinem Gott. Am 27. Januar können wir nicht vergessen, sondern müssen uns erinnern und erzählen. Wir wissen, die Feinde Israels haben ihr Ziel nicht erreicht, sie haben den Namen nicht ausrotten können. Die Erinnerung blieb lebendig, Namen, die vergessen werden sollten, wurden bekannt, die Feinde wurden zuschanden. Gemeinsames Leben in unserem Land und in Europa wurde wieder möglich – es ist ein Wunder. Und auch wenn wir heute stärker spüren, wie brüchig dieses Leben ist, die Stimmen des lebendigen und friedlichen Miteinanders überwiegen. Der Psalm verbindet fremde und eigene Vergangenheit und unsere Zukunft mit der der anderen. Den Namen Gottes zu suchen und nach ihm zu fragen, das heißt: danach zu fragen, wie die Zukunft aussehen soll. Wenn wir so fragen, bleiben wir lebendig.

27. Januar 2017
Französische Friedrichstadtkirche
Predigt zu Markus 4,35–41

Thomas Heldt, Matthias Loerbroks, Lars Städter, Christian Staffa

Am Abend jenes Tages sagte er (Jesus) zu ihnen: »Lasst uns ans andere Ufer fahren.«
Sie schickten die Volksmenge weg und nahmen ihn so, wie er war, im Boot mit. Weitere
Schiffe begleiteten das Boot.
Da kam ein heftiger Sturmwind auf, und die Wellen schlugen ins Boot, so dass es voll
Wasser lief.
Jesus lag im Heck und schlief auf einem Kissen. Sie weckten ihn und riefen: »Lehrer,
kümmert es dich nicht, dass wir zugrunde gehen?«
Der Aufgeweckte drohte dem Wind und sagte zum See: »Schweig! Sei still!« Da legte sich
der Wind, und es wurde völlig still.
Er fragte sie: »Was fürchtet ihr euch? Habt ihr noch kein Vertrauen?«
Und sie fürchteten sich in großer Furcht, und sie sprachen zueinander: »Wer ist das, dass
selbst Wind und See ihm gehorchen?«

Kümmert es dich nicht, dass wir zugrunde gehen? Wo war denn Gott? Wie konnte
er/sie das geschehen lassen? Ist *dir* egal, dass dein Volk untergeht? Diese Frage ist
doch in unserer Menschen Herz immer aktuell: Siehst du denn nicht, wie es um
die Welt bestellt ist? Gott!

Nein, keine Katastrophe wiederholt sich, sie erscheint immer wieder in
neuem Gewand, keine Farce, sondern real anders, vielleicht aufbauend darauf,
dass es schon mal menschenmöglich war, dann doch wieder anders mordend
dieses Menschengeschlecht, immer wieder anders neu.

Kümmert es dich nicht, dass wir zugrunde gehen? »Wer schöpft das Wasser aus
dem Boot?«, könnte Jesus zurückfragen. »Die Angst macht euch blind Möglichkeiten, die ihr habt. Schöpft sie aus!« Schöpfen wir?

Es stürmt. Der Orkan hieß Judenvernichtung, rassistischer Mord, geschönt
Euthanasie, heute heißt der Sturm Globalisierung, Fundamentalisierung, men-
schenverachtender Terror, Krieg der Religionen, mancher Hunger, Ungerechtigkeit, Flucht, Sattheit, Vertreibung, ungezählte Fluchttote, jedwedes Klima.
Kaum trauen wir uns die Folgen des vergangenen Sturms von NS-Verbrechen

und unseren Anteil in voller Dramatik wahrzunehmen als Christen in diesem Land, denen es so erstaunlich gut geht.

Schwankt unser Boot in diesen Stürmen oder sind es die Boote der anderen, längst untergegangen oder gegenwärtig vom Untergang bedroht? Unser Schiff streicht durch die Wellen und spürt kaum etwas, oder doch einige, einige tun und noch mehr könnten tun, an Deck gehen und sehen und rufen, versuchen, das Wasser aus den Booten zu schöpfen, getragen von der Hoffnung für Israel und die Völker.

Markus erzählt uns in stürmischen Zeiten die Geschichte des Juden Jesus. Er erzählt seine gute Botschaft angesichts einer Katastrophe, die er selbst hautnah erlebt. Es ist Krieg: Das jüdische Land wird nach einem Aufstand gegen die römische Besatzungsmacht verwüstet, am Ende auch Jerusalem und der Tempel. Es ist das Aus.

Markus erzählt gegen den um ihn herum wütenden Sturm der Hoffnungslosigkeit. Er erzählt gegen den zerstörerischen, dämonischen Zeitgeist von Verheißungen und Versprechen Gottes, die Geschichte des Jesus von Nazareth. Er über-setzt diese Geschichten Schicht um Schicht in seine Zeit.

Jesus und seine Anhänger*innen durchwandern das heimatliche Galiläa. Jesus macht Kranke gesund, teilt sein Brot und erzählt den Menschen bilderreich von der Treue Gottes und einer anbrechenden neuen Zeit. Er nennt all jene seine Schwestern und Brüder, die Gottes Willen *tun*.

Er beauftragt die ihm am nächsten Stehenden, Boten seiner Hoffnungsbotschaft zu sein: die zwölf Apostel. Die Zahl Zwölf lässt es in den Ohren der Hörer*innen klingeln, denn in ihr versteckt sich ein Versprechen: Die Ganzheit der zwölf Stämme Israels klingt an, die bereits in vorangegangenen Kriegen vertrieben, deportiert, zerstreut wurde. Ganzheit und Unversehrtheit werden mit diesen Zwölf wieder hoffbar. Das Reich Gottes, der Gerechtigkeit, es muss kommen!

Verrückt muss sein, wer in jenen Jahren von Gottes Liebe und Treue erzählt. Kein Wunder also, dass Jesu Verwandte sich um ihn sorgen – und mehr noch vielleicht um ihre eigene Sicherheit. Verrückte Zeiten. Stürmische Zeiten. Am Ufer des Sees Genezareth steigen Jesus und seine Anhänger*innen in Boote.

Beim Über-Setzen kommen sie in Gefahr. Sie geraten in einen Orkan, der seine Anhänger*innen in Todesängste stürzt. Auch das hebräische Wort Schoah – Verwüstung – bedeutet an einigen Stellen der Bibel »Sturm«. Wir wissen heute von einem Massaker am See während des jüdisch-römischen Krieges: Jüdinnen und Juden flohen vor den Römern auf den See, wollten das schützende andere Ufer erreichen. 6.700 Menschen fanden den Tod. Unser *Hoffnungs*geschichten-Schreiber Markus muss davon gewusst haben.

Am anderen Ufer erwartet sie keine jenseitige bessere Welt. Auch dort sind die Menschen und die Verhältnisse krank. Symbolisch steht dafür ein Mann, den böse Geister quälen. Er nennt diese Geister »Legion«, denn sie sind viele. Legion ist ein militärisches Wort, ein Bild für die römische Besatzungsmacht. Jesus befreit den Mann von dieser dämonischen Macht. Doch statt diese Befreiung zu feiern, fürchten sich die Menschen und bitten Jesus, wegzugehen.

In dieser Geschichte vom Über-Setzen nehmen die Zwölf Jesus mit in ihrem Boot. Sie schicken die Volksmenge weg, steigen in das Boot und nehmen Jesus mit, so, wie er ist. So wie er ist. Ein Lehrer, der den Zwölfen seine rätselhaften Reden erklärt, ein Wunderheiler, dem schon Viele nachfolgen. Er ist bei ihnen im Boot, doch schläft er, hinten, auf einem Kissen. Auch als der Sturm losbricht, die Wellen ins Boot schlagen und der Untergang droht, schläft er. Die Zwölf müssen ihn wecken und verwundert, vorwurfsvoll fragen sie ihn: *Kümmert es dich nicht, dass wir zugrunde gehen?*

Der auferweckte Jesus rettet die Zwölf vor dem Untergang. Auch wenn sie sich wundern über Jesus und sich am Ende bang fragen, wer dieser Jesus überhaupt sei, er hat sie gerettet. Deutlich ist, was Markus seinen Hörer*innen mit dieser Geschichte sagen will: Jesus ist da, mitten unter euch, auch in der Katastrophe, auch wenn er zu schlafen scheint. Er kann retten, er ist der Auferweckte, der Auferstandene, der Tod, Hass und Feindschaft überwunden hat. Markus will aufrufen zum Vertrauen und Hoffen, dass Jesus nicht schläft – das ist die frohe Botschaft dieser Geschichte. Doch die Menschen müssen diesen Jesus wecken. Nur so wird der Untergang verhindert.

Diese Hoffnungsbotschaft wirkt heute fremd. Oft wissen wir nicht, wie die Zwölf in der Geschichte, wer dieser Jesus überhaupt ist. Wir wecken ihn nicht und wachen selbst nicht auf. Wie sollten wir vertrauen und hoffen auf Rettung angesichts der katastrophalen Stürme der Zeit, angesichts von Verfolgung, Ermordung, Zerstörung? Haben nicht zu viele weggesehen, resigniert, geschlafen?

Markus übersetzt die Hoffnungsbotschaft auch für uns. Die Hoffnung, dass es auch ganz anders sein kann. Aber er zeigt auch, dass für diese Hoffnung etwas getan werden muss. Im Markusevangelium sind die Menschen dazu aufgerufen, Jesus nachzufolgen, auch in der Stunde des sicheren Todes sollen sie mit ihm wachen und ihm beistehen. Aber da schlafen sie immer wieder ein. *Simon schläfst du? Vermochtest du nicht* eine *Stunde zu wachen?* (Mk 14,37).

Zwei Ufer – hier wir, Markus dort. Jesus will über-gesetzt werden, zur Gegenseite, zum Gegenüber. Die junge Kirche selbst begibt sich auf den Weg und will auch den Völkern um Israel herum die Hoffnungsbotschaft bringen. Eine Botschaft, die Konsequenzen für das Handeln – auch der Völker – hat. Die von ihnen Gerechtigkeit und Frieden einfordert, Frieden nicht zuletzt für Israel. Auf ihrem Weg haben die Kirchen diese Orientierung verloren.

An einem 27. Januar von Hoffnung zu sprechen, wie Markus es während der Katastrophe seiner Zeit tut – es fällt mir schwer. Die Stille nach dem großen Sturm, mit dem unsere Vorfahren unser Land und Europa zerstörten, sie brachte den Überlebenden keine Erleichterung. In der Stille nach dem Sturm versteckten sich auch die Schuldigen und Mitschuldigen noch Jahrzehnte danach – oder blieben darin gefangen. Als meine Großmutter in hohem Alter begann, über ihre Jugend in Pommern zu erzählen, fragte ich sie nach ihren jüdischen Nachbarn im damaligen Neustettin. Sie meinte nur wortkarg: »Die war'n dann weg«. Keine Erklärung, was das bedeutete. Sie hätte es wissen müssen. Ich bin mir sicher, sie wusste es. Trotzdem: kein Zeichen der Reue oder der Scham. Heute weiß ich: Das war zwar nicht mein Sturm, aber ich bin nicht an sicheren Ufern. Nach diesem Sturm gibt es keine sicheren Ufer.

Kein erleichtertes Aufatmen, kein: Wir sind noch einmal davongekommen, auch kein Loben Gottes, wie wir es bei anderen wundersamen Rettungen und Befreiungen hören, sondern Furcht und Schrecken: *Sie fürchteten sich in großer Furcht.* Und so endet auch das ganze Markusevangelium: Frauen, denen die Osterbotschaft von der Auferstehung verkündet wird, sind außer sich vor Entsetzen, zittern vor Furcht.

Weiterleben nach der Katastrophe ist nicht leicht. Es ist ein gezeichnetes, beschädigtes, es ist buchstäblich ein entsetztes Leben. Ob nach Auschwitz sich noch leben lässt, hat Adorno gefragt, und: »ob es dürfe, wer zufällig entrann und rechtens hätte umgebracht werden müssen. Sein Weiterleben bedarf schon der Kälte, ohne die Auschwitz nicht möglich gewesen wäre.«

Doch zuvor kam und kommt die Kälte der anderen. Die Jesusjünger aus den Völkern des 20. Jahrhunderts waren auch nach der Befreiung keine Hilfe, kaltes Schweigen. Der Satz in unserem Text: *und es wurde völlig still* bekommt einen düster unheimlichen Doppelsinn.

Mit Markus versuchen wir, an der Jesushoffnung festzuhalten, nicht nur am heutigen Tag, Jesus immer wieder in die Völkerwelt zu übersetzen, ohne dabei das Grauen zu ignorieren, zu verdrängen, zu überspielen, aber auch ohne den Mächten der Zerstörung den Sieg zuzusprechen und damit zu überlassen. Wir hoffen: Das kann uns befreien vom Bann dieser Kälte, bewahren vor Resignation, die Verrat sein kann; uns widerständig machen auch gegen diejenigen, die in unseren Tagen den Begriff des Widerstands gestohlen haben, um zu verdrängen: geistig und seelisch und physisch, politisch und gesellschaftlich.

Wir sind nicht sicher, aber wir setzen darauf, dass Jesus und sein Vater den Massenmord an ihrem Volk überlebt haben. Der auferstandene Jude Jesus trägt nun nicht mehr nur die Male der römischen Kreuzigung, sondern auch eine eingebrannte Nummer auf seinem Unterarm. Gerade so hilft er uns erschütterten Nachgeborenen, wie er der verstörten Schar in den Tagen des Markus geholfen hat: der Macht und der Nacht des Todes zu widerstehen, in uns selbst und um uns herum.

27. Januar 2018
Französische Friedrichstadtkirche
Predigt zu 1. Korinther 9,19–27

Aline Seel, Christian Staffa

Obwohl ich frei und niemandem unterworfen bin, mache ich mich selbst zum Sklaven, um möglichst viele zu gewinnen.

Ich bin den Juden ein Jude geworden, um Juden zu gewinnen; denen, die Gottes Tora haben, wie einer unter der Tora, so dass ich toratreue Menschen gewinne – auch wenn ich nicht unter der Tora bin.

Denen, die ohne Tora Gottes, bin ich einer ohne Tora geworden, obwohl ich selbst nicht ohne die Tora Gottes lebe, sondern ein toratreuer Christusanhänger bin. Ich wollte die Völker gewinnen, die die Tora nicht kennen.

Den Schwachen bin ich ein Schwacher geworden, um die Schwachen zu gewinnen. Allen bin ich alles geworden, um einige zu retten.

Für das Evangelium tue ich alles, um sein Mitgenosse zu werden.

Wisst ihr nicht, dass alle im Stadion um die Wette laufen, aber nur eine oder einer die Siegesehrung bekommt? Lauft auch ihr so, dass ihr sie erringt.

Alle, die am Wettkampf teilnehmen, beherrschen sich, um einen vergänglichen Siegeskranz zu erlangen, wir aber kämpfen um einen unvergänglichen. So laufe ich, doch nicht ins Leere, so kämpfe ich im Boxkampf, aber nicht wie eine, die in die Luft schlägt. Denn ich treffe meinen eigenen Körper und verlange ihm alles ab, damit ich nicht von anderen verlange, was ich selbst nicht schaffe.

Ich laufe um die Wette. Ich weiß nicht genau, mit wem. Die Hauptsache ist, ich laufe und bin am Ende möglichst erschöpft. Soll ja niemand auf die Idee kommen, ich hätte nichts geleistet, ich hätte nicht gelebt. Ein Moment im Rennen bedeutet Sieg, ein anderer Niederlage, und am Ende weiß ich zumeist gar nicht mehr, wieviel Gewinnerin und Verliererin ich bin. Um was geht es denn eigentlich? Siegeskranz hin oder her, Lorbeeren oder Asche auf dem Kopf. Am Ende bin ich nur ich selbst, allein mit mir, und laufe immer weiter. Laufe hin und weg, von mir, von anderen, um nur möglichst wenig oder möglichst viel da zu sein oder das zu sein, was ich gerade nicht bin. Bin ich Boxkämpferin und schlage in die Luft? Bin ich Sklavin? Habe ich die Wahl? Ob ich wohl frei bin?

Die Geschichte rennt mir hinterher und ich renne der Geschichte hinterher. Ich werde sie nicht los, Asche auf dem Kopf. Um Lorbeeren kann es hier kaum gehen. Ich will verstehen. Es ist ein Laufen ohne Einholen, ohne Aufholen, oder doch vielleicht Millimeter – Lothar Kreyssig sagt: man kann es einfach tun. Da bin ich mir nicht so sicher.

Sicher bin ich: Es steht mir nicht frei, es steht unserer Kirche nicht frei, aus diesem Rennen auszusteigen. Oder doch? Manche tun so, als hätten wir die Wahl, uns mit der Geschichte von Auschwitz zu beschäftigen. Ob ich wohl frei bin? Obwohl ich frei bin, lässt mich diese abgründige Gewalt nicht los.

Obwohl da »Arbeit macht frei« stand an dem Tor des Konzentrationslagers Auschwitz, war da keine Freiheit. Sie war ins Gegenteil gekehrt, ausgekehrt. Auschwitz war SklavenARBEIT, Arbeit zum Tode. Hier war die Freiheit nur auf der Seite der Täter*innen und des Todes. Unendliche Freiheit des Sadistischen.

Auschwitz liegt auf unseren Schultern und Seelen, vor unseren Herzen und Köpfen. Frei sind wir kaum davon. Auch die Schlussstrichforderungen zeugen von dieser Unfreiheit.

In unterschiedlichen Generationen rennen wir an, je verschieden gegen die Mauer des Verschweigens die einen von uns, andere gegen die Mauer des Nichtverstehens, gegen die Mauer der Empathielosigkeit wieder andere. Frei von verstaubten Konventionen wollen wir sein, zugleich hört sie nicht auf, die Suche nach produktiven Traditionen und Konventionen.

Vor uns steht, liegt, wankt die Geschichte der Gewalt. Die Geschichte rennt uns hinterher, und wir rennen der Geschichte hinterher. Wir werden sie nicht los, Asche auf dem Kopf. Wir wollen verstehen. Und wir suchen Befreiung, Rettung. Wollen keine Boxkämpfe kämpfen, in denen wir in die Luft schlagen, nicht um des Laufens willen laufen.

So laufe ich, doch nicht ins Leere, so kämpfe ich im Boxkampf, aber nicht wie eine, die in die Luft schlägt. Paulus läuft hin, nicht weg, läuft, um möglichst viel da zu sein. Da, bei den anderen, denen die frohe Botschaft von Gottes Liebe zu den Menschen gilt, da will er sein. Und rennt ihrer Lebensrettung nach, und das heißt: auf sie zu. Wird den Juden ein Jude, den Schwachen ein Schwacher. Gotteskindschaft ohne Wenn und Aber. Zuerst den Juden, dann den Völkern. Eine Welt ohne selbstsüchtige, ausgrenzende Gewalt. Das ist das Evangelium, die frohe Botschaft, auch heute am 27. Januar.

Wir sind heute auch hier, weil diese frohe Botschaft kaum gehört wurde. Christ*innen setzten nicht auf die Kraft, die Paulus ins Laufen bringt. In der Geschichte unserer Kirchen waren wir selten so frei zu sagen: Gotteskindschaft ohne Wenn und Aber für alle. Ob jüdisch, weiblich, homosexuell, Sinti, Roma, schwarz, gelb, rot. Warum wurde aus froher Botschaft Hass?

Diese Frage darf nicht verschwinden. Der Jurist und Rabbiner Robert Raphael Geis beschreibt die Folgenlosigkeit des paulinischen *den Juden ein Jude sein* oder den anderen einer der ihren zu sein: »Einmal hatte die Kirche die Chance des Christusbekenntnisses gegenüber uns Juden: im Dritten Reich. Diese Chance ist nicht wahrgenommen worden, sonst hätten Tausende und Abertausende von Christen für uns und mit uns in den Tod gehen müssen.«

Christ*innen setzten nicht auf die Kraft, die Paulus ins Laufen bringt. Eine Kraft, die aus dem Vertrauen auf die Geschichte Gottes mit seinem Volk und den Völkern kommt. Vielleicht weil das Angst macht und mit Mut zum Risiko verbunden ist, was Paulus macht. Paulus läuft ins Offene, auf den anderen und die andere zu. In diesen anderen sieht er das Antlitz Gottes und seine Geschwister in Jesus Christus.

Er vertraut darauf, dass er in ihnen dem lebendigen Gott selbst begegnet. Dieses Vertrauen schenkt Paulus, und könnte auch uns schenken, jene unbegrenzte Freiheit, mit Menschen wirklich zusammenzukommen. Im Lichte des Evangeliums leuchtet sie auf: die Möglichkeit, ohne Angst verschieden zu sein im Angesicht Gottes, frei zum Schauen auf- und zum Leben miteinander.

Die Kraft seines Glaubens öffnet Paulus Türen. Er wechselt die Seiten. Ständig. Jongliert mit dem, was er ist, was er war und wer er sein wird, je in Beziehung mit den anderen. Zu glauben heißt für Paulus frei sein, nicht mit Selbstidealisierungen und Abgrenzungen sein Leben zu füllen. So kann er den Juden ein Jude, den Griechen ein Grieche, den Schwachen ein Schwacher, den Gesetzlosen ein Gesetzloser werden. Er rennt nicht um der Lorbeeren, sondern um der Lebens-Rettung der Welt willen. Paulus rennt zum anderen hin, wird ihm und ihr gleich, damit Leben und nicht Tod spürbar wird. Glauben ist Hinlaufen zu den anderen.

Keine Abgrenzung, sondern Leben. Keine Selbstidealisierung, sondern Liebe. Allen alles werden, doch nicht den Starken ein Starker. Weggenosse des Evangeliums, nicht in dieser oder jener Kultur verbissen verwurzelt, oder jenem Geschlechterbild, nicht fixiert auf Selbstbilder, nicht verkrümmt in sich selbst. Da scheint sie auf, die unbegrenzte Freiheit, im Lichte des Evangeliums zusammenzukommen. Die Möglichkeit, Gleichheit, Menschwürde wahrhaftig im Angesicht Gottes zu leben, dieser Gleichheit, dem Frieden und der Gerechtigkeit mit Lust zu dienen. Ob wir so frei sind?

»An dem Ort, an dem wir recht haben,
werden niemals Blumen wachsen
im Frühjahr.
Der Ort, an dem wir recht haben,
ist zertrampelt und hart
wie ein Hof.
Zweifel und Liebe aber
lockern die Welt auf
wie ein Maulwurf, wie ein Pflug.

Und ein Flüstern wird hörbar
an dem Ort, wo das Haus stand,
das zerstört wurde.«[1]

Auschwitz steht für diesen festgetrampelten betonierten Hof, auf dem nichts wächst. Es steht für die Illusion des unverrückbaren Egos, des zweifelsfreien Bildes von uns selbst. Auf solchem Hof liegt kein Heil, keine Rettung, sondern dort ist Stillstand und Untergang.

Glauben dagegen heißt in Bewegung sein und die Welt in Schwingung bringen, anzurennen gegen den Untergang, hinlaufen zu den anderen, eine der ihren werden, in Zweifel und Liebe. Da könnte das Flüstern hörbar werden: die leisen Töne, die Zwischentöne, die so lebensnotwendig sind. Den Boden lockern, Neues wachsen lassen, darin bewährt sich das Tun.

Wir wollen nicht im Wettlauf, der nicht zu gewinnen ist, atem- und geistlos werden. Nicht sinnloses Mit-Rennen oder Gegen-An-Rennen, sondern Zulaufen auf die anderen, die auch sich bewegen; nicht festzurren, was fliegen will. Nicht Asche aufs Haupt, aber die Asche auf uns und in der Welt ins Auge fassen. Wir werden die Geschichte nicht einholen, da sind keine Lorbeeren am Ende des Tunnels. Und doch ist da Lebensrettung verheißen. In kleinen Schritten dem Hass eine Kraft entgegensetzen, aufstehen und aufeinander zugehen; das Geschenk dieses Leben genießen miteinander und mit denen, die als Feinde galten; zulaufen wollen und immer wieder mehr heiter als wolkig fragen im Tun und im Gebet, ob die Richtung wirklich stimmt. Wunderbarerweise sind wir so frei.

---

[1] Das Gedicht von Jehuda Amichai ist vielfach im Internet zu greifen.

27. Januar 2019
Französische Friedrichstadtkirche
Predigt zu Epheser 4,22–32

Angelika Obert, Christian Keller, Thomas Heldt, Christian Staffa

Legt ab den alten Menschen, den früheren Lebenswandel, der verdirbt an trügerischen Begierden.
Erneuert euch aber durch ein Denken, vom Geist bestimmt,
und zieht an den neuen Menschen, der nach Gott geschaffen ist in Gerechtigkeit und Heiligkeit der Wahrheit.
Darum legt ab die Lüge und redet Wahrheit jeder mit seinem Nächsten, denn wir sind untereinander Glieder.
Zürnt ihr, so sündigt nicht. Die Sonne gehe nicht unter über eurem Zorn.
Und gebt keinen Raum dem Teufel.
Wer da stiehlt, stehle nicht mehr, lieber mühe er sich und arbeite mit den eigenen Händen, damit er hat, dem zu geben, der es braucht.
Kein faules Wort gehe aus eurem Mund, sondern, wenn überhaupt, ein gutes, zum Aufbau, wo man es braucht, damit den Hörern Gnade gegeben wird.
Und betrübt nicht den heiligen Geist Gottes, mit dem ihr versiegelt seid auf den Tag der Erlösung.
Alle Bitterkeit und Wut und Zorn und Geschrei und Lästerung sei euch fern samt allem Üblen.
Seid zueinander gütig, gutherzig, gebt einander Gnade, wie auch Gott euch Gnade gegeben hat im Christus.

Es muss gar kein Stammtisch sein. Auch an unserm eigenen Couchtisch können wir das erleben. Von einem kleinen Ärgernis wird erzählt, vom irgendwie anstößigen Verhalten eines abwesenden Menschen – und schon belebt sich das Gespräch. Alle haben etwas beizutragen, je nach Veranlagung mehr oder weniger zutreffend. Die Stimmung wird munter, Eintracht stellt sich ein, wenn es an andern etwas zu beklagen, zu empören, zu bespotten gibt.

Es sitzt tief in uns drin. Um uns so ganz richtig zu fühlen, müssen wir uns von andern abgrenzen, andere runtermachen. Und das schöne Wir-Gefühl stellt sich am besten da ein, wo wir uns gegenseitig darin bestätigen, dass andere jedenfalls nicht so richtig sind wie wir selber – oder sogar überhaupt feindlich und verachtenswert.

Gelästert wird in jeder Schulklasse, in jedem Büro, mehr oder weniger an jedem Esstisch. Das ist als naturwüchsige Selbstentlastung vielleicht unvermeidlich. Und doch – im Kleinen gewöhnt man sich ans Brutale; gewöhnt sich daran, dass die Mehrheitsgesellschaft sich gern gut damit fühlt, ganze Gruppen zu stigmatisieren, zu diskriminieren, zu verachten.

Heute sind wir hier in Trauer und Entsetzen über die furchtbare Geschichte des christlich grundierten Antisemitismus. Jetzt mit geöffneten Augen – im Nachhinein.

Hätten diese wenigen Zeilen aus dem Brief an die Gemeinde in Ephesus nicht reichen können, um den christlichen Gemeinden von Anfang an die Augen zu öffnen? Hätten sie nicht wissen müssen, dass sie keine Christen sind, wenn sie verächtlich herabsehen auf ihre Mitmenschen, und immer wieder besonders beharrlich auf die jüdischen?

Es ist doch kein Zufall, dass es dem Apostel hier vor allem darum geht, wie in der Gemeinde geredet wird. Es erschreckt ihn, dass es auch hier nicht aufhört, das Lästern und Lügen, das empörte Nachtragen.

Wenn er seine Mitchristen anfleht, dass sie das doch auch unter sich, auch im Büro und am Couchtisch sein lassen mögen, geht es ihm um nicht weniger als um den Kern ihres Glaubens, um die Wirklichkeit Christi. Wer an Christus glaubt, wer sich zur Gemeinde Christi zählt, kann es doch gar nicht nötig haben, das eigene Richtigsein zu behaupten, indem er andere geringschätzt. Das geht nicht. Denn in Christus sind doch alle gleichermaßen richtiggestellt, gerichtet und gerecht gemacht – wirklich alle. Da ist jede Art von Geringschätzung anderer Menschen – wie immer sie daherkommt – nicht weniger als ein Verrat an Christus.

Ich denke, so radikal ist es gemeint. So radikal hat die Christenheit versagt. Und natürlich tun wir es immer noch – Lästern, Lügen, Übertreiben, Nachtragen.

Vielleicht war es nicht klug, dass der Apostel einfach geschrieben hat: *Zieht den neuen Menschen an* – als ob das so einfach ginge. Vielleicht hätte er lieber sagen sollen: »Lasst euch doch anziehen, hinziehen zu Christus, dem neuen Menschen.« Etwas deutlicher wäre es dann, dass es darum geht, sich bewegen zu lassen, befragen zu lassen – in eine Bewegung zu geraten, in der die alten Mechanismen der Abwehr keinen Bestand haben können.

* * *

Schwer tun wir uns mit dem neuen Menschen. Nicht ohne Grund; denn wie oft wurde er schon vergebens propagiert. Übrigens von ganz verschiedenen Kollektiven und mit teilweise völlig gegensätzlichen Absichten. Der »Übermensch« Friedrich Nietzsches, der geklonte neue Mensch aus der Retorte und der »inwendige, geistliche neue Mensch« der reformatorischen Kirchen.

Wie kommen wir davon weg, dass unser Vertrauen und unsere Hoffnung darauf immer wieder abgleitet in das ungedeckten Pathos des Neuen Menschen, mit dem wir uns schon selbst und andere betrogen haben, längst bevor wir es merken?

Bevor wir entscheiden, ob das Bild des Kleiderwechsels für uns wirklich tauglich ist, lassen wir es einen Moment beiseite; denn die Aufforderung *Erneuert euch ... in eurem Geist und Sinn* hält uns zu der Nüchternheit an, die hier geboten zu sein scheint.

»Erneuert euren Geist.« Das Handeln des Messias am Kreuz macht uns dazu fähig, versetzt uns in die Lage, das zu tun. Wenn menschliches Denken allgemein in der Lage ist, Irrtümern auf die Spur zu kommen, wie viel mehr ist dann das durch Jesu Handeln inspirierte Denken fähig, sich ständig selbst zu widersprechen, wenn wir uns und Andere täuschen? Solange die Welt noch nicht erlöst ist, ist das eine dauernde Herausforderung.

»Erneuert euren Sinn.« Mit allen fünf Sinnen gegen die Gier vorgehen, die viele Spielarten hat. Habgier, eine ganz verheerende Spielart, aber nicht die einzige. Das ist ein ständiger Kampf, gegen uns selbst, gegen angstmachende, gefährliche Gegner, gegen Mächte, gegen die wir nur mit Gottes Waffenrüstung bestehen. Die dürfen und sollen wir anziehen.

*   *   *

Der Apostel schreibt der Gemeinde in Ephesus. Ihre Glieder sollen würdig leben. Ihrer Bestimmung würdig heißt: demütig, sanftmütig, geduldig, einander in Liebe ertragend, verbunden durch das Band des Friedens. Mit ihren unterschiedlichen Begabungen einander dienend, alle zusammen in Vielfalt vereint wie ein Leib. Die Gemeinde bildet sozusagen einen gemeinschaftlichen Leib, eine Körperschaft. Diese Kommunität wäre der neue, vollendete Mensch, wäre lebendige Menschheit.

Der Apostel schreibt an die Gemeinde in Ephesus, und über sie auch an uns, an die nachgeborene Christenheit. Wir sollen nicht mehr unmündig sein und uns von jedem Wind, jeder Ideologie, jedem Trend umhertreiben und verführen lassen. Wir sollen nicht leben wie die Frevler, die nichts von der lebensweisenden Orientierung der Tora gehört haben oder die nichts davon hören wollen: entfremdet dem Leben, mit verfinstertem Verstand, habgierig und nur auf unser Eigenwohl bedacht.

Stattdessen sollen wir unseren alten Menschen, unsere trügerischen, selbstzerstörerischen Begierden ablegen. Ausziehen, wie ein einengendes Korsett. Wir sollen uns erneuern, einen neuen Menschen anziehen. Uns leiten lassen vom Licht der Tora, und hineingenommen werden in den Bund, den die Lebendige mit ihrem Volk Israel geschlossen hat. Mit dem Korsett des Alten sollen wir die Lüge ablegen und nicht mehr stehlen. Wir sollen arbeiten, nicht um reich zu werden, sondern um abgeben und teilen zu können.

Heute, am 27. Januar 2019, bekennen wir schmerzlich, dass große Teile der Christenheit den Ratschlägen des Apostels nicht gefolgt sind. Unsere Kirchen und Gemeinden haben die lebensweisende Orientierung der Tora verlassen. Sie haben sich verführen lassen vom falschen Geist der Nationalsozialisten, die einen anderen neuen Menschen schaffen wollten: stark, gesund, rein, arisch. Dieser neue Mensch trug den Totenkopf auf dem Helm. Auch unsere Kirchen und Gemeinden haben gelogen und geraubt. Auch sie waren beteiligt an Zwangsarbeit und Mord.

Das ist zum Aus-der-Haut-Fahren!

Das Bild des neuen Menschen scheint uns nach Faschismus, Nationalsozialismus und auch Stalinismus nicht mehr attraktiv. Wir misstrauen ihm. Und noch immer sind wir nicht in Vielfalt solidarisch vereint. Noch immer leben wir vom Leben entfremdet, verführbar, allzu oft nur auf unser Eigenwohl bedacht. Alte, neue Ideologien und Irrlehren greifen auch in unseren christlichen Gemeinden noch immer um sich: Egoismus und Angst, Fremdenfeindlichkeit und Überheblichkeit gegenüber Andersgläubigen, Nationalismus, Rassismus, Antisemitismus – das volle Programm.

Warum nur kommen wir nicht raus aus unserer Haut?

* * *

Dabru emet, redet Wahrheit, so heißt eine Schrift, die jüdische Intellektuelle, Rabbiner*innen und Professor*innen im Jahre 2000 veröffentlichten. Sie wollten, dass ihre Geschwister sehen, dass sich im Christentum viel getan hat. Dass sie die ehemaligen Feinde nicht nur äußerlich neue Kleider, sondern inwendig neue Menschenanteile angezogen haben. Ja, Kirchen sind nach langen Jahrhunderten antijüdischer Theologie und Praxis zu anderen Schlüssen gekommen. Veränderungen zum Guten oder jedenfalls zum Besseren. Ein Neubeginn, der Anfang von neuer innerer Ausstattung, Auskleidung der Gedanken, neue Rahmen, in denen neue Bilder aufgespannt werden.

Die andere Seite des *redet Wahrheit: Zürnt, aber sündigt nicht.* Ja. wir dürfen als Nachgeborene auch zornig und wütend sein über die Generation der Täter*innen, der Mitläufer*innen und der reichlichen Nutznießer. Zorn über Gefühlskälte, Wegschauen, Verrat an der Heiligkeit der Wahrheit, auch noch nach 1945, nach dem 27. Januar. Das kann und darf zornig machen. Zornig, aber nicht überheblich und selbstgerecht. Dieser Zorn macht uns nicht zu besseren Menschen; wir holen mit ihm nicht nach, was die Altvorderen versäumt haben, das wäre wohl Sünde. Geht Zorn und Barmherzigkeit zusammen? Im Epheserbrief ist es zusammen in einem Absatz, nicht verbunden, aber auch nicht getrennt. Lasst uns zornig und nicht überheblich sein, wütend konfrontierend Neues suchend, aber nicht selbstgerecht, schreiend über das Morden, nicht inquisitorisch, sondern liebend. Geht das? Geht Liebe mit Zorn? Wissen tun wir es nicht, aber probieren können wir es, aus unserer alten Haut heraus.

27. Januar 2020
St. Matthäus-Kirche
Predigt zu Prediger 8,9–14.17

Matthias Loerbroks

All das habe ich gesehen und habe zu Herzen genommen all das Tun, das unter der Sonne getan wird – zu der Zeit, da Menschen über Menschen Macht ausüben, und zwar zum Bösen.

Da habe ich Menschen gesehen, die das Recht gebrochen haben, aber begraben wurden und heimgingen. Hingegen mussten diejenigen vom heiligen Ort forteilen und wurden in der Stadt vergessen, die recht gehandelt haben. Auch das ist hawäl – Dunst, vollkommen widersinnig!

Weil das Urteil über böses Tun nicht gleich ergeht, wird das Herz der Menschen voll Begier, Böses aneinander zu tun.

Hundertfach tut der Frevler Böses und besteht lange. Ja, auch ich weiß, es heißt: dass es denen gut gehen wird, die Gott achten.

Und dass es denen nicht gut gehen wird, die das Recht brechen. Es heißt, die werden nicht lange bestehen. Sie gehen dahin wie ein Schatten, weil sie Gott nicht achten.

Es ist etwas Absurdes – häwäl – um das, was auf der Erde getan wird: Es gibt Gerechte, denen geht es, als hätten sie die Taten der Frevler getan, und es gibt Frevler, denen geht es, als hätten sie die Taten der Gerechten getan. Ich sage: Auch das ist hawäl – völlig absurd.

Ich sah: All das Tun Gottes können Menschen nicht finden in dem, was unter der Sonne getan wird. So sehr sich die Menschen abmühen beim Suchen, sie finden es nicht. Auch wenn Weise sagen, sie könnten es erkennen: Sie können es nicht finden.

Sie haben keine Gräber. Sie wurden Rauch, sie wurden Asche; die Asche von Birkenau, von der Stephan Hermlin schreibt: schwer wie Erinnerungen und wie Vergessen leicht. Viele wurden und sind vergessen in jedweder Stadt. Es ist alles Abel, *hawäl*: ein Dunst, ein Hauch – leicht wegzupusten: wie Rauch, wie Asche. Die *Asche der Gerechten, Ungerächten*. Es gibt Gedenkstätten, an denen noch Asche zu finden ist; es gibt Jad WaSchem, wo die Namen gesammelt werden, aber keine Gräber; schwere Erinnerungen, leichtes Vergessen. Die Frevler hingegen, die Täter – sie werden begraben, wenn sie nach geruhsamem Lebensabend gestorben sind. Viele wurden geehrt, waren begehrt. *Es gibt keine Beklemmung für sie, sie werden nicht geplagt.*

Das ist absurd, ist widersinnig; das ist *havel*, Abel.

Viele, viel zu viele derer, die zunächst überlebt hatten, haben die Sinnlosigkeit nicht ertragen, sind an ihr gestorben, haben sich das Leben genommen: Jean Améry, Bruno Bettelheim, Tadeusz Borowski, Paul Celan, Primo Levi, Peter Szondi, Joseph Wulf und viele, viele andere. Ihnen wurde klar, den einen bald, anderen später, dass es sinnlos ist, *häwäl*, weiterzuleben unter Menschen, die so weiterlebten und so weiterredeten, als wäre nichts geschehen. Sie hatten nicht die Dickfelligkeit, die sie dafür gebraucht hätten, brachten die dafür nötige Härte, die Kälte nicht auf – die Kälte, von der Adorno sagt, dass sie Auschwitz überhaupt erst ermöglicht hatte. Er schreibt 1966: »Es mag falsch gewesen sein, nach Auschwitz ließe kein Gedicht sich mehr schreiben. Nicht falsch aber ist die minder kulturelle Frage, ob nach Auschwitz noch sich leben lasse, ob vollends es dürfe, wer zufällig entrann und rechtens hätte umgebracht werden müssen. Sein Weiterleben bedarf schon der Kälte, ohne die Auschwitz nicht möglich gewesen wäre: drastische Schuld des Verschonten. Zur Vergeltung suchen ihn Träume heim, wie der, dass er gar nicht mehr lebte, sondern 1944 vergast worden wäre, und seine ganze Existenz danach lediglich in der Einbildung führte, Emanation des irren Wunsches eines vor zwanzig Jahren Umgebrachten.«

Viele der Überlebenden sind geplagt von Schuldgefühlen: Ich habe überlebt – meine Eltern nicht, meine Geschwister, meine Verwandten nicht. Und die Schuldgefühle erwiesen sich als vererbbar. *Da gibt es Gerechte, denen geht es, als hätten sie die Taten der Frevler getan.*

Und es gibt Frevler, denen geht es, als hätten sie die Taten der Gerechten getan. Die Täter, die Töter nämlich *werden nicht geplagt. Sie sind zufrieden, haben Macht erlangt. Das Herz schwillt in ihnen.* Es gab die Nürnberger Prozesse und den gegen Eichmann in Jerusalem, den Frankfurter Auschwitz-Prozess – doch die meisten Frevler kamen davon. Deutschland erlebte ein Wunder: das Wirtschaftswunder, und ist heute geachteter und begehrter Teil dessen, was internationale Gemeinschaft genannt wird, kein Paria, kein Schurkenstaat. *Da gibt es Frevler, denen es so geht, als hätten sie die Taten der Gerechten getan.* Verbrechen lohnt sich – angefangen mit den Arisierungen und nicht aufgehört mit den Profiteuren der Sklavenarbeit, der Ermordung durch Arbeit. Und weil die Verbrechen nicht oder jedenfalls nicht schnell, nicht bald geahndet wurden, gebären sie hundertfach neue – überall auf der Welt. Die Schoah, so stammeln wir hilflos, war ein Zivilisationsbruch. Also ein Dammbruch. Wir leben nach Auschwitz – das ist unsere Situation. Was da wirklich wurde, das ist nun möglich, immer wieder möglich.

Es ist alles völlig absurd – es ist Abel.

Schon der Hass auf Juden ist ja absurd. Jünger*innen des Juden Jesus wurden zu Feinden seines Volkes, zu mächtigen, zu lebensgefährlichen Feinden. Jesus war gekommen, gestorben und auferstanden, damit der Segen Abrahams unter die Völker kommt; er war gekommen, um Israel zu befreien von seinen Feinden und aus der Hand aller seiner Hasser, damit es, der Hand seiner Feinde entrissen, ohne Angst Gott diene. Doch die Kirche wurde Kain, der Mann, der ohne seinen

Bruder sein will, der sich auch eine Beziehung zu Gott an seinem Bruder vorbei denken kann – Gott und die Seele; die Seele und ihr Gott –, den Bruder aus dem Weg räumen will, auch aus seinem Weg zu Gott, und ihn doch nicht zum Schweigen bringen kann: Das Blut deines Bruders Abel schreit zu mir.

Noch absurder aber, kopf- und herzsprengend absurd der Plan, alle Juden umzubringen. Und der wurde auch sehr weitgehend verwirklicht: Ein Drittel der Juden, die damals lebten, wurde ermordet: die rationale – und rationelle! – Durchführung von völlig Irrationalem. Alle waren beteiligt und sind seitdem kontaminiert: fortgeschrittene Technik, Wissenschaften, auch Medizin, auch Geisteswissenschaften, das Rechtssystem, die Wirtschaft, Bürokratie und Beamtenapparat, die Bahn – das war kein Rückfall in ein finsteres Mittelalter, das war höchstmodern, hochkultivierte Barbarei: widersinnig, absurd. Die Weisheit der Weisen ist gescheitert ist, ist blamiert – *ob auch der Weise spricht, er sei am Erkennen, er kann nichts finden.*

Und absurd auch all die Versuche, dem Sinnlosen Sinn zu geben.

Wir gedenken, wir lernen aus der Geschichte – damit die Toten nicht umsonst gestorben sind. Aber das sind sie: ihr Sterben war und ist völlig sinnlos.

Oder: Nie wieder Auschwitz! – eine aberwitzige Losung angesichts dessen, was unwiderruflich geschehen ist; was unwiederbringlich dahin ist, hin ist.

Oder die seltsame Erwartung und Forderung an Israel: Ein Volk, das so viel durchgemacht hat, müsste doch ... – als wären die Konzentrations- und Vernichtungslager Erziehungs-, Besserungsanstalten gewesen.

Die Weisheit der Weisen ist gescheitert ist, ist blamiert – *ob auch der Weise spricht, er sei am Erkennen, er kann nichts finden.* Können wir uns damit abfinden, dass nichts zu erkennen ist, weil alles sinnlos ist, absurd? Dass wir es beim Judenhass und Judenmord mit den Grenzen der Aufklärung zu tun haben? Sind wir nicht gezwungen, jedenfalls gedrängt dazu, herauszufinden, was geschehen ist und warum, um das Widersinnige nicht immer wieder siegen zu lassen? Um nicht selbst dem Irrsinn zu verfallen? Um wachsam und achtsam das wahrzunehmen, was jetzt geschieht, was wir bekämpfen, ändern können und darum zu verantworten haben?

Die Weisheit, dass die Welt durch Weisheit und Erkenntnis besser, die Menschheit durch Bildung und Kultur humanisiert, also menschlicher wird, alles Barbarische langsam zwar, aber stetig überwindet, ist gescheitert; der Gott der Philosophen, Inbegriff der Vorstellung, dass die Welt und das Leben nicht sinnlos, sondern sinnvoll sind, ist blamiert. Doch was ist mit dem Gott Israels, dem Gott Abrahams, Isaaks und Jakobs? *Sein Tun ist nicht herauszufinden an dem Tun, das unter der Sonne getan wird.* Und es wäre auch noch schöner, wenn dieser Gott Trost wäre in dieser Trost-, Sinn in dieser Sinnlosigkeit. Jitzchak Katzenelson schreibt in seinem Lied vom ausgerotteten jüdischen Volk: »Nicht einer blieb verschont, war das gerecht, Ihr Himmel? Sagt, und wenn gerecht, für wen? Für wen? Für uns? Gesteht: Wofür? Wir schämen uns für euch. Und für die Schuld der

Welt. Taub war die Erde. Stumm. Sie schloss die Augen. Doch ihr Himmel: Nicht besser seid ihr als die unverschämte Erde. So verdreckt. Und auch so hart.« *Gottes Tun ist nicht herauszufinden an dem Tun, das unter der Sonne getan wird* – auf der verdreckten, blutgetränkten und harten Erde. Und im Himmel, in den Himmeln auch nicht. Und doch hören wir seine drei Grundfragen: Mensch, wo bist du? Wo ist dein Bruder? Was hast du getan?

Es ist ein Unterschied, ob Kohelet als Stimme seines Volkes klagt, dass alles sinnlos, alles eitel ist, oder ob Menschen ihm das nachsagen, die die Menschlichkeit Gottes vereitelt haben und vereiteln. Wir hörten, wie Gott einen letzten Fluchtversuch Kains abwehrt – allzu groß zum Tragen ist meine Verfehlung –: die Flucht ins Tragische, in den Tod. Doch Gott hat keinen Gefallen am Tod des Frevlers, des Mörders, sondern will, dass er lebt, sich bekehrt, umkehrt zu Wegen des Lebens, täglich und tätig.

Der Rabbiner Albert Friedlander schreibt: »Der messianische Weg – einst erschien er dem Patriarchen Jakob in seinem Traum als goldene Leiter – wurde zerrissen und verbrannt von den Feuerwagen unserer Zeit. Einst wurde die Leiter vom Himmel herunter zur Erde gebaut. Aber jetzt muss sie von der Erde zum Himmel steigen, und Menschen müssen am Bau teilnehmen. Dies wird nur geschehen, wenn man das geflüsterte dunkle Zeugnis in der Mitte der Menschheit aufnimmt. Die vielen müssen den Weg des Feuerwagens sehen und erkennen. Trauer und Verlust müssen am Tag und in den Nächten erlebt werden. Sie müssen über die verbrannte Vergangenheit weinen und müssen die Asche der Zukunft betrachten. Der Feuerweg muss in ihr Verstehen eingestempelt sein, der Weg des Feuers bis in die Dunkelheit. Ihre Lippen müssen sich zwingen, mit Zittern und Qual, die Worte zu sprechen, die den Anfang einer goldenen Leiter schaffen können: *Jitgadal w jitkadasch schme raba* – erhoben und geheiligt sei der große Name. Man sagt, dass dieses Gebet sechs Millionen Male wiederholt werden muss. Aber die Menschen haben vergessen, warum es sein soll.«

In dieser St. Matthäus-Kirche in Berlin gibt es eine Skulptur des israelischen Künstlers Micha Ullman: sieben Stufen unter dem Fußboden, gefüllt mit Erde aus Israel – ich denke, es könnten etwa zwei Maultierladungen Land Israel sein. Die Skulptur erinnert an die Leichen im Keller der Kirche – die Abel-Leichen im Keller der Kain-Kirche. Aber auch daran, dass eine Kirche nur dann Kirche des Juden Jesus ist, wenn sie dessen inne ist, ihr Fundament im Volk und im Land Israel zu haben. Und nun illustriert sie auch Albert Friedlanders kühnen Vorschlag, die verbrannte Leiter wiederzubauen, und die Voraussetzung, die er für dieses Unterfangen benennt: das geflüsterte Zeugnis in der Mitte der Menschheit aufzunehmen.

Dennoch bleibe ich stets an dir, sagt das Ich des 73. Psalms – es ist das kollektive Ich Israels. Den Frevlern geht es gut, *als hätten sie die Werke der Gerechten getan; sie werden nicht geplagt, sie haben Macht erlangt; was sie sagen, soll gelten auf Erden.* Die Gerechten hingegen – *ist es umsonst*, das Rechte zu tun, sinnlos, *häwäl?* Aber überlaufen? Reden wie die erfolgreichen Frevler? Mit den Wölfen heulen und mit ihnen reißen? *Dann hätte ich das Geschlecht deiner Söhne und Töchter*, die Generationen Israels *verraten.* Da bleibt nur das hartnäckige, zähe Trotzdem: *Dennoch bleibe ich stets bei dir.* Es geht dem Ich damit nicht gut – *Leib und Seele verschmachten*, Fleisch und Herz verenden. Doch: *Gott nah zu sein ist mir das Gute,* auch wenn es mir schlecht geht.

Das ist Weisung auch für uns Jesusjünger*innen aus den Völkern. Wir können das rettende, befreiende Tun Gottes nicht herausfinden an dem, was auf Erden getan wird, können nicht wissen, ob er da ist und lebt, darum auch nicht erkennen, was Gott an uns tut. Aber wir können herausfinden, uns darüber verständigen, was er uns zu tun gebietet. Und das können wir tun, ohne zu wissen, ob wir damit Erfolg haben, gar Glück finden. Wir tun es, um das Geschlecht seiner Söhne und Töchter, die Generationen Israels nicht – erneut – zu verraten.

Gespräche nach Abels Ermordung – so hat Martin Stöhr einen Bericht über christlich-jüdische Begegnungen nach 1945 überschrieben. Es ist ein Wunder, es ist ein großes Glück, dass es diese Gespräche gibt. Es ist meine Freude, dass ich mich zu den Juden halten kann und meine Zuversicht setze auf den HERRN, Israels Gott.

27. Januar 2021
St. Matthäus-Kirche

Predigt zu Matthäus 10,26–28.32–33

Angelika Obert, Christian Staffa

Fürchtet euch nicht vor ihnen!
Es ist nichts verborgen, was nicht offenbar wird,
und nichts geheim, was man nicht wissen wird.
Was ich euch sage in der Finsternis, das redet im Licht.
Und was euch gesagt wird in das Ohr, das predigt auf den Dächern.
Und fürchtet euch nicht vor denen, die den Leib töten, doch die Seele nicht töten können.
Fürchtet euch aber vielmehr vor dem, der Seele und Leib verderben kann in der Hölle.
Wer nun mich bekennt vor den Menschen, den will ich auch bekennen vor meinem Vater im Himmel.
Wer mich aber verleugnet vor den Menschen, den will ich auch verleugnen vor meinem Vater im Himmel.

Fürchtet euch nicht.
Fürchtet euch nicht vor den Mördern.
Sie könnten doch nur den Leib töten – nicht die Seele.
Was für eine Behauptung ...
Ich fürchte mich vor den Mördern.
Fürchte mich vor dem Abgrund von Vernichtungswillen und Vernichtung.
Seit Auschwitz ist der Tod nicht mehr derselbe.
Menschen können andere in die Hölle jagen, können Leib und Seele zerstören – können Gott unglaubbar machen.
Den Leib töten
Wer war das? Was für Menschen haben das getan?
Keine Ungeheuer. –
Menschen, die uns durch die Kindheit geführt haben – als Großeltern, als Lehrer ... uns nah genug – dass wir sie nicht wegrücken können – keine Ungeheuer, aber ungeheuerlich.
Menschen, die Ur-Opa, Oma oder Onkel waren ...
Warum?
Redet im Licht

Heute, wo vieles mühsam ans Licht gekommen ist, manches dämmert noch –
sehen wir ihre Finsternis,
sehen die Stumpfheit und Kälte trotz aller Bildung,
Wir sehen Enthemmung zum Fürchten,
die Lust bei nicht Wenigen an ihrer Gewalt – so muss die Hölle sein.
Heute sehen wir eine Kirche in der Finsternis:
Sie kamen zuhauf, dem Führer zu huldigen,
wollten der alten Judenfeindschaft Erfüllung.
Und wir sehen geschlossene Augen der Nutznießer*innen
und derer, die sich fürchteten:
die toten Seelen der Vielen –
Verkündet von den Dächern
Heute, da fast alles ans Licht gekommen ist – sehen wir:
das unentschuldbar Böse,
nicht wiedergutzumachen.
Was vor Gott hätte bestehen können, ist nicht geschehen.
Wir sind schon im Gericht.
Fürchten die Finsternis, die ans Licht gekommen ist.
Suchen, tasten nach dem, was vor Gott bestehen kann.
Hören: Predigt auf den Dächern.
Fürchte dich nicht, fürchte dich.
Fürchte dich nicht vor dem, was man dir antun kann. –
Fürchte nicht deine Unsicherheit,
fürchte nicht deine Phantasie von den Anderen.
Fürchte dich davor, kalt zu werden.
Fürchte dich davor, deine Angst vor dem Leben und dem Glauben
den Juden anzuhängen,
fürchte dich, zum Täter, zur Täterin zu werden …
Eine Zu-Mutung –
Fürchte also, fürchte Gott mehr als die Menschen.
Denn:
»Auch die Toten werden vor dem Feind, wenn er siegt, nicht sicher sein.
Und dieser Feind hat zu siegen nicht aufgehört« (Walter Benjamin).
Wir fürchten das Vergessen,
die Verführung, unsere Überheblichkeit.
In *dieser* Furcht müssen wir von den Dächern predigen,
uns ermutigen lassen, uns ins Ohr sagen lassen:
Jesus bekennen heißt, den Gott Israels loben und danach tun.
Der Tod hat nicht das letzte Wort,
nicht in uns und nicht am Anderen.

27. Januar 2022
Französische Friedrichstadtkirche
Predigt zu 1. Johannes 2,7–11

Matthias Loerbroks, Angelika Obert, Karoline Ritter, Robert Kluth, Christian Staffa

Geliebte, ich schreibe euch kein neues Gebot, sondern ein altes Gebot, das ihr von Anfang an hattet. Das alte Gebot ist das Wort, das ihr gehört habt. Gleichzeitig ist das Gebot, das ich euch schreibe, neu. Es ist in Jesus und in euch verwirklicht, denn die Dunkelheit vergeht und das wahre Licht scheint schon. Alle, die sagen, dass sie im Licht seien, und dennoch ihre Geschwister hassen, sind immer noch in der Dunkelheit. Die ihre Geschwister lieben, bleiben im Licht und durch sie kommt niemand zu Fall. Die aber ihre Geschwister hassen, sind in der Finsternis und wandeln in der Finsternis. Sie wissen nicht, wohin sie gehen, denn die Finsternis hat ihre Augen verblendet.

Eine Weisung, die ihr von Anfang an hattet, schreibt der Briefschreiber. Sein Brief beginnt mit den Worten: *was von Anfang an war.* Das Johannesevangelium, mit diesem Brief verwandt, mit den Worten: *im Anfang.* So beginnt auch die Bibel: *Im Anfang schuf Gott den Himmel und die Erde.* Da ist von Tohuwabohu die Rede, von Chaos und Finsternis. Im Anfang war das Wort. Das erste Wort Gottes, sein erstes Gebot ist: *Es werde Licht.* Er hat Israel geschaffen und befreit als Licht der Völker, Licht der Welt. Israel hat den Bund oft gebrochen. Gerade als treuloser, hartnäckig unzuverlässiger Bundespartner klärt dieses Volk auf über die Treue seines Gottes. Bisweilen ist es nur ein glimmender Docht und doch Licht im Finstern. Die Finsternis hat es nicht ergriffen.

Und das Wort wurde Jude – das Wort, das von Anfang an war. Die Finsternis weicht, das wahre Licht – das treue, das verlässliche Licht – scheint. Es ist wahr in ihm, weil er es bewährt. Dies Licht ist Liebe, ist Gemeinschaft, Solidarität. Es ist die Liebe Gottes, die erschienen ist. *Nicht wir haben Gott geliebt, sondern Gott hat uns geliebt und seinen Sohn gesandt. Solange ich in der Welt bin, bin ich das Licht der Welt,* sagt Jesus; und: *Wwir müssen wirken, solange es Tag ist. Es kommt die Nacht, da niemand wirken kann.*

Die Finsternis ist nicht gewichen. Die Völker erwiesen sich als lichtscheu. Das Licht ist in die Welt gekommen, in die bestehende verkehrte Weltordnung, doch Menschen liebten die Finsternis mehr als das Licht, waren solidarische Bundesgenossen der Finsternis, denn ihre Taten waren böse. Wer seinen Bruder, seine Schwester hasst, ist noch immer in der Finsternis. Und das macht blind. Wer seine Geschwister hasst, ist in der Finsternis, wandelt und handelt in der Finsternis, weiß nicht, wohin er geht. Denn die Finsternis macht seine Augen blind. Eine Halacha des Tohuwabohu – Massenmord aus Verblendung.

Die Finsternis weicht, das wahre Licht scheint schon, heißt es in unserem Text. Angesichts der Verbrechen, derer wir heute gedenken, befürchten wir, dass es umgekehrt ist: Das Licht schwindet, wurde ausgelöscht, wird ausgelöscht – Finsternis bedeckt die Erde, Dunkel die Völker. Was von Anfang an war, ist nun fraglich; das Wort, das im Anfang war, das Wort: *Es werde Licht*, das Wort, das Jude wurde, zum Schweigen gebracht, mundtot gemacht – totgemacht. Der Anfang, das Prinzip ist gebrochen. Wir sind im Chaos, im Tohuwahohu – Irrsal und Wirrsal, wüst und leer. Wir tappen im Dunkeln, im Schatten des Todes, wissen nicht, wohin, nicht einmal, wo lang wir gehen.

Und doch –wir hoffen, wir setzen auf das, was im Anfang war – wenn auch zaghaft und hin- und hergerissen zwischen Hoffen und Bangen: das Wort des Lebens.

* * *

Wer sagt, er sei im Licht und hasst seine Geschwister, ist noch in der Finsternis. Das wahre Licht – es ist das Licht einer neuen Gemeinschaft: Keine Trennungslinie mehr zwischen Israel und den Völkern. Alle haben teil an den Verheißungen Israels und der Weisung seines Gottes. Licht hätte aufgehen können in der Völkerwelt, wenn die Christusbegeisterten das verstanden hätten.

Ob die Gemeinde damals, an die sich der Verfasser des 1. Johannesbriefs wendet, es verstanden hat? Gestritten hat sie ja vermutlich mit denen, die an den Messias Jesus nicht glauben wollten. Diese Nichtgläubigen waren für sie die Unerleuchteten. Ob sie verstanden hat, was ihr hier gesagt wird: Ihr selbst bleibt im Dunkel, ihr verdunkelt das Licht Christi, wenn ihr euch nicht mehr mit denen verbunden wisst, denen ihr euer Glaubendürfen doch verdankt?

Gewiss ist: Die Kirche hat es nicht verstanden. Sie hat ihr Licht behauptet, indem sie das Judentum in den finstersten Schatten drängte – hat ihm seine Verheißung geraubt, jegliche Verwandtschaft bestritten. Kein Geschwisterstreit mehr, nur selbstherrlich alleiniger Wahrheitsanspruch. So ist die Christenheit im Finstern getappt: immer wieder gewalttätig, hochmütig, verlogen, beirrbar in ihrer Lehre. In den Abgrund der Finsternis schauen wir im Gedenken an die Schoah.

Und können gerade darum ja gar nicht anders, als uns nach dem Licht sehnen – können nicht leben ohne das unverschämte Vertrauen, dass es immer noch gilt: Gottes Liebe und Treue auch für uns. Gottes Reich, das kommt.

»Wir haben vornehmlich darum noch immer keinen Frieden, weil zu wenig Versöhnung ist. Dreizehn Jahre sind erst in dumpfer Betäubung, dann in neuer angstvoller Selbstbehauptung vergangen. Es droht, zu spät zu werden.« So sagte es Lothar Kreyssig im Gründungsaufruf der Aktion Sühnezeichen. Das war 1958. Dumpfe Betäubung, angstvolle Selbstbehauptung – sind das nicht die Versuchungen der Kirche auch jetzt noch? Auch wenn sich Christinnen und Christen inzwischen zumeist davor hüten, direkt antijüdisch zu argumentieren – von ihrer Überlegenheit sind sie immer noch überzeugt. Nicht zu zählen wohl die Gemeindegespräche, die sich auf die Politik Israels fokussieren – empörungsgeladen. Zu spüren oft genug die Befriedigung, nun aber doch Israel ganz zurecht anklagen zu dürfen. Das Recht, im Recht zu sein, lassen wir uns in der Kirche immer noch nicht gern nehmen. Wann mag die Finsternis weichen?

Ich wünsche mir eine demütige Kirche. Eine demütige Kirche ist nicht ängstlich, wenn es um politische Klarheit geht. Eine demütige Kirche – es wäre eine Kirche, die den Blick in den Abgrund nicht überspringt. Eine Kirche, die weiß, wie leicht sie immer wieder der Versuchung von angstvoller Selbstbehauptung und dumpfer Betäubung erliegt. Eine Kirche, die sich nicht so sicher ist, über Gottes Licht schon immer Bescheid zu wissen.

Eine demütige Kirche – sie sollte sich daran erinnern, wie das Liebesgebot wirklich lautet und dass es für Juden und Christen gleichermaßen mit der Liebe zu Gott beginnt – der Liebe zum Gott der Bibel, dem Gott des Rechts und der Gerechtigkeit, dem Gott, der seinen Bund zuerst mit Israel geschlossen hat. *Du sollst den Herren, deinen Gott lieben aus deinem ganzen Herzen und mit deiner ganzen Seele und aus deinem ganzen Denken und aus deiner ganzen Kraft.* Den Gott, den wir so unkenntlich gemacht haben, indem wir sein Volk in die Finsternis verstießen, herbeilieben – ihn suchen, auf seine Weisung hören, sein Dasein herbeisehnen: mit ganzer Seele, ganzem Denken, ganzer Kraft – das mag uns das Licht ahnen lassen. Uns vor Irrtum schützen.

Ich wünsche mir eine demütige Kirche und denke auch an einen Satz, den ich bei Martin Buber gefunden habe, in seinem Aufsatz »Zwiesprache«: »Das Verhältnis zwischen Gott und Mensch hat sich geändert ... Es ist die Nacht des Harrens – nicht einer vagen Hoffnung, sondern des Harrens. Wir harren einer Theophanie, von der wir nichts wissen als den Ort, und der Ort heißt Gemeinschaft.«[1]

* * *

Liebe und Hass stehen sich gegenüber. Wir wollen lieben. Dennoch erleben wir Hass: In uns, um uns herum. Wer liebt, kann nicht hassen. Wer hasst, liebt nicht. Gibt es einen Ausweg aus diesem Dualismus?

Gar zu einfach wäre es, sich nur im Licht zu wähnen, sich einer uferlosen Liebe zu verschreiben. Ganz schnell landen wir dann in einer vertrottelten Welt,

---

[1] Martin Buber, Zwiesprache. Trakat vom dialogischen Leben, in: ders., Dialogisches Leben. Gesammelte philosophische und pädagogische Schriften, Zürich 1947, 129–186, 148.

die nur das Gute sieht, das Böse und Hasserfüllte einfach wegdrückt und sich in weiche Wohlfühlsofakissen fallen lässt. Wäre das denn überhaupt noch Liebe? Wäre das nicht eher Wellness?

Es gibt Hass. Wie lieben wir, ohne treuherzig arglos gegenüber diesem feindseligen Hass zu sein? Dieser Hass greift uns und auch unsere Geschwister an: Wer hasst, ist innerlich fragil. Wer hasst, ist sich seiner selbst nicht sicher. Wer hasst, schätzt sich selbst nicht wert und wertet darum andere ab. Wer hasst, hasst die Existenz des anderen und will den anderen vernichten. Wer hasst, sucht Sicherheit, indem er das innere Unvermögen nach außen kehrt und andere Menschen verantwortlich macht.

Gibt die Bruderliebe des Johannesbriefs uns eine Antwort darauf, wie wir damit umgehen können? Worüber wir uns sicher sein können: Wer Gott liebt, liebt seine Brüder. Liebe für den Bruder heißt auch, die eigenen Geschwister vor Feindseligkeit zu schützen. Liebe macht dumm, wenn sie selbst auf diejenigen gerichtet wird, die sich dem Hass verschrieben haben.

Gibt es nicht auch Liebe ohne Grenzen, die sich schuldig macht? Es gibt Brückenbauer, die Brücken für diejenigen bauen, die nicht darüber gehen werden. Es gibt Gräben, die tief bleiben werden. Hass will andere verdunkeln, schwärzen, auslöschen, um ganz allein für sich recht zu haben. In hasserfüllten Kontexten macht scheinbare Sanftmütigkeit nicht selig. Es handelt sich dann nicht um Sanftmut, sondern um mangelnden Mut: Einem wilden, hassenden Menschen klar mitzuteilen, dass sein Verhalten abscheulich ist, erfordert Mut.

Das Fühlen von Abscheu ist notwendig. Die eigene innere Grenze gegenüber dem Hass zu spüren, die eigene Empörung zu spüren, ist notwendig, um sich dem Hass kämpferisch entgegenzustellen. Eine Dämonisierung von Hass macht es sich zu leicht: Der Dämon Hass lässt mich meine eigene Grenze erkennen. Ein Überlebender der Schoa darf die Täter hassen.

Wer Hass dämonisiert, nimmt sich selbst aus der Verantwortung: Ich brauche nicht empathisch und mitleidig mit dem Hassenden sein. Wenn Menschen sich unmenschlich verhalten, will ich leidenschaftlich abweisend sein. Mein Mitleid in solchen Momenten ist lediglich ein Mangel an Klarheit. Mitleid mit den Umständen des Hassenden verweist auf mich selbst zurück: Meine eigene Verletztheit blitzt im hassenden Gegenüber auf. Ich erkenne in seinem Hass seine Unsicherheit, die er brutal nach außen kehrt. Ich fühle, dass ich selbst diese Unsicherheit habe, und bekomme Mitleid. Nur: Mitleid hilft hier nicht, nur Klarheit. Es geht ja um die Sache und nicht um Gefühle.

Diese Klarheit ist Güte. Leidenschaftlich Grenzen aufzeigen, wo Menschen über den Bruder spotten. Unliebsam gegenüber den Hassenden zu sein, ist heilsame Selbstbegrenzung. Es sind Begrenzungen, die notwendig sind, um unnahbar zu sein für jene, die aus Prinzip hassen. Hass ist ein starkes Wort und ist ein starkes Gefühl. Es braucht Stärke, um sich abzugrenzen. Es braucht Entschiedenheit, um diejenigen abzuweisen, die unsere Geschwister hassen.

In Psalm 139 steht: *Sollte ich nicht hassen, HERR, die dich hassen? Ich hasse sie mit ganzem Herzen; sie sind mir zu Feinden geworden. Erforsche mich, Gott, und erkenne mein Herz, prüfe mich und erkenne, wie ich's meine. Und sieh, ob ich auf bösem Weg bin und leite mich auf ewigem Weg.*

* * *

Geliebte, ich schreibe euch keine neues Gebot, sondern ein altes Gebot, das ihr von Anfang an hattet. Das alte Gebot ist das Wort, das ihr gehört habt. Gleichzeitig ist das Gebot, das ich euch schreibe, neu. Es ist in Jesus und euch verwirklicht, denn die Dunkelheit vergeht und das wahre Licht scheint schon.

Diese Gleichzeitigkeit von alt und neu ist verwirrend und doch so zentral wie selten verstanden für das christliche Verständnis unserer gleichzeitig jüdischen und christlichen Bibel. Denn das Alte ist im Neuen immer präsent, die Gebote bleiben im Neuen ganz die alten. Ohne die Verheißungen der Hebräischen Bibel, des Alten Testaments, wüssten wir ja nicht, was das Neue, das Messianische für uns Christ*innen bedeuten könnte. Alle inhaltliche Füllung christlicher Praxis geht neutestamentlich von den Glaubenserfahrungen und Verheißungen Israels aus. Warum ist es so schwer zu verstehen, dass dieses »Wesen des Christentums« nicht bedeuten darf, das Alte zu denunzieren oder gleichsam chronologisch zum Vergangenen oder Verworfenen zu erklären? Die Adventsgeschichte lebt von alttestamentlichen Verheißungen und Parallelisierungen: die Flucht nach Ägypten, der Kindermord, die Völker, die in Gestalt der Besucher an der Krippe ihre Knie beugen und so weiter. Also nichts Neues unter Gottes Sonne und Mond?

Im ersten Johannesbrief sind die alten Gebote neu ins Herz, ins Innere gelegt und belegen dies durch die Liebe, die die Angesprochenen ihren Geschwistern angedeihen lassen. Das verweist uns wieder an das Alte Testament einerseits als Quelle der Gebote der Nächstenliebe und Fremdenwertschätzung, andererseits als Bild des Jeremia für das Ins-Herz-Legen des neuen Bundes, der inhaltlich ganz der alte ist.

Das Liebesgebot ist im Judentum wie auch nicht nur bei Paulus die Quintessenz der Thora, die »durch das ganze Gesetz hindurchgeht, das von Liebe durchdrungen ist in allen seinen Äußerungen«, wie der Rabbiner und Gelehrte jüdischer Wissenschaft des 19. Jahrhunderts, Abraham Geiger, sagt. Dieses Liebesgebot fächert sich auf in die Zehn Gebote und viele weitere Lebensorientierungen, im rabbinischen Judentum in 613 Gebote.

Aber was sagt mir das über das Neue? Ja, es gibt Neues, das aber ohne das Alte und den Dialog mit dem Alten, das durch die Zeiten uns zum Geschwist geworden ist, gar nicht zu beschreiben ist. Das Neue ist ganz sicher die Hinwendung des Gottes Israels zu den Völkern. Das Neue wäre in dieser Perspektive dann die übergreifende Geschwisterschaft und die Liebe der Völker zu Israel, zunächst gedacht in einer Gemeinde aus Juden und Christen, der Abbau der Trennungen, der leider historisch sich in sein Gegenteil verkehrte.

Das Neue wurde vergötzt und das Alte funktional zugerichtet integriert und dessen Träger*innen im wahrsten Sinne verteufelt. Der 27. Januar führt uns diese mörderische christliche Weigerung, das Alte im Neuen, das Alte nicht als Vergangenes, das Neue im Alten wertschätzend zu leben, vor Augen und in unsere Köpfe und Herzen. Nur von da aus können und dürfen wir umkehren. Dann mag die Finsternis weichen. Wir erkennen die anderen und dann auch uns in neu-altem Licht – langsam vergeht die Dunkelheit? Liebe?

27. Januar 2023
Französische Friedrichstadtkirche
Predigt zu Genesis 4,1–16

Jasper Althaus, Matthias Loerbroks

Der Mensch, adam, erkannte Eva, seine Frau. Sie wurde schwanger und gebar den Kain. Da sprach sie: kaniti - erworben habe ich, mit Adonai, einen Mann. Sie fuhr fort zu gebären, seinen Bruder, den Abel. Abel wurde ein Schafhirt, Kain wurde ein Diener des Ackers. Es geschah nach Verlauf von Tagen: Kain brachte von der Frucht des Ackers Adonai eine Spende und Abel brachte, auch er, von den Erstlingen seiner Schafe, von ihrem Fett. Adonai achtete auf Abel und seine Spende, auf Kain und seine Spende achtete er nicht. Das entflammte Kain sehr, und sein Antlitz fiel. Adonai sprach zu Kain: Warum entflammt es dich? Warum ist dein Antlitz gefallen? Ist es nicht so: Meinst du Gutes, trag es hoch! Meinst du nicht Gutes: Vor der Tür lagert Sünde, hat Begehr nach dir - du aber, regiere sie! Kain sprach zu Abel, seinem Bruder. Aber dann geschah es, als sie auf dem Feld waren: Kain stand auf gegen Abel, seinen Bruder, und tötete ihn. Adonai sprach zu Kain: Wo ist Abel, dein Bruder? Er sprach: Ich weiß nicht. Bin ich meines Bruders Hüter? Er aber sprach: Was hast du getan? Die Stimme des Bluts deines Bruders schreit zu mir aus dem Acker. Und nun, verflucht seist du hinweg vom Acker, der seinen Mund aufmachte, das Blut deines Bruders aus deiner Hand zu empfangen. Wenn du den Acker bedienen willst, nicht gibt er dir fortan seine Kraft. Schwank und schweifend musst du auf Erden sein. Kain sprach zu Adonai: Allzu groß zum Tragen ist meine Verfehlung. Siehe, du vertreibst mich heute vom Antlitz des Ackers, vor deinem Antlitz muss ich mich verbergen, schwank und schweifend muss ich sein auf Erden. So wird es sein: jeder, der mich findet, tötet mich. Adonai sprach zu ihm: Darum: wer Kain tötet, siebenfach würde es gerächt. Und Adonai legte Kain ein Zeichen an, dass ihn nicht jeder erschlage, der ihn findet. Kain zog vom Antlitz Adonais hinweg und wurde sesshaft im Lande Nod - Schweife - östlich von Eden.

Es sind die kleinen Unterschiede im Text, die wie zufällig auftauchen und die doch Kain und Abel so verschieden machen. Wir sehen eine Kleinfamilie: den Adam, den Menschen. Er wird im Gegenüber zu Eva, der Frau, zum Mann. Wir sehen Eva, die Frau. Nachdem der Mann sie erkannte und sie schwanger wurde, wird sie zur Erschafferin mit Gottes Hilfe. Zweimal wird sie Mutter, zweimal kommt ein Kind in diesem Familienbild hinzu. Sie bekommen die Namen Kain und Abel.

Liebe Gemeinde, kennt Ihr das, wenn in Familien Gerechtigkeit herrschen soll, indem alle Kinder möglichst gleichbehandelt werden? So ist es in dieser Familie nicht. Vom Beginn ihres Lebens an werden Kain und Abel unterschiedlich behandelt und damit anders als der andere gemacht.

Denn als Eva Kain zur Welt bringt, ruft sie aus: *Kaniti* – ich habe einen Mann bekommen mit Gottes Hilfe. Sie feiert die Geburt und sie spricht ihrem Kind ein Geschlecht zu: Es ist ein Mann, den sie für sich erworben hat, den sie mit Gottes Hilfe auf die Welt brachte. Sie feiert auch sich selbst, dass ihr das gelungen ist.

Und sie gebiert noch einmal – wieder einen Sohn, denn er ist der Bruder des anderen. Aber sonst schweigt der Text: kein Ausruf, keine besondere Freude, keine dezidierte Bezeichnung als Mann. Er heißt Abel. Aber noch vor seinem Namen hält der Text fest: Er ist der Bruder.

Die Geschwister sind: Der Mann und sein Bruder.

Auch die Namen der beiden haben Bedeutungen. Der erste Sohn heißt Kain, das kann auch Speer oder Lanze heißen. Abel dagegen bedeutet »Luft« oder »Hauch«. Der eine ein Speer, der andere ein Luftikus. Der eine wird Ackerbauer, der andere hütet Schafe.

Uns stehen da zwei sehr unterschiedliche Personen vor Augen. Der erste, Kain, wurde bei seiner Geburt sehr gefeiert – vielleicht auch wegen seiner Männlichkeit. Auf jeden Fall ist er hart, ein anpackender Ackerbauer. Ich würde sagen: wir haben es hier mit dem Beispiel eines richtig stereotypen Männerbildes zu tun. Ein ziemlich raubeiniger Kerl.

Und so ganz anders bei Abel. Zu Beginn von seiner Mutter nicht bejubelt, weniger auffällig oder dominant. Ein Hauch. Luftig. Er wird selbst nicht als Mann bezeichnet, er ist der Bruder. Er hat eine abhängige Männlichkeit aus der Ähnlichkeit zu seinem Bruder. Sonst passt die Kategorie vielleicht nicht sofort zu ihm. Er fällt wohl etwas aus dem Bild heraus, das beschreibt, was männlich ist. Vermutlich lebt er auch etwas, das Kain zwar von sich selbst kennt, das er aber nicht in sein Selbstbild als Mann integrieren kann.

Wir kennen die Geschichte und wissen, was die beiden Charaktere erwartet. Nur sieben Verse braucht die Geschichte des ersten Geschwisterpaares der Bibel bis zum Brudermord. Aber vor dem Mord wird noch ein Ereignis geschildert: Kain hat die Idee, ein Opfer darzubringen, und Abel macht es ihm nach. Das soll exemplarisch die Beziehung der beiden beschreiben. Man könnte sagen: Der Luftikus lässt sich inspirieren. Oder aber: Was scheinbar für seine Männlichkeit gilt – irgendwie abhängig von der seines Bruders zu sein – gilt auch für seine Handlungen, seine Performance. Er schaut sich ab, wie sich der andere verhält, was der tut, und denkt sich womöglich: Das macht man wohl so. Oder: Gute Idee. Das kam mit Sicherheit häufiger vor. Denn warum sollte sonst Kain danach so in Zorn entflammen?

Die Bibel erzählt, Kains Opfer wäre von Gott nicht angesehen worden. Wie auch immer man das wissen will – in jedem Fall ist es die Sicht von Kain. Er hatte doch die Idee, der andere hat sich nur »inspirieren« lassen. Und jetzt ist das Opfer von Abel offensichtlich auch noch mehr wert. Das kann doch nicht sein! Warum kann denn sein Bruder nicht einfach etwas Eigenes machen? Warum kann der nicht einfach normal sein? Muss er, Kain, ihn denn immer bei der Hand nehmen? Ihn immer, immer noch, beschützen? Sein Hüter sein?

Wir wissen, wie es endet: Kain erhebt sich gegen Abel. Er schlägt ihn tot.

Und während Kain mit Gott einen Dialog führt, hören wir kein Wort von Abel in den wenigen Versen über sein Leben. Er kann sich nicht selbst erklären und beschreiben, wer er ist. Dafür war kein Raum.

Wenn ich mir dieses Beziehungsgeflecht so ausmale, dann ähnelt das dem, was mir Freund*innen erzählen, auch wenn es – zum Glück – in ihren Familien nicht zum Mord kommt. Auch sie schienen nicht so richtig ins Bild zu passen. Ihr Auftreten schien zu luftig, zu fluide zu sein. Menschen, die einfach nicht wirklich zu den Stereotypen passen. Ich kenne so viele, denen das Gefühl vertraut ist, anders zu sein, anders gemacht zu werden. Die das Unbehagen der anderen schon ganz früh spürten. Das erste Fremd-Sein, Nicht-Dazugehören ist so häufig in der Familie. Die erste Debatte um das Geschlecht, die sexuelle Orientierung, darum, wie man ist, geschieht meistens an diesem Ort. Oder es hängt ein stilles Unbehagen im Raum.

In der Familie beginnt meistens das Anders-Behandelt-Werden und der Versuch, wie die Geschwister zu sein. Eine ständige Irritation, das peinlich berührte Schweigen der Eltern, das Genervt-Sein und auch die Wut und der Hass der Geschwister.

Der Luftikus bringt einen zur Weißglut. Irgendwie ist es immer schwierig mit ihm, weil er aus dem Raster fällt. Das nervt. Und richtig sauer wird man, wenn er dann auch noch erfolgreich ist, obwohl er doch alles abgeschaut hat. Wenn ihn andere so viel interessanter finden.

Ein Luftmensch, ein Luftikus. Ein Bruder? Ein Bruder Leichtfuß.

So hören wir Kain reden, hören ihn grummeln – und hören da auch Sehnsucht und Neid: Der erlaubt sich was, was Kain sich verbietet; hat etwas, ist etwas, was Kain auch gern hätte und wäre, aber keinesfalls zulassen kann, sondern bekämpfen muss. Darum malt er ihn so negativ, zeichnet Karikaturen: der Andere, der Fremde, der Feind – überall und für alle.

Er beackert nicht den Acker, ist nicht verwurzelt im Land: wurzellos, bodenlos. Darum auch national unzuverlässig – man weiß nicht, woran man mit ihm ist.

Siehe, das Volk der Israeliten ist mehr und stärker als wir. Wohlan, wir wollen sie mit List niederhalten, dass sie nicht noch mehr werden. Denn wenn ein Krieg ausbräche, könnten sie sich auch zu unsern Feinden schlagen und gegen uns kämpfen (Ex 1,8–10).

Sie sind ein Staat im Staat, in allen Staaten, beherrschen heimlich, unsichtbar die ganze Welt: die Banken, den Handel, vor allem die Presse, die Medien. Wehrt euch! Wer guten Gewissens gegen Wehrlose vorgehen will, muss sie erstmal in Übermächtige umlügen, den Angriff in Verteidigung. Die Mörder nennen sich dann Schutzstaffel.

Wir hören weiter Kain reden, auch wenn das schwer erträglich ist: Er ackert nicht, er züchtet Vieh, ist nicht sesshaft, schweift umher, ein Nomade. Und wird handeln mit dem Vieh, uns genauso das Fell über die Ohren ziehen wie seinen Tieren.

»Der erste Schritt zum Heimischwerden ist Befreiung vom Alten Testament mit seiner jüdischen Lohnmoral, von diesen Viehhändler- und Zuhälterge-schichten (Reinhold Krause am 13. November 1933 auf der Sportpalastkundgebung der Deutschen Christen). – So reden Christen, die nichts mehr wissen, nichts mehr wissen wollen von Gottes befreiendem Handeln an Israel, seiner Beziehungsgeschichte mit diesem Volk und auch nichts von dessen Bedrohtheit. Nur noch giftige Pfeile gegen den konstruierten Juden, die konstruierte Jüdin.

Seine Frau ist verführerisch schön, sagt Kain. Vor allem verführerisch – lüstern, lasziv, nicht keusch und züchtig; nicht schüchtern: das schöne, aber nicht das schwache Geschlecht; ihrem Mann nicht untertan. Sie kann den Mund nicht halten, mischt sich immer ein in Angelegenheiten der Männer.

Und ist Abel, ist der Jude überhaupt ein Mann? Ein Jakob-Sohn – ein Muttersöhnchen. Sein Auftreten, sein Gang, seine Mimik, sein Sprechen: weibisch und weichlich. Feindschaft gegen Juden, gegen Schwule, gegen Frauen gehen fließend ineinander über; Geistiges und Leibliches auch.

»Juden Bürgerrechte zu geben, dazu sehe ich wenigstens kein Mittel, als das, in einer Nacht ihnen allen die Köpfe abzuschneiden und andere aufzusetzen, in denen auch nicht eine jüdische Idee sey« (Johann Gottlieb Fichte, 1793).

Er hat sich, heißt es, assimiliert. Was ja bedeutet: er simuliert. Nichts an ihm ist echt. Ihm fehlt die Tiefe – ein Luftmensch, nicht gegründet, nicht verwurzelt; nichts ist naturwüchsig und organisch, alles artifiziell. Elegant und galant, aber ohne Substanz.

»Der Jude an sich ist unfähig, sich uns künstlerisch kundzugeben, er kann nur nachsprechen oder nachkünsteln. Was der gebildete Jude auszusprechen hat, wenn er künstlerisch sich kundgeben will, kann nur das Gleichgültige und Triviale sein, weil sein ganzer Trieb zur Kunst ja nur ein luxuriöser, unnötiger ist« (Richard Wagner, 1850).

Klug ist er nicht – aber schlau, geschickt, listig, verschlagen. Er schafft keine Werte, ist auch kein ehrbarer Kaufmann – der Luftmensch jongliert mit Finanzen.

»Kann man in Deutschland ein Wort zur Judenfrage reden, ohne zu erwähnen, was das jüdische Literatentum am deutschen Volk gesündigt hat durch Verspotten des Heiligen seit den Tagen Heinrich Heines und was in manchen Gegenden das Bauerntum zu erleiden hatte durch jüdischen Wucher?« (Theophil Wurm, württembergischer Landesbischof und EKD-Ratsvorsitzender, 1948).

Mit der Unterscheidung zwischen religiösem Antijudaismus und dem Antisemitismus, der mit Religion nichts zu tun haben will, ist es, wie wir hören, nicht weit her. Auch da ist die Grenze offenkundig fließend.

Kain sagt über seinen Bruder: Der meint, von Gott bevorzugt zu werden, auserwählt zu sein. Ihm gelingt in der Tat viel von dem, was er tut und treibt; er scheint minderwertig zu sein und zugleich überlegen. Doch er meint ja den Gott des Alten Testaments. Und der geht uns nichts an. Wir hörten die Stimme der Deutschen Christen: Befreiung vom Alten Testament mit seiner jüdischen Lohnmoral!

Kains Reden. Immer wieder hören wir Neid. Und eine tiefe narzisstische Kränkung. Mit Händen und Füßen wehrt sich die Christenheit gegen die Erwählung Israels, versucht, sie aus dem eigenen Glauben zu tilgen. Und verkündet das als Befreiung.

Wir hörten, wie solches Reden zu Mord und Totschlag führt. Und wir hörten weiter: Der Mord hatte Folgen auch für Kain. Er ist gezeichnet. Er lebt nicht mehr naturwüchsig selbstverständlich verwurzelt. Er lebt nun das Leben, das er Abel unterstellt, um das er ihn auch beneidet hatte: unstet und flüchtig; schwank und schweifend; heimatlos und ruhelos. Seine Tat lässt ihm keine Ruhe. Er lebt nicht mehr im Einklang mit der Natur auf seinem Acker. Der ist seit dem Mord kontaminiert. Das Blut seines Bruders schreit zum Himmel. Nichts ist mehr natürlich – was also soll da widernatürlich heißen? Er baut eine Stadt. In ihrer Anonymität verbirgt er sich vor dem Angesicht Gottes. Und hört doch dessen Fragen: Mensch, wo bist du? Wo ist dein Bruder? Was hast du getan?

Wie wir die Geschichte des Brudermords kennen, wissen wir auch von der jahrtausendelangen Ausgrenzung und Verfolgung von Personen, die nicht in das klassische, in das heteronormative Rollenbild hineinpassen. Dieses Jahr gedenken wir besonders der Verfolgung von Homosexuellen und als homosexuell gedeuteten Menschen im Nationalsozialismus. Sie wurden aufgrund unterschiedlicher Kategorien und Paragrafen verfolgt, ihr Leben systematisch gestört, sie wurden in Zuchthäuser, Gefängnisse und in Konzentrationslager verschleppt. Sie wurden gefoltert und ermordet. Nach 1945 ging die Verfolgung weiter: Der Paragraph 175 des Strafgesetzbuches, der die Grundlage zur Verfolgung mannmännlicher Sexualität war, galt in dieser Form in der Bundesrepublik Deutschland bis 1969. Und auch die Verfolgung und das Unsichtbar-Machen lesbischen Lebens ging weiter.

So viele Geschwistermorde hat die Geschichte gesehen! So viel Ausgrenzung, Verfolgung, Hass und Mord gibt es auch heute gegenüber Menschen, die scheinbar anders sind.

Es gibt etwas in all diesem, was mich zutiefst beeindruckt: Der rosa Winkel, der von als homosexuell verfolgten Männern und als Männer gelesenen Personen im KZ-System getragen werden musste, blieb nicht nur ein Zeichen der Verfolgung. Er wurde in den 1970er Jahren ein Zeichen der internationalen Schwulenbewegung. Das aufgezwungene Zeichen, das Verfolgung, Leid und Ermordung bedeutete, wurde zum selbstgewählten Zeichen der Zusammengehörigkeit. Ein Symbol der Selbstermächtigung, das doch den Schmerz und das Leid ständiger Ausgrenzung und Verfolgung mitträgt.

Für viele, die anders gemacht werden, kommt die befreiende Erkenntnis über ihr eigenes Sein im Kontakt mit anderen, die ähnliches erlebt haben. Schlug einem in der eigenen Familie Unverständnis entgegen, kann man sich mit anderen, die auch aus dem gesellschaftlichen Raster gefallen sind, ausprobieren und neue Bezeichnungen lernen für das, was man sein könnte und wie man fühlt. Man kann erkennen, was das richtige Wort, der richtige Name für einen selbst sein kann. Mit den richtigen Worten kann man sich auch selbst besser verstehen und beschreiben. Das ist ein wundervoller, ein schöpferischer Akt, wenn es plötzlich die richtigen Worte gibt. Wie Eva hat man etwas Neues erworben mit Gottes Hilfe. Nur vielleicht ist es kein Mann.

Was für ein Glücksgefühl, wenn eine Bezeichnung, ein Name zu einem selbst passt! Natürlich muss das eine andere Bezeichnung, ein neuer Name sein. Schließlich hatten die alten ja nicht gepasst, gehört man selbst ja nicht in die Kategorien, die klassisch existieren. Doch es kann bis dahin ein weiter Weg sein und welche Identität ist schon ungebrochen?

Neben der Auseinandersetzung mit sich selbst war und ist es auch ein Kampf mit den herrschenden Verhältnissen, wenn man aus klassischen, heteronormativen Kategorien herauszutreten versucht. Es ist ein Kampf mit der Ignoranz, mit der Abneigung, dem Hass in der Gesellschaft. Und es bleibt die Angst vor Ausgrenzung, Verfolgung, Gewalt und Mord. Sie ist so berechtigt. Auch heute noch. Auch in Deutschland.

Auch die Geschichte mit der Familie geht weiter. Manchmal wieder in wachsender Nähe oder in immer größerer Distanz. Wenn man lernt, wie man selbst ist, dann muss man nicht mehr bei den anderen »abschauen« oder überprüfen, wie man sich als Bruder zu verhalten hat. Auch das führt zu Irritationen in der Familie und manchmal auch zu Hass, denn jetzt wird noch viel deutlicher, dass Abel anders ist. Aber vielleicht ist Abel dann nicht mehr der Luftikus. Womöglich gibt es Abel nicht mehr, sondern Abel hat nun einen neuen Namen. Auch das sorgt bei den anderen für Unbehagen, aber es befreit Abel. Schließlich passt es. Die selbstgewählte Bezeichnung, der eigene Name passen.

Was andere mit ihrer Geburt bekommen, kann man für sich selbst erwerben. *Kaniti* – ich habe einen Menschen erworben.

Nachwort

Alexander Deeg

Wenn irgendetwas nicht mehr zeitgemäß ist, dann ist das vielleicht ein Band mit Predigten. »Faktisch unverkäuflich«, sagen Kundige in der Regel und winken ab. Die Hoch-Zeit gedruckter Predigten als Bücher zur »Erbauung« lag im 19. Jahrhundert und ist mindestens seit einigen Jahrzehnten vorbei. Braucht es dann diese Sammlung von 41 Predigten aus den vergangenen zwanzig Jahren – und dann auch noch zu zwei sehr speziellen Tagen: 9. November und 27. Januar? Klar, die Frage ist rhetorisch und die Antwort lautet: Ja, unbedingt!

Denn: Die Predigten, die hier vorliegen, sind weit mehr als nur Anreden an die Hörenden in den Berliner Kirchen einst, sie sind zugleich Miniaturen einer erneuerten Theologie ›nach Auschwitz‹. Sie loten aus und zeigen exemplarisch, was nötig und was möglich ist, wenn christliche Theologie im Angesicht des Gedenkens an die Schoa und im Dialog mit Jüdinnen und Juden nach Worten sucht. 41mal wird ein Wagnis dokumentiert. 41mal werden Bewegungen des Denkens, des Fühlens und des Glaubens vorgelegt, die unabgeschlossen sind, aber entscheidend für christliche Kirche(n). 41mal liegen eindrucksvolle Erinnerungen an die große Aufgabe der Theologie und an die Praxis von Christenmenschen vor, die zeigen, worum es geht und gehen muss – gerade angesichts der vermeintlichen Dringlichkeiten der gegenwärtigen kirchlichen Lage, in der theologisches Nachdenken allzu oft als Posteriorität erscheint gegenüber Strategien und Plänen, die den Statistiken des Niedergangs entgegenwirken wollen und vielleicht nur allzu oft die Dynamik des Niedergangs beschleunigen.

»Die christliche Theologie hat den Weg gebahnt, der nach Auschwitz führte« (9. November 2003). So kurz lässt sich der Grund für den beständigen Aufbruch und »Neu-Bruch« (Friedrich-Wilhelm Marquardt) benennen, den diese Predigten so eindrucksvoll dokumentieren. Am 31. Januar 2010 fragt Matthias Loerbroks:

>>Wie wollen denn Theologen zu irgendeinem Thema, einem Problem, einer Situation Relevantes und Erhellendes, auch Tröstliches und Befreiendes sagen, wenn sie die Situation, in der wir nach Auschwitz sind, nicht wahrnehmen, die Infragestellung aller christlichen Theologie ignorieren, unberührt, unangefochten weiterreden und weiterschreiben, als wäre nichts geschehen?<<

In den Predigten geht es daher – herausgefordert durch das Gedenken an die Reichspogromnacht und den internationalen Gedenktag der Opfer der Schoa – ganz zurecht um *alles* und ums Ganze: Es geht um Gott und die Welt; aber damit geht es immer um Gott, sein erwähltes Volk Israel und die Welt. Wer hier zu schnell meint, universalisieren oder individualisieren und Israel so >eliminieren< zu können, setzt die Geschichte des theologischen Antijudaismus fort und drastischer: arbeitet weiter an dem Zerstörungswerk der Nationalsozialisten.

>>Und ausgerechnet die Christ*innen, die sich zu einem Juden als ihrem Herrn bekennen, die von sich sagen, der Gott Israels habe sie als Geschwister seines Sohnes zu seinen Söhnen und Töchtern adoptiert, haben die Munition geliefert für diesen Hass und diese Feindschaft. Sie wollten sich zwar von Jesus versöhnen lassen mit Gott, aber nicht mit seinem Volk, wollten Gott zum Vater haben, aber nicht Israel als älteren Bruder<< (9. November 2002).

Es geht darum, wie von Gott geredet werden kann, und grundlegender darum, ob es überhaupt noch sinnvoll ist von ihm: ihr zu reden. Hat Gott den Massenmord an seinem Volk, an das er sich gebunden hat, überlebt? Es geht um den Christus Gottes, den Juden Jesus, der nie anders als in und mit Israel zu denken und zu glauben ist. >>Und das Wort wurde Jude. Das Wort, das von Anfang an war<< (27. Januar 2022). Es geht um die Kirche – und darum, wie sie Hoffnung hat oder eben auch nicht. Und nur in und mit alledem geht es auch um die einzelnen Glaubenden, die Individuen heute.

Vielleicht wirkt manches christliche Reden, manche kirchliche Verkündigung (>>Gott ist dabei!<<; >>Gott will uns Mut machen!<< – Worte wie diese wurden in der Corona-Pandemie zurecht als manchmal zu rasch dahingesagte Floskeln durchschaut!) auch deshalb so oberflächlich, so schal und leer, weil sie die Tiefe der Gottesfraglichkeit und Gottesfinsternis allzu schnell beiseiteschiebt. Wie viel ehrlicher sind hier die offenen Fragen und die mutigen Klagen – und wie viel glaubhafter könnten Kirchen sein, wenn sie sich genau diesen immer neu stellten!?

Manche meinen leider, wir hätten doch wirklich andere Sorgen und die großen Fragen des christlich-jüdischen Gesprächs seien durch zahlreiche landeskirchliche Erklärungen und Veränderungen der Grundordnungen >erledigt<. Die 41 hier vorliegenden Predigten zeigen, dass wir immer noch und bleibend am Anfang stehen. Zugleich führen sie weiter als nur in die radikale Fraglichkeit.

Immer wieder wird eine Sprachregel deutlich, die für alles christliche Reden gilt: Von Gott kann nur reden, wer auch von Israel redet. Auf Gott kann nur hoffen, wer mit Israel hofft. An Christus kann nur glauben, wer mit Israel glaubt.

Dabei zeigen die Predigten eindrucksvoll, dass Denken, Fühlen und Handeln zusammengehören – im Rückblick auf den 9. November, im Gedenken des 27. Januar, aber grundlegender im christlichen Leben und Glauben. Manche der 41 Predigten bleiben eher auf der Ebene des Nachdenkens; sie suchen nach einer Sprache, die trägt; sie fragen, wie es dazu kommen konnte, dass so viele Christ:innen in der Zeit des Nationalsozialismus die Augen verschlossen und nicht hören wollten; erst recht nicht den Mut fanden zu reden oder zu handeln – sondern schwiegen oder sogar gut hießen bzw. euphorisch begrüßten, was da geschah. Und sie fragen, wo wir uns heute befinden und wohin die Wege gehen sollten.

Aber immer sind auch Gefühle dabei, die in manchen Predigten – zurecht – deutlich Ausdruck finden. Ja, vielleicht hätte ich mir teilweise noch mehr »Ich« in den Predigten gewünscht; eine erste Person Singular, die exemplarisch nicht nur zeigt, wo »Wir« stehen und was heute gedacht werden kann, sondern die vor allem auch sagt, wie es ihr selbst ergeht mit dem Gedenken und Erinnern.

Vielfach geschieht dies – und es wird etwa die Scham deutlich benannt, die ein:e Prediger:in empfindet. In einigen der Predigten zeigt ein »Ich« auch, wie es erschrickt angesichts der Schuld in der eigenen Familie, angesichts der Entwicklungen in unserer Gesellschaft heute, angesichts der eigenen Ratlosigkeit und Tatenlosigkeit. Und es tut gut, zu lesen, dass auch Angst mit im Spiel ist: »Jene, die so tun, als hätten sie keine Ängste, haben vielleicht noch nie Löwen gehört oder glauben, dass Angst Schwäche heißt« (9. November 2020).

Durch das Denken und Fühlen hindurch weisen die Predigten dann immer neu ins Handeln – und sind so Predigten unterwegs, die weg-weisend sind.

Fünf Aspekte greife ich noch heraus, die mir für das weitere Nachdenken bedeutsam erscheinen:

(1) *Predigt im Dialog!?* In dem eingangs dokumentierten Gespräch mit Dr. Yael Kupferberg, Rabbiner Prof. Dr. Andreas Nachama und Bischof Dr. Christian Stäblein betonen vor allem Christian Stäblein und Andreas Nachama die Bedeutung von *Dialogen* für die Gestaltung von Veranstaltungen und Gottesdiensten am 27. Januar bzw. 9. November. Es gehe darum, aufeinander zu hören und miteinander Worte zu finden. Yael Kupferberg unterstreicht ebenfalls die Bedeutung dieser gemeinsamen Veranstaltungen, verweist aber auch auf die Notwendigkeit der *je eigenen* Auseinandersetzung – angesichts der unterschiedlichen Geschichten und divergierenden gegenwärtigen Herausforderungen.

Das wird auch bei diesen Predigten deutlich. Es handelt sich nicht um explizite christlich-jüdische Dialogpredigten. Sie sind vielmehr Teil einer christlichen Selbstreflexion, die allerdings spürbar im Hören auf jüdische Stimmen entstanden sind. Gerade so erscheinen sie mir not-wendig: als eine Besinnung der Nachfahr:innen der Täter:innen; als die leidenschaftliche Frage, was unsere Aufgabe als Christ:innen heute ist angesichts unserer Geschichte; als der Umgang mit Scham und Erschrecken und der Aufbruch in die Verantwortung. In dieser Suchbewegung kommen auch die Stimmen der Opfer und ihrer Nachfahr:innen vor, werden aber an keiner Stelle vereinnahmt.

Die 41 hier vorliegenden Predigten sind zunächst an Christ:innen gerichtet, die nach ihrem Weg suchen und fragen. Aber ich kann mir vorstellen, dass sie gerade so auch für Jüd:innen interessant sind, auf Zustimmung und Widerspruch stoßen und in neue Dialoge führen.

(2) *Predigt und Öffentlichkeit:* Der 9. November und der 27. Januar sind beide keine ursprünglich *kirchlichen* Gedenktage. Es war auf dem Weg zur Revision der Lese- und Predigtordnung der evangelischen Kirchen, die am ersten Advent 2018 eingeführt wurde, nicht unumstritten, ob die beiden Tage als erste (!) ›nichtkirchliche‹ Gedenktage mit in das ›Kirchenjahr‹ aufgenommen werden sollten. Am Ende aber war die Zustimmung in den Ausschüssen und Gremien überwältigend – und die Kirchen haben damit erneut die bleibende und für jede christliche Identität bestimmende Bedeutung des Gedenkens an die Schoa und der Erneuerung aus diesem Gedenken anerkannt.

In dem eingangs dokumentierten Gespräch von Kupferberg, Nachama und Stäblein wurde auch die Frage laut, ob eigentlich *Gottesdienste* an diesen Tagen wirklich geeignete Veranstaltungsformate sind – oder nicht eher andere Formate des Gedenkens und Dialogs besser wären. Die hier dokumentierten Predigten zeigen m. E. eindrucksvoll, wie es gelingen kann, dass diese Tage zu Selbstverortungen einer christlichen Gemeinde werden, die sich aber selbstverständlich immer im Kontext der gesellschaftlichen und politischen Lage bewegen. Es sind insofern weit mehr als nur christlich-theologische Miniaturen; es sind Texte, die darüber hinausweisen und in den gesellschaftlichen Dialog führen. Es wäre möglich, die Predigten in das Spannungsfeld von ›binnenkirchlich‹ zu ›gesellschaftlich-öffentlich‹ einzutragen; manche lägen zweifellos näher an dem einen Pol, andere an dem anderen – und insgesamt verweisen die Predigten auf die grundlegende Hybridität christlicher Predigt (nicht nur) an diesen Tagen.

Da in diesem Band Predigten aus zwanzig Jahren vorliegen, ist das Buch auch ein Spiegel der sich verändernden politischen Situation und gesellschaftlichen Diskussionslage – genauer: ein bestürzender Spiegel, der mich in der Lektüre der Predigten erschreckt hat. Ich schreibe die Zeilen dieses Nachworts kurz nachdem eine in Teilen (nur in Teilen?) erwiesen rechtsextreme Partei auf ihrem Magdeburger Parteitag kraftstrotzend ihre Pläne zur Zerstörung der Europäischen Union verkündet, Verschwörungstheorien propagiert, gegen Ausländer und Flüchtlinge gehetzt und die »Rothschilds und Soros'« dieser Welt als Probleme markiert hat – und will es nicht glauben, wohin sich die gesellschaftliche Diskussion verschoben hat; und will es noch weniger glauben, dass mehr als 20 % der Deutschen bereit sind, dieser Partei ihre Stimme zu geben.

Es ist bestürzend aktuell, was in den hier vorliegenden Predigten gesagt wird. In einer Predigt zu Ps 74 vom 9. November 2021 heißt es, bezogen auf Ps 74,8 (»Sie verbrennen alle Gotteshäuser im Lande.«):

> »Neben diesen Vers schrieb Dietrich Bonhoeffer das Datum: 9. November 1938. So erschreckend naheliegend scheint der Bezug zwischen den Versammlungsstätten Gottes, deren Zerstörung der Psalm beklagt, und den in Brand gesteckten deutschen Synagogen vor 83 Jahren.
>
> Heute, im Jahr 2021: Welches Datum würden Sie an den Rand dieses Psalms schreiben? Die Aktualität dieser Zeilen liegt nicht nur in der Vergangenheit. Der Anschlag in Halle, die Konjunktur von Verschwörungsdenken in der Pandemie, Demonstrationen vor Synagogen nach dem Angriffskrieg auf Israel, ansteigende antisemitische Gewalttaten in vielen deutschen Städten, und – nicht wegdenkbar – der dauerhafte Polizeischutz vor Synagogen, jüdischen Schulen und Einrichtungen. Antisemitismus ist kein Problem der Vergangenheit, er ist eine gesellschaftliche Signatur jeder Zeit.«

(3) *Predigt und die Bibel:* Alle hier dokumentierten Predigten beziehen sich auf einen Bibeltext. Das erscheint keineswegs selbstverständlich – und erweist sich zweifellos auch als heikle Aufgabe. Wie kann es gelingen, einen Text aus der Hebräischen Bibel so zu predigen, dass es nicht zu einer Vereinnahmung und einer falschen und zu schnellen Identifikation (›Wir sind Israel!‹) kommt? Kann ein neutestamentlicher Text, der in so anderer Lage entstand, wirklich zur Sprachfindung am 9.11. und 27.1. verhelfen? Meine Antwort nach der Lektüre der Predigten: unbedingt!

Ein Problem der Gedenktage 9. November und 27. Januar (das aber auch für andere Gedenktage gilt) liegt ja darin, dass es meist höchst erwartbar ist, was da gesagt wird. Das Reden an diesen Tagen kann zur Routine werden; es ist schon klar, was kommt, bevor ein:e Redner:in auch nur den Mund geöffnet hat.

Natürlich wiederholen sich auch in den hier vorliegenden Predigten Grundaussagen; und manche der Einsichten und Erkenntnisse begegnen mehr als einmal. Aber es zeigt sich, dass gerade die ›alten‹ Texte der Bibel die Sprache und die Inhalte immer wieder *neu* machen. Die Bibel erweist sich als Buch, das Neues entdecken lässt – und umgekehrt gewinnen biblische Texte durch ihre Kontextualisierungen am 9. November oder 27. Januar noch einmal ganz neue Dimensionen der Auslegung. Etwa, wenn wir uns in Mt 8,5–13 überraschend bei dem Hauptmann wiederfinden, der sehr genau weiß, warum Jesus besser nicht zu ihm nach Hause kommt, oder wenn Mk 4,35–41 (Sturmstillung) im Licht der Katastrophe einst (jüdischer Krieg) und heute (Auschwitz) neu gelesen wird.

Die Predigten bezeugen eine mutige Hermeneutik, die die Bibel nicht in der Vergangenheit lässt, sondern es wagt, sie weiter reden zu lassen – mit Auschwitz verbunden und mit unserer Gegenwart. Dabei fällt mir vor allem auf, dass die Bibel so auch in ihrer Anstößigkeit und ihrer herausfordernden Schärfe entdeckt wird, wenn uns übliche Identifikationen entrissen werden – und wir z. B. nicht einfach ›mit Israel‹ auf der Seite der ›Guten‹ und von Gott Erwählten stehen, sondern uns inmitten der ›Feinde‹ wiederfinden.

> »Der Psalm ist für uns ein heilsamer Kinnhaken des Gottes Israels. Nur er kann auch uns befreien. Und so bekennen wir mit gebrochenen Zähnen: *Dein, Gott Israels, ist die Befreiung*; und bitten mit gebrochener Seele: *Dein Segen komme über dein Volk*« (Predigt zu Ps 3; 27. Januar 2014).

(4) *Predigt und Liturgie* Immer wieder weisen die hier vorliegenden Predigten über sich hinaus – und es wäre sicher anregend gewesen, auch die Liturgien mit abzudrucken, in die die Predigten eingebettet waren. Es ist evident: Die Sprache der Predigt führt ins Gebet und in die Stille. Sie eröffnet die Klage und das Bekenntnis. Und auch hier, im Blick auf die liturgische Sprache, wird sich zeigen und immer neu erweisen müssen, wie die theologische Herausforderung ›nach Auschwitz‹ die Sprache verändert. Aber das wäre dann der Gegenstand eines anderen und weiteren Buches.

(5) *Predigt als Fragment:* Die Predigten sind theologische Miniaturen, so habe ich zu Beginn dieses Nachworts gesagt. Sie sind es auch deshalb, weil sie offen sind und fragmentarisch bleiben – und gerade so für eine gegenwärtig mögliche Theologie stehen. Es ist eine Theologie jenseits der ›Systeme‹ und jenseits jeder ›Geschlossenheit‹; eine Theologie, die auf das ›Haben‹ verzichtet und sich immer neu auf den Weg macht. Wer weiß: vielleicht sind Predigtbände auch deswegen gegenwärtig gar nicht so uninteressant, weil sich gerade in dem Wagnis der Sprache der Predigt, in der Individualität und Kontextualität, die zu ihr gehört, Theologie ereignet.

Wir haben als Herausgeber:innen lange über den Titel dieses Bandes nachgedacht. »Evangelium an dunklen Tagen«, so lautet er. Ist es das, was hier gepredigt wird? Evangelium?

Ja, weil hier eine Art und Weise der Rede versucht wird, die nichts mit der zu Recht zu trauriger Berühmtheit gelangten ›Moralkeule‹ zu tun hat, von der Martin Walser 1998 bei seiner Friedenspreisrede sprach. Es geht nicht um Bedrückung und Demütigung der Hörer:innen, nicht um Beschämung, sondern es geht um Evangelium – gerade deswegen, weil niemand wegsehen oder ausweichen oder sich verstecken muss; weil die Scham eingestanden werden kann, weil Verantwortung übernommen und Handlungsmöglichkeiten aufgezeigt werden können. Es geht nicht um Schuldzuweisungen, sondern um Verantwortungsübernahme – und so um ein Empowerment derer, die diese Predigten gehört haben und nun lesen. Und es geht darum, mit dem Gott Israels und mit seinem Volk Israel unterwegs zu bleiben.

Zeitfracht Medien GmbH
Ferdinand-Jühlke-Straße 7
99095 Erfurt, Deutschland
produktsicherheit@kolibri360.de

Druck:
CPI Druckdienstleistungen GmbH
im Auftrag der
Zeitfracht Medien GmbH
Ein Unternehmen der Zeitfracht - Gruppe
Ferdinand-Jühlke-Str. 7
99095 Erfurt